História e historiografia do Brasil República

O selo DIALÓGICA da Editora InterSaberes faz referência às publicações que privilegiam uma linguagem na qual o autor dialoga com o leitor por meio de recursos textuais e visuais, o que torna o conteúdo muito mais dinâmico. São livros que criam um ambiente de interação com o leitor – seu universo cultural, social e de elaboração de conhecimentos –, possibilitando um real processo de interlocução para que a comunicação se efetive.

História e historiografia do Brasil República

Fernanda Ribeiro Haag
Natália de Santanna Guerellus

EDITORA intersaberes

Rua Clara Vendramin, 58 . Mossunguê . CEP 81200-170 . Curitiba . PR . Brasil
Fone: (41) 2106-4170 . www.intersaberes.com . editora@editorainteresaberes.com.br

Conselho editorial	Capa
Dr. Ivo José Both (presidente)	Laís Galvão (ilustrações* e *design*)
Dr.ª Elena Godoy	MM_photos/Shutterstock (fundo)
Dr. Neri dos Santos	*Projeto gráfico*
Dr. Ulf Gregor Baranow	Bruno de Oliveira
Editora-chefe	*Diagramação*
Lindsay Azambuja	Alfredo Netto
Supervisora editorial	*Equipe de design*
Ariadne Nunes Wenger	Laís Galvão
Analista editorial	Mayra Yoshizawa
Ariel Martins	Charles L. da Silva
Preparação de originais	*Iconografia*
Juliana Fortunato	Célia Regina Tartalia e Silva
Edição de texto	Regina Claudia Cruz Prestes
Palavra do Editor	
Floresval Nunes Moreira Junior	

Dados Internacionais de Catalogação na Publicação (CIP)
(Câmara Brasileira do Livro, SP, Brasil)

Haag, Fernanda Ribeiro
História e historiografia do Brasil República/Fernanda Ribeiro Haag, Natália de Santanna Guerellus. Curitiba: InterSaberes, 2019.

Bibliografia.
ISBN 978-85-5972-906-1

1. Brasil – História 2. Brasil – História – República 3. Brasil – Historiografia I. Guerellus, Natália de Santanna. II. Título.

18-20052   CDD-981.05

Índices para catálogo sistemático:
1. Brasil: História e historiografia 981.05
Maria Alice Ferreira – Bibliotecária – CRB-8/7964

1ª edição, 2019.

Foi feito o depósito legal.

Informamos que é de inteira responsabilidade das autoras a emissão de conceitos.

Nenhuma parte desta publicação poderá ser reproduzida por qualquer meio ou forma sem a prévia autorização da Editora InterSaberes.

A violação dos direitos autorais é crime estabelecido na Lei n. 9.610/1998 e punido pelo art. 184 do Código Penal.

*Ilustrações elaboradas com base em: Mark Van Overmeire; vkilikov; Anna Ilchuk; Jacob Lund e lenaalyonushka/Shutterstock e no quadro: BERNARDELLI, H. A **Proclamação da República**. 1892. 1 óleo sobre tela: color.; 280 × 185 cm. Academia Militar das Agulhas Negras, Rio de Janeiro.

Sumário

9 *Apresentação*
13 *Organização didático-pedagógica*

Capítulo 1
17 **1889-1930: a Primeira República**

(1.1)
19 Primeiros passos da República

(1.2)
39 Um país de coronéis?

(1.3)
47 Da modernização às mobilizações

(1.4)
61 Cultura e sociedade na Primeira República

(1.5)
74 Histórias da história

Capítulo 2
85 1930-1945: Os anos de Vargas

(2.1)
87 Da Revolução de 1930 ao Estado Novo

(2.2)
108 "Trabalhadores do Brasil"

(2.3)
120 Efervescências sociais

(2.4)
135 Cultura e Estado nos anos de Vargas

(2.5)
152 Histórias da história

Capítulo 3
165 1945-1964: uma democracia à brasileira

(3.1)
167 Viva a democracia!

(3.2)
178 Memórias de um suicídio

(3.3)
192 A utopia brasileira

(3.4)
201 O golpe de 1964

(3.5)
209 Histórias da história

Capítulo 4
221 **1964-1979: golpe ou revolução?**

(4.1)
224 A construção de uma ditadura

(4.2)
238 Repressão e resistência

(4.3)
253 Cultura e política

(4.4)
258 Milagres que duram pouco

(4.5)
265 Histórias da história

Capítulo 5
277 **1979-1995: a volta à democracia**

(5.1)
280 Abertura lenta, gradual e segura

(5.2)
285 Redemocratização

(5.3)
292 A volta dos civis

(5.4)
300 Década perdida?

(5.5)
307 Histórias da história

Capítulo 6
321 **1995-2010: neoliberalismo ou social-democracia?**

(6.1)
323 Histórias da história: Brasil e o tempo presente

(6.2)
328 O Brasil de Fernando Henrique Cardoso: fim da Era Vargas?

(6.3)
334 O Brasil de Fernando Henrique Cardoso: a sociedade e o Estado

(6.4)
340 O lulismo e o Brasil

(6.5)
345 O lulismo e o mundo

353 *Considerações finais*
355 *Referências*
371 *Bibliografia comentada*
375 *Respostas*
379 *Sobre as autoras*

Apresentação

Atribui-se a Antônio Carlos Jobim a frase "O Brasil não é para principiantes". Para explicá-la, poderiam ser destacadas nossas ambiguidades, nossos paradoxos, as soluções inesperadas para problemas estruturais e o pragmatismo de nossas idiossincrasias. Porém, definir nosso país simplesmente pelas contradições ou pelas originalidades não basta para compreendê-lo. Se ele não é para principiantes ou amadores, é importante que nos informemos, que procuremos estudar cada momento, cada evento e as múltiplas discussões e memórias que os envolvem. O Brasil é, nesse sentido e de fato, um organismo complexo.

Com esta obra, buscamos cooperar com essa reflexão por meio de uma abordagem didática. Nele, procuramos traçar um panorama histórico do Brasil Republicano entre 1889 e 2010, atentando para as principais características políticas e econômicas sem, no entanto, deixar de ressaltar aspectos sociais e culturais importantes. Além disso, nossa proposta inclui a problematização de temas clássicos da historiografia, colocando-os em discussão a cada capítulo. Não é nosso objetivo construir a história completa do Brasil República, mas uma história do país que auxilie você, leitor, a ter uma visão crítica e geral não só dos eventos que a integram mas também das narrativas utilizadas para contá-la.

Ao traçarmos essa história, procuramos dialogar com aspectos de longa e de média duração, articulados às conjunturas específicas de cada período. Também buscamos combinar a análise cronológica com uma história transnacional, de modo a esclarecer os diversos contextos internacionais e o papel do Brasil nas dinâmicas regional, continental e global, com especial atenção para a política externa. Ao fim de cada capítulo, apresentamos uma discussão historiográfica relativa ao tema tratado. Considerando-se a construção da história como um complexo conjunto de memórias em que se insere a historiografia, com sua ética e sua prática, o objetivo principal é apresentar uma visão crítica da narrativa acadêmica estabelecida sobre cada período estudado.

O primeiro capítulo é dedicado ao período da Primeira República no Brasil, de 1889 a 1930. Examinamos o processo de transição para o regime republicano e sua consolidação, sobretudo, a partir do projeto de modernização, bem como a maneira como tal processo afetou os diferentes sujeitos históricos, identificando suas reações.

No segundo capítulo, apresentamos a discussão em torno da construção do Estado autoritário varguista. Ao debatermos a primeira fase da Era Vargas, buscamos analisar os processos históricos que modificaram a sociedade brasileira nesse contexto, problematizando também o papel de uma personalidade em face do processo histórico maior.

No terceiro capítulo, colocamos em questão o conceito de democracia, no intuito de discutirmos o período que se iniciou com o fim do Estado Novo e terminou com o golpe civil-militar de 1964. Os diferentes governos, as tentativas de golpe e o aumento da participação das diversas classes na dinâmica democrática dão o tom de nossa narrativa; ao fim, concentramos a atenção na historiografia que se produziu acerca do populismo no Brasil.

O quarto capítulo trata do período entre 1964 e 1974, tendo como balizas temporais de um lado o golpe civil-militar e de outro o governo de Ernesto Geisel. O conceito problematizado é o de revolução, por meio do qual pensamos as diversas memórias que ainda hoje marcam a narrativa histórica desse período. Nesse sentido, no debate historiográfico ao fim do capítulo, recapitulamos as diversas versões que tentam explicar e compreender a conjuntura do golpe.

O quinto capítulo, por sua vez, problematiza a chamada *transição democrática*, considerada por nós a partir de 1974, e suas repercussões até o fim do governo do Presidente Itamar Franco, em janeiro de 1995. O objetivo do capítulo é tentar reperiodizar a transição, isto é, em vez de defini-la somente a partir do fim dos governos militares, buscamos analisá-la no que há de continuidade no processo de incorporação dos presidentes civis subsequentes. O tema historiográfico do capítulo envolve o debate em torno da ditadura civil-militar como um todo e sua importância para a história presente.

O sexto e último capítulo apresenta um recorte temporal recente, concentrando-se nos governos de Fernando Henrique Cardoso e Luiz Inácio Lula da Silva. Ao tratarmos de temas tão próximos a nós, discutimos também brevemente a História do Tempo Presente e a maneira como essa proximidade temporal afeta o ofício do historiador. O capítulo foca as relações entre Estado e sociedade e o modo como foram estabelecidas nos diferentes governos, considerando sempre a conjuntura global.

Acrescentamos, ainda, ao fim de cada seção, exercícios para avaliar a leitura do capítulo e aprofundar os conhecimentos sobre o assunto abordado. Várias das propostas apresentadas como atividades práticas podem ser utilizadas na atuação docente em sala de aula, como no caso de debates e trabalhos em grupo.

Fernanda Ribeiro Haag e Natália de Santanna Guerellus

Você, leitor, como aluno ou professor e cidadão, torna-se responsável pela narrativa que conta sobre seu passado e o passado da sociedade em que vive e atua. Uma visão crítica, tendo como compromisso a busca pela verdade, ainda que longínqua e inalcançável em sua totalidade, é a base da história como disciplina e como saber de importância fundamental na atualidade.

Esperamos que este livro auxilie na construção de uma narrativa analítica e responsável sobre o Brasil Republicano, na tentativa de melhor compreender esse país tão complexo, por vezes melancólico, mas apaixonante.

Organização didático-pedagógica

Esta seção tem a finalidade de apresentar os recursos de aprendizagem utilizados no decorrer da obra, de modo a evidenciar os aspectos didático-pedagógicos que nortearam o planejamento do material e como o aluno/leitor pode tirar o melhor proveito dos conteúdos para seu aprendizado.

Introdução do capítulo

Logo na abertura do capítulo, você é informado a respeito dos conteúdos que nele serão abordados, bem como dos objetivos que o autor pretende alcançar.

Síntese

Você conta, nesta seção, com um recurso que o instigará a fazer uma reflexão sobre os conteúdos estudados, de modo a contribuir para que as conclusões a que você chegou sejam reafirmadas ou redefinidas.

Atividades de autoavaliação

Com estas questões objetivas, você tem a oportunidade de verificar o grau de assimilação dos conceitos examinados, motivando-se a progredir em seus estudos e a se preparar para outras atividades avaliativas.

Atividades de aprendizagem

Aqui você dispõe de questões cujo objetivo é levá-lo a analisar criticamente determinado assunto e aproximar conhecimentos teóricos e práticos.

Bibliografia comentada

Nesta seção, você encontra comentários acerca de algumas obras de referência para o estudo dos temas examinados.

Capítulo 1

**1889-1930:
a Primeira República**

Neste capítulo, discutiremos o período entre 1889 e 1930 na história brasileira, denominado *Primeira República*. Nosso objetivo é examinar as mudanças ocorridas a partir do projeto de modernização da época e, principalmente, a forma como diferentes atores sociais vivenciaram tal processo e reagiram a ele. Para isso, buscaremos abordar as mudanças e as permanências nos âmbitos político, social, econômico e cultural.

(1.1)
PRIMEIROS PASSOS DA REPÚBLICA

Nós, brasileiros, sabemos que o dia 15 de novembro tem um sentido específico em nosso país: é feriado nacional, uma das datas cívicas mais importantes do calendário, reconhecida por todos como o dia da Proclamação da República. Está inscrito no imaginário coletivo como um dos acontecimentos mais significativos de nossa história. Por tais motivos, precisamos nos ater a ele.

Ao utilizarmos a palavra *acontecimento* e focarmos especificamente a Proclamação da República, devemos pontuar a reflexão sobre o evento para a história. O historiador precisa ficar atento aos processos históricos e às estruturas, não só ao tempo curto, como colocou Fernand Braudel (1965). Não divergimos de tais ideias, porém, como recorda Georges Duby (1993, p. 10-11), "o acontecimento faz emergir [...] vestígios que, se não nos detivéssemos nele, permaneceriam nas trevas, desapercebidos". Pierre Norra (1978) também lembra que eventos possibilitam entender melhor os aspectos centrais do processo histórico, que de outra maneira poderiam ser negligenciados, pois condensam e revelam seus significados sociais.

Assim, historicizar a Proclamação da República se faz necessário para compreendermos os processos históricos mais profundos que estão inscritos ali e, de certa maneira, se fazem presentes na longa duração da história republicana apresentada neste livro; afinal, a análise de eventos de curta duração (como a Proclamação da República) e a análise de processos históricos que demandaram períodos bastante extensos (como a estrutura escravocrata do Brasil) não são perspectivas excludentes, mas complementares: são ajustes à escala de observação.

De acordo com Emília Viotti da Costa (2010), a proclamação foi resultado das transformações que vinham acontecendo no país, e a queda da monarquia ocorreu pela inadequação das instituições vigentes até então, que estavam na contramão do desenvolvimento histórico do período e da nova estrutura socioeconômica do Brasil. Aqui, destacamos especialmente o desajuste da escravidão e do próprio regime monárquico em face das mudanças ocorridas a partir de 1870.

Foi exatamente a partir de 1870 que a vida social e política do Brasil sofreu uma "guinada radical", abalando o até então tranquilo Segundo Reinado (Schwarcz; Starling, 2015). Vários foram os fatores que agitaram o cenário brasileiro, devendo-se ressaltar a Guerra do Paraguai e o recrudescimento da campanha abolicionista. Foi a monarquia a mais afetada por tal agitação. Assim, podemos destacar três claras frentes oposicionistas ao regime monárquico e centrais para o advento da República: os abolicionistas e a questão da abolição; os republicanos e o Partido Republicano; e o Exército, com papel de destaque na proclamação e na consolidação da República. Cada frente apresentava diferentes motivos para se opor ao poder monárquico, mas quais seriam as especificidades e a atuação dessas frentes?

Comecemos pelo Exército. Precisamos voltar rapidamente à Guerra do Paraguai, pois foi a partir desse conflito que o Exército aumentou seu contingente e teve força política para se estabelecer como importante instituição. A Guerra do Paraguai (1864-1870) foi o maior combate bélico da América do Sul, gerou muitos gastos para os cofres brasileiros e, mesmo com a vitória do Brasil e de seus aliados, o conflito se tornou cada vez mais impopular, pois as perdas e as mortes foram significativas, além da própria crueldade da guerra. Ademais, a imagem de D. Pedro II (1825-1891) foi arranhada: se antes era visto como pacífico e "mecenas da arte", tornou-se o senhor da guerra (Schwarcz; Starling, 2015).

O fim da guerra consolidou o Exército no país, o que Schwarcz e Starling (2015) explicam pelo aumento do número de soldados: se em 1865 havia 18 mil soldados, em 1866 houve um salto que variava entre 38 mil e 78 mil soldados. Foi a partir dessa vitória bélica também que se consolidou no imaginário dos militares a ideia de que a salvação da pátria viria deles, o que em certa medida acabou extrapolando as fronteiras do Exército e encontrando respaldo na sociedade civil (Costa, 2010).

É importante frisar que esse "novo" Exército era distinto da antiga Guarda Nacional, criada em 1831 e ligada aos setores da elite, que teve por missão "colocar nas mãos dos cidadãos de posses a tarefa de manter a ordem" (Carvalho, 1987, p. 49), com um viés liberal e de defesa dos interesses das classes mais abastadas. O Exército acabou se tornando um canal de ascensão social para as classes mais populares e também angariou maior representatividade social.

Contudo, precisamos lembrar que os militares não se configuravam como um corpo homogêneo, pois havia diferenças internas. Para Costa (2010), a ideia republicana encontrava maior aderência nas patentes inferiores e nos alunos da Escola Militar; já a monarquia tinha algum apoio dos escalões superiores. Essas colocações não se referem a condições obrigatórias, mas a uma análise geral, considerando-se o exemplo do próprio Marechal Deodoro da Fonseca (1827-1892), alguém de alta patente, responsável por proclamar a República. Ademais, a elite do Exército se colocava como antagônica à elite civil e declarava sua insatisfação tanto com a situação do país quanto com sua posição na hierarquia de poder (Schwarcz; Starling, 2015).

Outro elemento importante que aproximou os militares das ideias republicanas foi o positivismo, que encontrou espaço principalmente na Escola Militar, tendo sua figura mais relevante sido Benjamin Constant (1836-1891). Entretanto, não era um positivismo ortodoxo, o que também possibilitou que as ideias positivistas tivessem influência na sociedade em geral (Costa, 2010). De acordo com Carvalho (1987), as ideias de Auguste Comte (1798-1857), até mesmo seu antimilitarismo, impulsionaram os militares a eliminar a distância que os separava do mundo civil, e as reivindicações da categoria focaram o direito de reunião e a livre manifestação da opinião política, pois a pretensão era que o Exército adquirisse maior peso nas decisões políticas.

Após a Guerra do Paraguai e o convívio com negros escravos ou libertos, os soldados também passaram a se negar a perseguir escravos fugidos, criando mais uma rusga com a monarquia. O Clube Militar, em 1887, enviou à regente uma petição solicitando a dispensa dessa tarefa, como é possível ver a seguir.

> **Petição do Clube Militar para dispensa da perseguição aos escravos fugidos:**
>
> Senhora – os oficiais membros do Clube Militar pedem à Vossa Alteza Imperial vênia para dirigir ao governo imperial um pedido que é antes uma súplica [...]. Esperam que o governo imperial não consinta que nos destacamentos do Exército que seguem para o interior com o fim, sem dúvida, de manter a ordem, tranquilizar a população e garantir a inviolabilidade das famílias, os soldados sejam encarregados da captura dos pobres negros que fogem à escravidão, ou porque viviam cansados de sofrer-lhe os horrores, ou porque um raio de luz da liberdade lhes tenha aquecido o coração e iluminado a alma.

Fonte: Monteiro, 1986, p. 71-72.

Com isso, notamos que o Exército tinha divergências com a monarquia e cada vez mais acumulava descontentamentos com o Império, além de ter agenda própria após sua consolidação na vida social e política do país. Por todos esses motivos, do corpo militar saíram adeptos tanto da causa da abolição da escravidão quanto da causa republicana, o que ajudou a afetar os pilares monárquicos.

Na segunda frente de oposição ao Império, havia o delicado processo da Abolição da Escravatura e como dele a própria campanha abolicionista. Segundo Costa (2010), a abolição sepultou de vez a antiga estrutura colonial de produção, abalando setores menos dinâmicos da classe senhorial, os quais compunham uma das bases da monarquia.

Comentamos no início do capítulo que a queda da monarquia se relacionou à inadequação das instituições vigentes, e a escravidão foi uma delas, pois o desenvolvimento capitalista brasileiro e seus setores mais dinâmicos – como os cafeicultores do oeste paulista – tornaram-na ultrapassada e pertencente a uma estrutura econômica tradicional. Porém, não podemos entender a Abolição apenas como resultado de um processo econômico estrutural quase automático, sem a ação dos agentes históricos; os abolicionistas e sua luta foram fundamentais para o fim da escravidão no Brasil[1]. Nesse sentido, a campanha abolicionista teve um recrudescimento a partir da década de 1860 e encontrou seu ápice nos anos 1880, quando se tornou o foco das atenções na política e na sociedade brasileira (Schwarcz; Starling, 2015).

Podemos dividir os abolicionistas em dois grandes grupos: moderados e radicais. Os primeiros tinham em seu quadro Campo

---

1   Sobre o abolicionismo e a luta pela abolição conferir: MACHADO, M. H. P. T. *O plano e o pânico: os movimentos sociais da década da abolição*. São Paulo: Edusp; Rio de Janeiro: Ed. da UFRJ, 1994. p. 143-173.

Sales (1841-1013), integrante da oligarquia cafeeira paulista, José do Patrocínio (1854-1905), jornalista e escritor, e seu principal articulador, Joaquim Nabuco (1849-1910), importante político do Império e autor da obra *O abolicionismo*. Os moderados apostavam em uma campanha mais institucional e sem insurreições ou revoltas, como podemos ver nos escritos de Nabuco:

> *A propaganda abolicionista não se dirige, com efeito, aos escravos. Seria uma covardia inepta e criminosa, e, além disso, um suicídio para o partido abolicionista, incitar à insurreição ou ao crime homens sem defesa e que a lei de Linch [ligada à ideia de linchamento] ou a justiça pública imediatamente haveria de esmagar... Suicídio político porque a nação inteira – vendo uma classe, e essa a mais influente e poderosa do Estado, exposta à vingança bárbara e selvagem de uma população mantida até hoje ao nível dos animais... – pensaria que a necessidade urgente era salvar a sociedade a todo o custo por um exemplo tremendo e este seria o sinal da morte do Abolicionismo.* (Mendes Jr. et al., 1981, p. 124)

Já os radicais defendiam uma revolta direta contra o sistema escravista com meios mais incisivos, até mesmo com o uso da violência para derrubá-lo. Alguns de seus participantes mais destacados foram o advogado, jornalista e ativista Silva Jardim (1860-1891), o juiz e poeta Raimundo Correia (1859-1911) e o ex-escravo e abolicionista ferrenho Luís Gama (1830-1882), que atuou na defesa jurídica de negros escravos. Raul Pompeia sintetizou algumas ideias dos abolicionistas radicais, distintas da concepção dos moderados:

> *A humanidade só tem a felicitar-se quando um pensamento de revolta passa pelo cérebro oprimido dos rebanhos de operários das fazendas. A ideia de insurreição indica que a natureza humana vive. Todas as violências em prol da liberdade violentamente acabrunhada devem ser*

saudadas como vinditas santas. A maior tristeza dos abolicionistas é que estas violências não sejam frequentes e a conflagração não seja geral. (Mendes Jr. et al., 1981, p. 126)

Mesmo com suas diferenças e especificidades, os grupos abolicionistas conseguiram mobilizar uma intensa campanha, tomaram os jornais e as ruas e atingiram a legitimidade do movimento. O governo imperial apostava em táticas reformistas para tentar equilibrar os antagonismos, como a Lei do Ventre Livre, que foi considerada tímida pelos abolicionistas ou pelo menos uma manobra política com vistas a acalmar a oposição, mas que também desagradou aos senhores de escravos, que começaram a desconfiar do imperador. A falta de ações de D. Pedro II seguia na mesma direção; mesmo tentando construir sua imagem como imperador moderno e contrário à escravidão, não utilizou seu poder para apressar a abolição.

Com o enfraquecimento do consenso escravista e as pressões de todos os lados enfrentadas pela monarquia, a luta antiescravista teve um impulso intenso na década de 1880. Várias sociedades e organizações surgiram pelo país em defesa da abolição e com os propósitos de financiar alforrias e auxiliar em fugas de escravos. Grupos de escravos também se radicalizaram, se revoltaram, fugiram e cometeram crimes contra seus antigos senhores; como apontado por Schwarcz e Starling (2015), o monopólio da violência corporal deixou de ser exclusividade dos brancos.

Mas nem só de violência viveu a campanha abolicionista. Construiu-se uma solidariedade de grupos negros muito bem exemplificada pelo que Sidney Chalhoub (1996), pensando na cidade do Rio de Janeiro, chamou de "cidade negra": multifacetada, antagônica à "cidade branca", codificada e desejada pelas elites brancas, e que funcionava como esconderijo, pois misturava libertos e escravos com dificuldade para distingui-los, e principalmente era solidária com objetivos variados, baseados em laços de parentesco, de casamento, em irmandades etc. Mesmo que Chalhoub (1996) trate, especificamente, do cenário carioca, poderíamos expandir essas redes de solidariedades negras para outras regiões do país.

Quando finalmente a Lei Áurea foi promulgada, em 1888, e extinguiu a escravidão no território brasileiro, o regime monárquico tentou ao máximo extrair dividendos políticos da situação; para isso, construiu e divulgou sua versão para o fato, a qual encontrou eco no imaginário social por muito tempo. Para os monarquistas, a abolição foi uma dádiva da monarquia aos negros libertos e estes deveriam ter gratidão para com a Coroa e especialmente para com a Princesa Isabel, tida como a redentora dos escravos. Essa pode ser considerada a derradeira encenação do Império, pois a abolição fez com que o regime monárquico perdesse em definitivo o apoio dos antigos senhores de escravos, que lhe davam intensa sustentação.

A abolição acabou gerando um paradoxo, pois, mesmo com a perda da base senhorial, a monarquia ganhou a simpatia dos negros ex-escravos, o que acabou se tornando uma dificuldade para a futura República e deixou Rui Barbosa (1849-1923), um dos homens fortes do governo republicano, perplexo. Chalhoub (1996) recupera alguns escritos de João do Rio, da obra *A alma encantadora das ruas*, que comprovam a popularidade do Império entre os negros e as classes mais pobres, citando, por exemplo, o alto número de tatuagens da Coroa imperial ou os cordões carnavalescos que associavam nomes à monarquia, e não à recém-constituída República. Percebemos com isso que a campanha abolicionista manteve pressionado o Império brasileiro da mesma maneira que a abolição se tornou um ponto sensível para a monarquia, pois colocou os antigos senhores de escravos em oposição direta ao imperador, o que garantiu uma forte oposição e, ao mesmo tempo, forneceu às ideias republicanas mais um apoio. O fim da escravidão se relacionou diretamente com o fim da monarquia.

Na terceira frente mencionada, encontramos os republicanos, suas ideias e especialmente o Partido Republicano. Movimentos republicanos já existiam de distintas maneiras no Brasil desde o período colonial, questionando a autoridade monárquica. Porém, a alternativa republicana passou a ter maior destaque e a ser considerada um caminho concreto a partir de 1870. No Brasil da segunda metade do século XIX, nos meios acadêmicos havia uma forte perspectiva cientificista com base nas ideias de Charles Darwin (1809-1882), Auguste Comte (1798-1857), Ernest Renan (1823-1892) etc. Poderíamos destacar também três principais correntes intelectuais: o ecletismo, o evolucionismo e o já citado positivismo. Todas essas ideias circulavam entre os intelectuais, especificamente os bacharéis e as demais pessoas letradas, que eram a minoria da população e se relacionavam com o ideal republicano ou democrático.

Um dos marcos das ideias republicanas no Brasil foi a fundação do Partido Republicano depois de uma divisão do Partido Liberal; a dissidência foi liderada por Quintino Bocaiúva (1836-1912) e Saldanha Marinho (1816-1895). A principal crítica do Partido Republicano era o forte centralismo do Império e da administração, com forte defesa da ideia de federalismo e da implantação de uma república federativa. Segundo Costa (2010), os republicanos partiam do seguinte pressuposto: em um país formado por diferentes grupos com variados interesses que ocasionariam contradições, a solução residiria no federalismo, pois a excessiva centralização imperial era um entrave ao desenvolvimento do país e à solução das divergências. Com esse discurso, a ideia federativa passou a adquirir cada vez mais prestígio.

O Partido Republicano era composto inicialmente pelos setores mais liberais e compunha novos focos de oposição, mais distantes da realeza, como médicos, jornalistas, profissionais liberais, advogados e comerciantes. Depois de um tempo, especialmente a partir do primeiro congresso do partido, em 1873, passou a contar com o suporte dos fazendeiros paulistas, que faziam parte do setor mais dinâmico da economia brasileira, eram contrários ao intervencionismo do Estado e estavam insatisfeitos com a falta de representação política institucional de São Paulo. Os paulistas, apesar de terem se tornado importante força econômica no contexto e de São Paulo ser a província mais rica do país, não haviam conseguido uma representação correspondente no Congresso, o que Schwarcz e Starling (2015, p. 301) chamaram de "assimetria política", pois o Estado contava com número inexpressivo de senadores durante o Império e tinha representação inferior a estados como Pernambuco, Bahia, Minas Gerais e Rio de Janeiro na Câmara dos Deputados.

O Manifesto Republicano foi publicado em 1870 no jornal *A República* com o intuito de fundar o Partido Republicano. Foi assinado por 58 apoiadores e a grande maioria, como vimos, pertencia à elite intelectual do Império, com portadores de títulos de nível superior. Entre os signatários também havia aqueles ligados aos setores produtivo e de serviços, além muitos advogados; todos faziam parte de uma minoria social e letrada. Viscardi (2011) aponta que no Manifesto há uma constante alusão à existência de uma opinião pública favorável à mudança de regime político, mesmo que não se especifique quem faria parte dessa opinião, na tentativa de construir um consenso nacional acerca da República. A estratégia dos autores era a de se colocarem como porta-vozes de uma aspiração nacional e coletiva e, no espectro oposto, de revolucionários ou desordeiros, por isso cunharam um discurso de legitimação a partir da história nacional, pautados na tradição e em uma opinião pública que já estava presente no passado da nação.

Da mesma maneira que os militares passaram a se considerar salvadores da pátria após a Guerra do Paraguai, os republicanos signatários do Manifesto julgavam que a nação estava em perigo e era seu dever salvá-la. Havia decadência moral, caos econômico e administrativo, tudo agravado pelo poder imperial – a crítica à monarquia era o fundamento de todo o documento. O ataque mais direto era ao Poder Moderador, pois controlava os outros poderes e impedia a liberdade individual, a representação nacional e a livre manifestação (Viscardi, 2011).

Como sabemos, movimentos, grupos sociais e instituições dificilmente são homogêneos, há clivagens e diferenças internas, e o mesmo se dava com o movimento republicano no Brasil daquele período. Havia consenso na defesa da mudança de regime político, no advento da República e com relação ao federalismo; porém, a aderência e a atuação do movimento eram distintas nos diferentes estados brasileiros. O movimento tinha muito mais força no Rio de Janeiro, no Rio Grande do Sul e em São Paulo, onde o Partido Republicano contava com mais filiados, mas era fraco na Bahia, estado que se colocava mais próximo à monarquia. A própria representação político-institucional do partido nos espaços deliberativos, como a Câmara, não era tão consolidada, ainda que conseguisse eleger representantes.

Para além das diferenças, o movimento republicano brasileiro coordenou ações conjuntas, como comícios, conferências, textos e publicações na imprensa, que ajudaram a formar uma opinião pública favorável à ideia republicana. A partir daí, muitas pessoas, mesmo que não aderissem formalmente ao partido, tornaram-se simpatizantes e apoiadoras da causa, o que também foi aos poucos minando o poder imperial e afetando sua legitimidade. Neves (2016, p. 29, grifo do original) aponta várias iniciativas organizadas pelo movimento republicano:

O movimento republicano organizou-se desde então em partidos políticos provinciais; divulgou seus ideais em jornais da corte e das províncias; multiplicou a existência de clubes republicanos por todo o país; chegou a eleger dois representantes para a Câmara dos Deputados; organizou Congressos Republicanos, como os de 1887 e 1888; abrigou tendências diferenciadas entre as quais os chamados republicanos históricos, os positivistas, os moderados, os liberais e tantos outros; cooptou descontentes com os rumos do Estado Imperial [...]; publicou obras de grande aceitação pelo público leitor, como a República Federal *de J. F. de Assis Brasil ou o famoso* Catecismo Republicano *de autoria de Alberto Sales...*

Havia um ponto que os republicanos, de maneira geral, prefeririam não debater claramente e que não é mencionado em qualquer parte do Manifesto Republicano: a questão da abolição. Evitando comprometer-se e perder possíveis aliados, que já estavam insatisfeitos com a monarquia, os republicanos não levantaram abertamente a bandeira abolicionista – ainda que fossem causas concomitantes, não eram conjuntas. Contudo, como mencionamos, os adeptos das ideias republicanas não eram homogêneos e mesmo dentro do movimento havia abolicionistas; o maior exemplo talvez tenha sido Luís Gama.

Além dessas três frentes bem definidas que abalaram as estruturas monárquicas, o Império e mais especificamente o imperador enfrentavam ferrenhas críticas da imprensa. D. Pedro II era fortemente criticado principalmente por seu afastamento das questões políticas, o que implicava constantes viagens ao exterior e muitas denúncias com relação aos gastos excessivos cometidos pela Coroa. Como as críticas se tornaram regulares, ganharam eco entre a população e aumentaram a insatisfação de determinados setores sociais, arranhando a imagem pública do monarca.

Como exemplo desse contexto, apresentamos a Charge *Manipanso imperial*, do importante caricaturista Cândido Aragonez de Faria, publicada no jornal *O Mequetrefe* em 10 de janeiro de 1878 (Figura 1.1). É possível perceber a crítica à centralização da administração imperial por meio do Poder Moderador, entendendo-se que D. Pedro II se encontrava no centro, com o controle de todas as pastas ministeriais.

Figura 1.1 – *Manipanso imperial*, de Cândido Aragonez de Faria

Cândido Aragonez de Faria

Os caminhos para a República estavam sendo delineados. Apesar de os ex-escravos defenderem a monarquia, em 1889 a campanha republicana ganhou muita força e a opção pela adoção de um regime republicano após o fim do Império passou a ser abertamente discutida, principalmente em três setores: as oligarquias mais dinâmicas ligadas ao café, uma parte do Exército e representantes das camadas médias urbanas e dos republicanos. Para completar o quadro, a monarquia ficou cada vez mais isolada, pois perdeu o apoio dos fazendeiros do Vale do Paraíba e dos que dependiam da mão de obra escrava após a abolição e também dos cafeicultores do oeste paulista, que se colocavam contra o intervencionismo estatal e a centralização de poder.

O Exército também estava insatisfeito com a situação do país e mais ainda com sua posição na hierarquia política, por isso exigia maior representação no cenário nacional. Dessas insatisfações variadas, porém com um mesmo alvo, surgiu a aliança entre republicanos e setores do Exército. Aproveitando-se de boatos de que Afonso Celso de Assis Figueiredo, o Visconde de Ouro Preto, último ministro do Império, tomaria medidas severas contra os militares, membros dos partidos republicanos de São Paulo e do Rio de Janeiro propuseram um movimento conjunto contra o governo imperial. Benjamin Constant, Frederico Solon, Joaquim Ignácio e outros fizeram forte propaganda republicana nos quadros militares.

Costa (2010) relata que, em 11 de novembro, Rui Barbosa, Benjamin Constant, Aristides Lobo, Quintino Bocaiúva e o Coronel Solon se encontraram na casa do Marechal Deodoro para convencê-lo a se posicionar. Era mais uma tentativa de conspiração contra a monarquia. Então, como sabemos, em 15 de novembro a monarquia foi derrubada, a família real teve de sair às pressas do Brasil e ficou exilada na Europa e a República brasileira foi proclamada.

O advento da República foi o resultado da inadequação e da falência da monarquia – vale lembrar que o Brasil era a única monarquia na América desde 1825 e as revoltas liberais destituíram as monarquias europeias ao longo do século XIX – e logo após sua proclamação ainda vacilava e buscava consolidação e direcionamento, pois mesmo entre os republicanos os projetos se diferenciavam. A proposta republicana era alinhada a uma ampliação do espaço público que já vinha se delineando desde o Império e trazia a ação política para fora do Parlamento, expandindo-a para os demais setores sociais (Schwarcz; Starling, 2015). Um exemplo é a Revolta do Vintém, em 1880, que agitou as ruas cariocas contra o imposto da passagem do bonde e mostrou que havia atividade política para além dos meios institucionais.

Ademais, as noções de progresso e de modernização passaram a ser identificadas diretamente com a República. A definição da imagem republicana também passava pela construção de novos símbolos que a representariam. Para Carvalho (1990), a construção da imagem do novo regime tinha como objetivo atingir o imaginário popular e recriá-lo com base nos valores republicanos, já que a elaboração desse imaginário é fundamental para a legitimação de qualquer forma de regime político, pois "é nele que as sociedades definem suas identidades e objetivos, definem seus inimigos, organizam seu passado, presente e futuro" (Carvalho, 1990, p. 10).

Alguns exemplos da construção dos símbolos republicanos estão na mudança de nomes conhecidos no Rio de Janeiro: o Largo do Paço se tornou a Praça XV (de Novembro); a Estrada de Ferro Pedro II, a Central do Brasil; o Colégio Pedro II, o Colégio Nacional. As imagens nas notas de dinheiro também foram modificadas: antes representavam D. Pedro II e a monarquia e, a partir da proclamação, passaram a estampar a nova República dos Estados Unidos do Brasil. A corte se transformou na capital federal, os súditos se tornaram cidadãos e uma nova lista de feriados nacionais surgiu: o 13 de maio se tornou o dia da "fraternidade dos brasileiros" e o 21 de abril passou a celebrar "os precursores" (Schwarcz; Starling, 2015, p. 318).

A simbologia republicana também envolveu o Hino Nacional e a Bandeira Nacional. Para o hino, foi feito um concurso, porém a composição vencedora, de Leopoldo Miguez e Medeiros e Albuquerque, foi definida como o hino da Proclamação da República e o Hino Nacional não foi alterado. A Bandeira Nacional também manteve elementos imperiais, pois seguiu com o verde que representava a Casa Real de Bragança e o amarelo da Casa Imperial dos Habsburgo. A mudança foi a introdução do lema "Ordem e progresso", marcadamente positivista (Schwarcz; Starling, 2015). Esses elementos demonstram a permanência de traços monárquicos mesmo após a Proclamação da República.

De acordo com Carvalho (1990), os heróis nacionais, outro aspecto do imaginário, são símbolos poderosos e instrumentos eficazes para ganhar corações e mentes. Em um evento político como a Proclamação da República, que contou efetivamente com pouca participação popular, o recurso do herói foi ainda mais significativo, em uma tentativa de compensação pela mobilização simbólica. Houve um grande esforço para tornar os participantes efetivos do 15 de Novembro em heróis populares: escreveram-se poemas, prosas, livros e jornais, construíram-se monumentos, nomearam-se instituições, ruas e praças e pintaram-se quadros. Um dos quadros mais famosos é *Proclamação da República*, de Benedito Calixto, de 1893. Para Neves (2016), essa iconografia republicana enfatiza o papel do Exército, o que também acontece na obra de Calixto, pois coloca Deodoro e o Exército no centro dos acontecimentos. Ao pintar o Campo da Aclamação, mostra as tropas, os canhões, os oficiais a cavalo com suas espadas e até alguns republicanos históricos, como Quintino Bocaiúva, mas fica a compreensão de que o Exército é o protagonista da Proclamação.

Figura 1.2 – *Proclamação da República*, de Benedito Calixto

CALIXTO, B. **Proclamação da República**. 1893. Óleo sobre tela. Pinacoteca Municipal de São Paulo.

Apesar das tentativas de definir os militares e os principais participantes do 15 de Novembro como heróis nacionais, a narrativa que encontrou maior respaldo no imaginário coletivo foi a de Tiradentes. Os republicanos, principalmente os mineiros, desde antes da proclamação, buscavam traçar aproximações com o inconfidente. Mas foi a partir do advento da República que isso ocorreu concreta e sistematicamente.

Joaquim José da Silva Xavier (1746-1792) foi o único rebelde a ser condenado e morto por envolvimento com a Inconfidência Mineira, em 1789, o que constitui material interessante para construir uma narrativa heroica. Mas havia um detalhe nessa construção: não se conheciam retratos ou descrições detalhadas de Tiradentes, por isso apostou-se em uma conexão com Jesus Cristo, de cabelos longos e soltos e vestes brancas. Assim, o mineiro se tornou o mártir e o precursor da República brasileira, tornando-se um dos símbolos nacionais republicanos.

Entretanto, não é apenas com o imaginário coletivo que um regime político se legitima. A República brasileira só se consolidou e se estabilizou politicamente com o governo de Campos Sales, em 1898 – com a Política dos Governadores, como veremos adiante –, pois até então o governo republicano tinha vivido um período de forte instabilidade e tensões e "sobrevivido" pela força, mantendo-se sob a tutela militar com suas correspondentes ações.

O governo provisório presidido por Marechal Deodoro foi marcado por diversidade, pois era composto de distintas correntes republicanas dos mais variados lugares, desde o paulista Campos Sales, no Ministério da Justiça, até o baiano Rui Barbosa, no Ministério da Fazenda, além de republicanos famosos como Quintino Bocaiúva, Aristides Lobo e Benjamin Constant. Havia políticos de diferentes províncias, republicanos antigos, outros de adesão recente, liberais, radicais, moderados, federalistas, positivistas etc. Tamanha heterogeneidade e a instabilidade do novo regime definiram um governo autoritário, o que gerou consequências diretas. Em 1891, Marechal Deodoro ordenou o fechamento do Congresso por não conseguir lidar com a oposição, violando a recém-promulgada Constituição, o que levou à eclosão da primeira Revolta da Armada, quando a Marinha exigiu a reabertura do Congresso sob a ameaça de bombardear o Rio de Janeiro. Para evitar o conflito ou uma possível guerra civil, Marechal Deodoro renunciou ao cargo de presidente.

Antes disso, no entanto, houve a promulgação da Constituição de 1891, a primeira Constituição republicana brasileira, que, em seu art. 1.º, indicava: "A nação brasileira adota como forma de governo, sob o regime representativo, a **República Federativa**, proclamada a

15 de novembro de 1889, e constitui-se, por união perpétua e indissolúvel das suas antigas províncias, em Estados Unidos do Brasil" (Brasil, 1891, grifo nosso). O novo regime seria presidencialista e federalista, e nos demais artigos também foi definido o sistema bicameral.

O regime federalista satisfazia a uma antiga vontade da maioria dos republicanos brasileiros, pois descentralizava o poder e a administração e dava aos estados maior autonomia e controle fiscal, o oposto do que acontecia durante a centralização imperial. Os estados tinham competência exclusiva para decretar impostos até mesmo sobre a exportação de mercadorias de sua produção, o que agradava especialmente aos cafeicultores paulistas, que, como vimos, estavam insatisfeitos com o intervencionismo do Império em seus negócios. Nesse sentido, a Constituição também substituiu o Poder Moderador pelo equilíbrio dos poderes Executivo, Legislativo e Judiciário, além de eliminar o Senado vitalício e o Conselho de Estado.

No aspecto religioso, garantiu a liberdade e realizou a separação da Igreja e do Estado, o que acarretou a implantação do registro civil para nascimentos, casamentos e mortes. Com relação ao voto, a Constituição de 1891 aprovou o sufrágio universal, pois retirou o caráter censitário do voto, como a exigência de renda mínima para votar, e manteve a eleição direta. Contudo, quem efetivamente podia votar eram os brasileiros adultos, homens e alfabetizados; ficavam de fora mulheres, praças, membros de ordens religiosas e mendigos.

Na análise de Carvalho (1987), pouco foi acrescentado no que diz respeito aos direitos civis e políticos naquela Constituição. A exclusão dos analfabetos nas eleições deflagrava a discriminação presente no texto constitucional, pois, ao mesmo tempo que retirava a obrigação do governo de fornecer instrução primária, exigia a alfabetização para ter direito ao voto, o que marcava o caráter fortemente liberal tanto da Constituinte quanto da própria Constituição.

No governo de Deodoro também houve a chamada *Política do Encilhamento*, que pode ser considerada o primeiro plano econômico do Brasil Republicano, decidido por Rui Barbosa, então ministro da Fazenda. Não houve consulta aos pares e aos demais ministros do governo para seu decreto, o que provocou insatisfações políticas. Seguindo uma tendência que já ocorria no Império após a abolição, Rui Barbosa permitiu maior emissão de papel-moeda e aumento de empréstimos aos bancos e aos agricultores que haviam perdido seus escravos. Os bancos emissores de dinheiro foram os principais beneficiários dessa política, pois emprestavam valores significativos e ganhavam concessões e vantagens do próprio governo. Todo esse processo levou a uma intensa especulação financeira que praticamente não resultou em retorno produtivo, levando a uma inflação generalizada e a um aumento do custo de vida da população, o que acarretou descontentamento direto com o novo governo (Oliveira, 2012).

O governo de Deodoro sofreu intensas turbulências políticas, sociais e econômicas que culminaram na primeira Revolta da Armada e na renúncia do presidente, como já mencionamos. Marechal Floriano era o vice e assumiu a presidência, apelidado de Marechal de Ferro por diversos motivos. O primeiro foi o enfrentamento de duas revoltas armadas, a Revolução Federalista no Sul e a segunda Revolta da Armada – a Marinha não estava satisfeita com o governo e exigia a convocação de novas eleições presidenciais. Já a Revolução Federalista resultou em uma guerra civil que durou dois anos em consequência do conflito entre o Partido Republicano Rio-Grandense e o Partido Federalista. Floriano também substituiu quase todos os governadores dos estados por pessoas de sua confiança, buscou apoio político nas oligarquias estaduais e combateu a especulação dos aluguéis e da alta de produtos como a carne, o que lhe garantiu apoio popular.

Em 1894, foram convocadas novas eleições presidenciais e houve, finalmente, o primeiro governo civil republicano no Brasil. Prudente de Morais, do Partido Republicano de São Paulo, foi eleito presidente e visava garantir os interesses da elite cafeicultora paulista, além de iniciar a transição para a República oligárquica que seria consolidada na presidência de Campos Sales, seu sucessor.

(1.2)
UM PAÍS DE CORONÉIS?

Os primeiros anos da República brasileira foram turbulentos e, para se consolidar minimamente, o regime republicano fez uso da força e do Exército. Havia a necessidade de controlar revoltas internas, evitar o fantasma do retorno da monarquia, deter as imprevisibilidades derivadas de distintos projetos de poder e de República e reajustar institucionalmente a correlação de forças políticas e econômicas.

Como afirmamos, Prudente de Morais foi o primeiro presidente civil eleito no Brasil, em 1894, fazendo seu sucessor Campos Sales nas eleições de 1898. Os dois eram ligados à elite cafeeira paulista, o setor mais dinâmico da economia naquele período, e buscavam defender esses interesses. Foi a partir do governo de Sales que houve uma rotinização da República brasileira, com a contenção da instabilidade política. Como o então presidente realizou tal processo de estruturação política?

A resposta, como ele mesmo colocou, foi encontrada nos estados. Com a chamada *Política dos Governadores*, Sales rotinizou a República, estabelecendo um pacto com os poderes estaduais. De acordo com Lessa (2000), "o Presidente da República reconhece como dono da política estadual o grupo que naquele momento tem o controle da política estadual". Houve, por parte do poder federal, um reconhecimento das ordens políticas locais, o que, em contrapartida, garantia para si estabilidade e apoio – até mesmo em votos – para concretizar seus interesses e sua política. Tal fórmula se mostrou duradoura, pois se estendeu até 1930, o que, para a realidade política brasileira, demonstra estabilidade e segurança, razão pela qual devemos prestar atenção em seus aspectos.

Em sua obra *Da propaganda à presidência*, Campos Sales (1908) afirmou categoricamente que "a política dos estados é a política nacional", resumindo o que seria a Política dos Governadores. Conforme Janotti (1984), tal política tinha como objetivos fortalecer as autonomias estaduais, harmonizar os interesses dos estados mais ricos e poderosos politicamente – aqueles com mais cadeiras no Congresso e maior número de votos – e assegurar resultados eleitorais favoráveis nas urnas. Assim, com a presidência garantindo autonomia e poder às oligarquias locais e estas retornando a fatura com votos e manutenção da estabilidade – os conflitos políticos deveriam manter-se no âmbito estadual –, "estabeleceu-se uma longa cadeia de compromissos, na qual competia a cada um dos beneficiados direitos e deveres" (Janotti, 1984, p. 37).

Apesar das turbulências e da própria mudança do regime político, devemos lembrar que, em termos estruturais, não houve uma ruptura profunda no processo histórico brasileiro. Como historiadores, precisamos ficar atentos também às permanências. O país se manteve majoritariamente agrário, com dependência em relação aos mercados estrangeiros. A população ainda se encontrava em sua maior parte, em áreas rurais e dificilmente havia melhora nas condições de vida dos trabalhadores rurais. E o ponto que mais nos interessa aqui é a manutenção do perfil oligárquico do país; as esferas de decisões políticas ainda eram muito restritas, pois cabiam a pequenos segmentos dirigentes, alijando-se a maioria da população desse processo.

Foi no bojo desse perfil oligárquico que se constituiu o fenômeno do **coronelismo** no Brasil, também ligado à relação entre o poder local e o poder central. Essa relação passou por diferentes momentos na história brasileira, por vezes de proximidade, por vezes de conflito e de afastamento. Durante a Primeira República, mediante a Política dos Governadores, estabeleceu-se positivamente e marcou uma cadeia de compromissos entre as partes envolvidas. Para conseguir centralizar o poder, o Estado precisou ceder em determinados aspectos, por isso reconheceu a autonomia dos estados e hipotecou sua influência aos poderes locais. Por outro lado, as oligarquias locais, os chamados *coronéis*, que eram um dos componentes do particularismo regional, paradoxalmente auxiliaram no processo de centralização do Estado, pois entregavam a estabilidade política e os votos necessários ao poder central (Janotti, 1984, p. 42).

Victor Nunes Leal, autor da obra clássica *Coronelismo, enxada e voto*, afirmava: "o que procurei examinar foi sobretudo o sistema. O coronel entrou na análise por ser parte do sistema, mas o que mais me preocupava era o sistema, a estrutura e a maneira pelas quais as relações de poder se desenvolviam na Primeira República" (Leal, 1980, p. 13). A partir daí, podemos considerar que o coronelismo funcionava como um **sistema político** que envolvia toda a nação em sua cadeia de relações, desde o cidadão comum até o presidente da República.

José Murilo de Carvalho (1997, p. 2) conceituou *coronelismo* como

um sistema político nacional, baseado em barganhas entre o governo e os coronéis. O governo estadual garante, para baixo, o poder do coronel sobre seus dependentes e seus rivais, sobretudo cedendo-lhe o controle dos cargos públicos, desde o delegado de polícia até a professora primária. O coronel hipoteca seu apoio ao governo, sobretudo na forma de votos. Para cima, os governadores dão seu apoio ao presidente da República em troca do reconhecimento deste de seu domínio no estado. O coronelismo é fase de processo mais longo de relacionamento entre os fazendeiros e o governo.

De acordo com Leal (1948), o coronelismo se concretizou durante a Primeira República em decorrência de um fato político e de um elemento econômico. O fato político foi a adoção do federalismo a partir da Constituição de 1891, no lugar da antiga centralização do Império. Com o federalismo, o antigo presidente da província passou a ser o governador do estado; antes era indicado pelo ministério e passou a ser eleito. Havia um reconhecimento da autonomia de escolha de cada estado, e o governador eleito era o líder da política estadual, agregando as oligarquias locais compostas exatamente pelos coronéis.

O elemento econômico era a debilidade econômica dos fazendeiros. A economia brasileira não era composta apenas pelos bem-sucedidos cafeicultores paulistas[2]; havia outras atividades econômicas, até mesmo agrárias, que vinham decaindo economicamente e gerando dívidas e déficits aos fazendeiros. Essa fragilidade econômica enfraquecia politicamente os coronéis em suas localidades e com isso eles passaram a necessitar do Estado e da influência que este concedia para manterem sua importância política e seus privilégios locais.

Janotti (1984) traça um histórico das origens dos coronéis segundo o qual os poderes pessoal e local, fundamentos do coronelismo, têm herança colonial, baseada no sistema mercantilista e na lavoura de exportação. Os proprietários de terra, ligados à produção açucareira, tinham autoridade sobre os moradores de sua região e, em certa medida, privatizavam as funções públicas. A partir do século XVIII,

---

2   A oligarquia cafeeira paulista, ao lado da oligarquia mineira, com força política no Congresso, controlava o governo federal.

com a mineração, a centralização estatal foi mais forte, mas durante o Império, além dos grandes proprietários, os grandes comerciantes envolvidos com a exportação foram constituindo a classe dominante brasileira, forjando os fundamentos econômicos desses coronéis.

No período regencial do Império, foi formada a Guarda Nacional, instituição que conectava os proprietários rurais ao governo, pois era responsável por reprimir revoltas e movimentos revolucionários e subjugar escravos fugidos e demais grupos sociais às classes proprietárias. Tinha uma estrutura militar e, apesar de submetida ao Ministério da Justiça, era controlada pelos mandatários locais. As patentes eram de major, tenente e **coronel**. A última, com o tempo, deixou de se relacionar diretamente com a função militar e passou a ser usada para designar chefes políticos.

Os coronéis da Primeira República tinham reconhecida autoridade e prestígio em suas localidades, mantinham compromissos com o poder estadual e, por conseguinte, com o poder federal. A Constituição de 1891 delegou aos estados a autonomia dos municípios, o que envolvia também a questão das verbas, já que a maioria dos estados dava pouca autonomia municipal, pois assim garantia que os coronéis pudessem exercer sua influência na região, mantendo a cadeia de compromissos. Por outro lado, o coronel deveria entregar os votos necessários ao poder estadual, assegurando a maioria situacionista. Os governadores eleitos, assim como os congressistas, apoiavam o presidente e, em retorno, este reconhecia o domínio estatal dos políticos.

Contudo, os compromissos dos coronéis não eram apenas com a República ou com os poderes estaduais: eles precisavam atender a seus dependentes; assim, também tinham compromissos sociais. É comum a propagação da imagem do coronel como senhor absoluto, mas ele também era servidor e tinha deveres a cumprir. O estereótipo do coronel como o grande latifundiário, isolado em sua terra e dono de tudo e de todos, pode ser relativizado, pois há um panorama mais diversificado e graus distintos de coronelismo. Além da figura do coronel como grande fazendeiro, havia coronéis envolvidos em atividades de comércio, indústria e exportação, o que leva a questionar até mesmo o suposto isolamento dos coronéis.

Para manter influência e prestígio perante seus dependentes e seus rivais, o coronel precisava cumprir com seus compromissos sociais, não podia perder sua capacidade de atender às reivindicações e conseguir empregos principalmente em cargos públicos, a que abrangia do delegado à professora primária. O controle de cargos públicos pelos coronéis tem um sentido além do político, já que cargos como juiz de paz, delegado e coletor de impostos também se vinculam aos interesses econômicos até mesmo no controle da mão de obra. A própria professora era importante para passar determinados valores e ideias ligadas à sustentação do sistema (Carvalho, 1997, p. 4).

Lima Barreto, em seu romance *Recordações do escrivão Isaías Caminha*, de 1909, brinda-nos com uma situação típica do coronelismo e de sua rede de compromissos: o tio de Isaías pede ao Coronel Belmiro um emprego para o sobrinho no Rio de Janeiro, com o auxílio do Deputado Castro, eleito com a ajuda do próprio coronel.

> Meu tio ergueu a cabeça, passou o olhar demoradamente sobre mim e disse [...]:
> — Vem comigo. Vamos ao coronel. Quero pedir-lhe que te recomende ao doutor Castro, deputado. [...] Durante quarenta minutos, patinhamos na lama do caminho, até à casa do Coronel Belmiro. Aproximamo-nos.
> — Oh! Valentim! fez preguiçosamente o coronel. Você traz cartas? [...]
> — Não senhor, interrompeu meu tio.
> — Ah! É seu sobrinho... nem o conheci... Como vai, menino? Não esperou a minha resposta; continuou logo em seguida: — Então, quando vai para o Rio? Não fique aqui... Vá... Olhe, o senhor conhece o Azevedo?

> — É disso mesmo que vínhamos tratar. Isaías quer ir para o Rio e eu vinha pedir a Vossa Senhoria...
> — O quê? Interrompeu assustado o coronel.
> — Eu queria que Vossa Senhoria, senhor coronel, gaguejou o tio Valentim, recomendasse o rapaz ao doutor Castro.
> O coronel esteve a pensar. Mirou-me de alto a baixo, finalmente falou:
> — Você tem direito, Seu Valentim... É... Você trabalhou pelo Castro... Aqui pra nós: se ele está eleito, deve-o a mim e aos defuntos, e a você que desenterrou alguns.

Fonte: Barreto, 2019.

O coronel Belmiro se refere à eleição do doutor Castro e, como vimos, os coronéis davam apoio ao governo estadual, principalmente com votos, pois precisavam garantir que os candidatos da oligarquia estadual fossem eleitos para o governo e para o Congresso, assegurando a manutenção do pacto coronelista. O papel desempenhado pelo coronel durante as eleições assegurava a sobrevivência do sistema político que alijava as classes populares.

A influência do coronel aparecia desde o momento da construção da lista de eleitores, que deveria ser feita a cada eleição conforme regulado pela Constituição. Ele trazia pessoas do campo, oferecia transporte, roupas e comida, promovia festas e entretenimento e também enviava o formulário de inscrição, o que era proibido. Na lista eram incluídos analfabetos, menores de idade, pessoas falecidas e eram excluídos eleitores considerados "indesejados", que não votariam de acordo com o esperado pelo coronel (Janotti, 1984).

A dominação dos coronéis era sempre violenta, marcada por diferentes graus de coerção e podia ser bem percebida durante o processo eleitoral, assim como as fraudes em nome de determinados candidatos. O momento da apuração era o mais adequado para tais favorecimentos: cédulas eram anuladas, votos eram acrescentados, não havia fiscalização nem voto secreto. Desse contexto deriva a expressão *voto de cabresto*, pois os coronéis forçavam seus dependentes a votar nos candidatos determinados. Havia amplo conhecimento das fraudes e das coerções durante as eleições, o que não passou despercebido pela imprensa, principalmente nas revistas de tom satírico.

Figura 1.3 – Capa da revista *Careta* de 26 de abril de 1919

Isso pode ser atestado pela análise da capa da revista *Careta* de 26 de abril de 1919 (Figura 1.3), na qual se ironizam as eleições em que os votos do candidato de oposição, Rui Barbosa, eram transformados em votos para Epitácio Pessoa, candidato situacionista.

As eleições durante a Primeira República também merecem atenção. Carvalho (1987) discute a questão da suposta apatia política dos brasileiros, pois não estariam envolvidos nem com os grandes acontecimentos do país, como a Proclamação da República, nem com as eleições. Tendo em vista o contexto examinado, notamos que a dominação dos coronéis era responsável exatamente por afastar a participação popular das decisões políticas. Retomando as análises de Carvalho (1987), percebemos que tais fenômenos estão interligados: as eleições funcionavam para fornecer legitimidade institucional dentro do regime republicano, porém eram fraudadas e controladas pelas classes dirigentes. Ademais, o eleitorado era pequeno, pois, apesar da adoção do voto universal, a Constituição excluía das eleições os analfabetos, as mulheres, os praças, os mendigos e os integrantes de ordens religiosas. Isso quer dizer que o povo não atuava ou não agia politicamente?

De maneira nenhuma! A participação política popular acontecia, mas por outras vias que não as institucionais ou formais, com revoltas populares, como a Revolta da Vacina; a formação de organizações civis, como sindicatos e coletivos; reivindicações por melhores condições de vida e de trabalho; manifestações culturais e resistências cotidianas da população; a luta pelo voto feminino etc. Ou seja, a população encontrava novas maneiras de atuar no jogo político.

(1.3)
DA MODERNIZAÇÃO ÀS MOBILIZAÇÕES

O escritor Lima Barreto (1956, p. 106), em trecho de sua obra *Bruzundangas*, afirma que "De uma hora para a outra, a antiga cidade do Rio de Janeiro desapareceu e outra surgiu como se fosse obtida por uma mutação de teatro. Havia mesmo na coisa muito de cenografia". Como podemos relacionar essa afirmação com o contexto da Primeira República?

Vimos que o advento da República estava relacionado com as noções de **progresso** e de **modernização**, que também se inserem na longa duração da história republicana brasileira, ao longo do século XX, em que abundaram propostas para se cumprir o ideal de "Ordem e progresso". No início republicano, as elites queriam promover uma modernização no país "a todo custo" (Sevcenko, 1998) e para isso mobilizaram esforços nos âmbitos econômico, político, cultural e social. O surgimento "de uma hora para outra" de uma nova cidade do Rio de Janeiro se encaixa nesse ímpeto modernizante. A ideia de progresso e de prosperidade não encontrava seus limites no Brasil, estava conectada ao contexto mundial. Da década de 1890 até a Primeira Guerra Mundial, a economia global prosperou e gerou um enriquecimento que possibilitou os chamados "belos tempos", ou *Belle Époque* (Sevcenko, 1998). Com a consolidação global da economia capitalista, houve a aceleração das inovações e do ritmo de vida e o surgimento das grandes metrópoles modernas, transformando as populações.

Em terras brasileiras, havia ânsia e euforia por parte das elites para adequar o país à realidade das grandes potências "civilizadas" e colocá-lo no ritmo acelerado do progresso. Houve esforço para atender aos padrões europeus e norte-americanos, desconsiderando-se ou ultrapassando-se as especificidades nacionais e a herança escravista e colonial. Em termos sociais, buscava-se ajustar o Brasil à missão "civilizadora", que significava impor padrões de comportamento, urbanísticos, de higiene, de manifestações culturais etc. adotados e vivenciados na Europa. Foram essas premissas que impulsionaram a grande reforma pela qual passou a cidade do Rio de Janeiro no início do século XX, abordada por Lima Barreto. Nas palavras de Luiz Antônio Simas (2016):

> *A reorganização do espaço urbano teve o objetivo de consolidar a inserção do Brasil no modelo capitalista internacional, facilitar a circulação de*

mercadorias [inviabilizada pelas características coloniais da região central, com ruas estreitas que dificultavam a ligação com a Zona Portuária] e construir espaços simbólicos que afirmassem os valores de uma elite cosmopolita. Era o sonho da Belle Époque *tropical.*

O projeto modernizante e de progresso das elites também buscava uma reorganização dos espaços da política, com a manutenção da exclusão popular das instâncias eleitorais ou formais. E os coronéis tiveram papel relevante para afastar as classes populares dos espaços políticos decisórios. Além do reordenamento urbano e político, havia nesse contexto a disciplinarização dos operários urbanos e dos camponeses. A justificativa para tudo era baseada no discurso da racionalidade técnica e do higienismo (Arias Neto, 2016, p. 227).

Para Chalhoub (1996), um dos sentidos da modernização republicana foi tentar anular ou ao menos disciplinar a influência das agitações e das mobilizações das ruas, além de tentar transformar os pobres urbanos em trabalhadores assalariados disciplinados e higienizados. Ocorreu um reordenamento das políticas de dominação, que passou também pela redefinição de estratégias de controle e de domesticação dos corpos e pela desqualificação das camadas historicamente subalternas. Nesse sentido, havia a necessidade de romper com tudo o que era "atrasado": o Brasil tradicional, fundamentado na escravidão e no passado colonial.

Em um país com mais de 300 anos de escravidão, a questão racial era um dos aspectos a serem trabalhados no ímpeto modernizante, e a miscigenação era vista como um problema. Teorias racialistas, do darwinismo social e da antropologia criminal de Cesare Lombroso, encontravam muito espaço no país. Partia-se da ideia de que as raças eram biológicas e havia uma hierarquia natural entre elas, de acordo com seus potenciais e suas características imutáveis.

Na pirâmide evolutiva, os brancos estariam no topo e os negros, na base. Entretanto, as raças miscigenadas seriam as "piores", pois eram passíveis de degeneração hereditária. Raimundo Nina Rodrigues, importante médico brasileiro da época, afirmava que os mestiços tinham maior tendência à criminalidade (Schwarcz; Starling, 2015). Para os republicanos, os indivíduos pertencentes a essas raças tidas como inferiores deveriam ser controlados e vigiados e a eles deveriam ser impostos padrões e regras em todas as esferas da vida, para que não atrapalhassem o progresso do país (Simas, 2016).

Na ruptura com o Brasil do passado e no momento de reordenação do mundo do trabalho, com o fim da escravidão, a imigração foi elemento fundamental. Desde meados do século XIX, principalmente após o fim do tráfico de escravos, buscava-se uma solução para o problema da mão de obra. Para as elites, era preciso substituir o negro nas fazendas, pois era considerado inferior, e buscar um trabalhador livre, pautado pela ideologia do trabalho sem o estigma escravista (Arias Neto, 2016). Assim, mobilizaram esforços para atrair imigrantes, principalmente europeus, pois acreditavam que, além da experiência com o trabalho livre, tinham a vantagem de "embranquecer" o país e cessar o mal da mestiçagem.

A imigração teve forte propaganda para conseguir atrair interessados, muitas vezes enganosa; vendia-se a ideia de um paraíso tropical e com acesso à terra. A partir de determinado momento, o processo imigratório passou a ser subvencionado pelo próprio Estado e em São Paulo houve subsídio federal e estadual para suprir a demanda das fazendas de café. Diferentes nacionalidades – italianos, portugueses, poloneses, alemães, espanhóis, japoneses – geraram uma febre imigratória. De acordo com dados de Schwarcz e Starling (2015), entre 1877 e 1903, cerca de 71 mil imigrantes entraram por ano no Brasil e, entre 1904 e 1930, esse número chegou a 79 mil por ano.

Os imigrantes enfrentavam dificuldades desde o início da viagem, como o preço e as taxas da passagem, uma viagem insalubre e longa e o imperativo de conviver com as diferenças culturais. Como vieram as mais diversas nacionalidades, até mesmo de regiões rivais, os imigrantes tinham hábitos e costumes muito distintos, o que por vezes gerava conflitos e divergências. Exatamente por não constituírem um grupo homogêneo, os estrangeiros buscavam recriar seus costumes locais aqui no Brasil (Schwarcz; Starling, 2015), o que alterou o cenário social brasileiro e agregou novos modos de viver e novos hábitos, desde a culinária até a religião.

Inicialmente, o planejamento previa que a massiva maioria dos imigrantes se concentrasse nas áreas rurais, suprindo a demanda de mão de obra nas fazendas, especialmente nas de café. Muitos deles realmente ficaram ligados à terra e subjugados a um modelo de colonato; outros, contudo, acabaram se dirigindo às áreas urbanas e ocupando postos de trabalho em fábricas, em portos e no setor de comércio, atuando muitas vezes nos mesmos ofícios que tinham na terra de origem, como no caso de padeiros, sapateiros, pedreiros, entre outros.

Outro fator importante que envolveu o deslocamento populacional da Primeira República foi a migração interna. Com o fim da escravidão, muitos libertos que não foram enquadrados em um programa de inserção social ou no mercado de trabalho formal após a abolição e não ocupavam mais postos de trabalho nas fazendas se dirigiram para as principais áreas urbanas. Isso também aconteceu com os trabalhadores das fazendas de café do Vale do Paraíba, que, com a decadência da economia cafeeira da região, acabaram indo para as cidades. A Região Nordeste teve o maior índice de migração graças à queda da economia açucareira, e essa mão de obra, em sua maioria, dirigiu-se para as fazendas de café. A febre da borracha, mesmo tendo sido curta, também atraiu muitas pessoas para a Amazônia para trabalhar como seringueiros.

Ainda que o Brasil tenha se mantido fundamentalmente agrário, com todas as mudanças ocorridas na Primeira República houve crescimento das cidades. Com o aumento populacional, também gerado pela crescente imigração, e a modernização "a todo custo", o reordenamento espacial modificou a estrutura das urbes e afetou diretamente a população. O caso mais emblemático talvez seja o do então Distrito Federal – o lema da reforma carioca era "O Rio civiliza-se", já indicando o alinhamento com a ideia de progresso e de aproximação com as cidades "civilizadas".

Para os defensores da modernização, era evidente o anacronismo da velha estrutura urbana do Rio de Janeiro perante as novas demandas. Havia o problema do porto, que não comportava navios maiores e atrapalhava as atividades de importação e de exportação; as ruas eram muito estreitas, ainda no padrão colonial, e prejudicavam o deslocamento de pessoas e de mercadorias; os cortiços e as habitações eram muito precários; e doenças como febre amarela, varíola e tuberculose eram problemas constantes e de difícil extermínio (Sevcenko, 1999). A cidade era vista como insalubre, perigosa e atrasada. Era preciso "civilizá-la".

Rodrigues Alves assumiu a presidência após Campos Sales e, como prometido em seu discurso de posse, iniciou um programa intensivo de obras públicas, especificamente de saneamento e de reforma urbana. Deu ao engenheiro Pereira Passos amplos poderes para a realização das obras e nomeou o médico Oswaldo Cruz como diretor do serviço de Saúde Pública (Carvalho, 1987). Passos, inspirado pelas reformas do Barão de Haussmann em Paris, na França, começou a "regeneração" da cidade do Rio de Janeiro: a ideia era tornar a capital federal vitrine do país para os estrangeiros.

Foram iniciadas as obras no porto, a cargo do engenheiro Lauro Müller, e depois a abertura de avenidas e de bulevares na região central da cidade. Para isso, foi preciso expulsar os moradores dos cortiços e das precárias habitações daquelas áreas. O famoso "Bota abaixo" deu conta desse processo, demolindo por volta de 700 prédios cujas desapropriações e demolições permitiram o alargamento das ruas. De acordo com Simas (2016, p. 2), "dentre outras intervenções urbanas, foi aberta a Avenida Central (atual Rio Branco); [...] demolido o Largo de São Domingos, para a abertura da atual Avenida Passos; alargadas as ruas Sete de Setembro e da Carioca; abertas as avenidas Beira Mar e Atlântica".

Figura 1.4 – Fotografia de Marc Ferrez, de 1906, da Avenida Central, atual Rio Branco, na altura da Rua do Ouvidor com a Rua Miguel Couto

A urbanização e as mudanças estruturais nas cidades não se resumiram ao Rio de Janeiro. Podemos também pensar no caso de São Paulo, que, com a prosperidade da economia cafeeira, se transformou em importante centro comercial e financeiro. Houve a criação do Instituto Butantã, inauguraram-se a iluminação elétrica e os transportes públicos, abriram-se novas vias e ruas, como a Avenida Paulista, e criaram-se jardins públicos. Contudo, o preço cobrado pela "civilização" da cidade foi o mesmo que se observou no Rio de Janeiro: a demolição de habitações pobres e a expulsão dessas pessoas das regiões centrais.

Colocar o Brasil nos "rumos do progresso e da civilização" exigia investimentos. A questão era: De onde viriam os capitais necessários? Para responder a essa questão, é preciso compreender a economia brasileira na Primeira República. Anteriormente, destacamos a força dos fazendeiros de café nas mudanças políticas do país, desde sua participação na Proclamação da República até seu papel central na consolidação do coronelismo e do funcionamento do regime republicano. Dessa maneira, podemos perceber que o café foi produto fundamental da dinâmica do país.

A expansão cafeeira teve início ainda no século XIX, porém, na virada para o século XX, passou por ampla dinamização, tornando-se produtora e produto da modernização pela qual o país buscava passar. Para Arias Neto (2016), esse progresso estava articulado à exportação de capitais dos países industrializados para regiões menos desenvolvidas, com destaque para os capitais britânicos aqui no Brasil. Por exemplo, de 1880 a 1913, os investimentos ingleses passaram de 40 milhões para 225 milhões e adentravam o país como empréstimos, implantação de ferrovias, melhorias urbanas e nos portos e equipamentos para as indústrias que surgiam.

Esses capitais foram importantes para a expansão cafeeira dentro dos moldes do sistema agroexportador, pois as plantações de café ocupavam cada vez mais o interior, especialmente a Região Sudeste, o que implicava a necessidade de melhora dos transportes.

Para atender à demanda produtiva, era necessário transportar o café para os portos e trazer as importações. Os excedentes da exportação cafeeira, os empréstimos e os investimentos internacionais financiaram as melhorias nos transportes e nas cidades. Assim, a economia cafeeira dinamizou tais melhorias ao mesmo tempo que foi dinamizada por elas.

Havia uma clara dependência da situação econômica brasileira em relação às exportações de café. Em uma perspectiva comparativa, no período de 1891 a 1918, a borracha era o segundo produto em exportação no Brasil e sua porcentagem nas receitas de exportação alcançou o ápice entre 1901 e 1910, com 25,7% da receita. No mesmo período, o café alcançou 52,7%, mais do que o dobro. A hegemonia cafeeira se manteve ao longo de toda a Primeira República, chegando a ser responsável por 72,5% das receitas de exportação entre 1924 e 1928 (Singer, 1989, citado por Arias Neto, 2016). Essa força econômica garantia a centralidade dos fazendeiros de café nas instâncias decisórias do país.

Os lucros gerados pela exportação do café e os investimentos vindos dos capitais estrangeiros financiaram, além das melhorias dos transportes e das reformas urbanas, a industrialização. O crescimento das áreas de plantio era acompanhado pela construção de ferrovias para escoar a produção para os portos. Paralelamente, novos núcleos urbanos eram fundados ou aumentados, o que ampliava as necessidades de consumo, satisfeitas parcialmente com as importações. No entanto, com o tempo, a própria indústria nacional passou a abastecer esse mercado em expansão (Arias Neto, 2016).

A industrialização brasileira no período ficou subordinada ao capital internacional e à economia cafeeira. Quando ocorria um "vazamento de capital" da produção e da exportação de café, era investido na indústria, por isso a industrialização no Brasil ficou conectada à expansão cafeeira, o que fez com que, de maneira geral, as indústrias se concentrassem nas regiões de expansão. Havia indústrias nas demais regiões, porém se processavam em um ritmo mais lento, então a indústria brasileira só conseguiu romper essa dinâmica fazendo investimento na indústria de base, o que ocorreu na década de 1940. Até houve tentativas anteriores, mas não de maneira firme e como política consolidada.

Nessa perspectiva, nas primeiras décadas republicanas, a tendência foi a concentração industrial nas principais regiões da economia cafeeira, com destaque para São Paulo, mas o Rio de Janeiro também abrigava parte das indústrias do país, compostas por grandes unidades fabris que concentravam a maior parte do operariado. A indústria têxtil tinha grande destaque na produção, mas havia diversificação do parque industrial, com produção de chapéus, bebidas, alimentos etc. Com isso, é possível perceber que a industrialização brasileira surgiu como uma "grande indústria de bens de consumo" voltada para o mercado interno que estava crescendo aceleradamente (Arias Neto, 2016, p. 223).

As tentativas de colocar o Brasil nos trilhos do progresso foram vivenciadas de maneiras distintas pelos diferentes segmentos sociais. Se as elites experimentaram esse processo com ansiedade e euforia, não foi assim com outros estratos sociais. Nesse sentido, é importante considerar que a modernização teve um tom claramente autoritário. Basta lembrar o "Bota Abaixo", no Rio de Janeiro, com a demolição de casas e a expulsão das populações mais pobres do centro da cidade, o que se repetiu em outros centros urbanos.

Consolidou-se também a ideia de que havia grupos que impediam o tão propalado progresso e deveriam ser reprimidos por isso. Negros, miscigenados, operários, sertanejos, camponeses, pobres e todos aqueles que não se enquadravam nos ideais civilizatórios ou que de alguma maneira se opunham a tal projeto eram vistos como bárbaros ou atrasados e deveriam ser postos de lado para garantir a modernização do país. Contudo, o mar da história é agitado e é preciso compreender as diferentes reações desses grupos e os impactos e as consequências dessas reações para a conjuntura republicana. Anteriormente, vimos que as mobilizações e as intervenções políticas populares dificilmente se davam pelas urnas e pelos meios institucionais, então o posicionamento e os anseios desses grupos encontravam outros canais de manifestação.

Em 1902, Euclides da Cunha publicou *Os sertões*, relatando a história da guerra contra Canudos e expondo a oposição existente no país entre as regiões urbanas, que seriam o Brasil civilizado e do progresso, e o interior, fortemente marcado pelo latifúndio e pela força dos coronéis, com suas populações pobres, o Brasil atrasado e distante da modernização em voga. Canudos talvez tenha sido o movimento e o conflito de maior repercussão na Primeira República, também por sintetizar as contradições desse contexto.

No início deste capítulo, abordamos a conjuntura instável da República em seus anos iniciais. Em 1894, Prudente de Morais assumiu a presidência tentando estabilizar o regime republicano, o que só se consolidou com Campos Sales e a Política dos Governadores. No ano anterior, Antônio Conselheiro havia se estabelecido em Bom Conselho, na Bahia, na fazenda de Canudos, no arraial que foi batizado de Belo Monte e se tornou um dos mais populosos da região. Há dados que indicam que a comunidade chegou a ter 25 mil habitantes (Hermann, 2016). Conselheiro se chamava Antônio Vicente Mendes Maciel e nasceu no Ceará, em 1828. Foi professor de português e de aritmética, cuidou dos negócios falidos da família e por fim se tornou caixeiro-viajante. Casou-se em 1857, porém anos depois sua esposa fugiu com um militar, motivo pelo qual iniciou sua vida errante pelo sertão e começou a construir capelas, cemitérios e igrejas, arregimentando ajudantes e reunindo um número crescente de seguidores.

A fixação em Canudos ocorreu depois de Antônio Conselheiro retirar, em um dia de feira, os editais com as leis do novo regime, em um protesto explícito contra as leis da República. A partir daí, a comunidade foi concentrando mais moradores e o movimento sociorreligioso foi crescendo, o que atraiu a atenção da Igreja, que começou a se preocupar com a rejeição à República e considerou Canudos um "foco de superstição e fanatismo, um pequeno cisma na igreja baiana", nas palavras de Frei João Evangelista em relatório ao arcebispo da Bahia (Marciano, citado por Hermann, 2016, p. 141).

A preocupação da República com Canudos começou em 1896. Os republicanos e os grandes proprietários de terra da região se incomodavam com o fato de que Canudos representava uma forma de viver fora do sistema vigente, com o uso coletivo da terra e uma religião fora dos moldes da Igreja Católica. O governo republicano enviou suas duas primeiras expedições para deter os sertanejos e acabar com a comunidade, mas elas fracassaram. A terceira expedição foi formada pelo Coronel Moreira César com 1,3 mil soldados e estava programada para ser a investida final. No entanto, a expedição também foi derrotada, Moreira César foi morto e os soldados que restaram abandonaram seus postos.

A partir disso, Canudos passou a preocupar fortemente os republicanos, pois seria mais uma das ameaças à estabilidade da República. Consolidou-se – com o auxílio da imprensa da capital – a ideia de que os sertanejos eram fanáticos religiosos e ferrenhos defensores da monarquia, ameaçando seriamente o regime republicano. Com isso, formou-se a quarta e derradeira expedição, uma verdadeira operação militar controlada pelas Forças Armadas e com um plano estratégico definido para acabar com Canudos.

O fim dessa história foi trágico: em 5 de outubro de 1897, o arraial foi invadido e queimado; morreram crianças, mulheres, homens e até aqueles que haviam se rendido aos soldados. Antônio Conselheiro também foi morto e seu crânio foi levado à capital federal para que o médico Nina Rodrigues o examinasse e tentasse compreender "cientificamente" os problemas que teriam sido gerados pela mestiçagem e que teriam originado tudo aquilo. O governo republicano quis fazer de Canudos "um exemplo da barbárie contra a civilização" (Schwarcz; Starling, 2015, p. 333).

A Revolta da Vacina, ocorrida em novembro de 1904 no Rio de Janeiro, também estremeceu as autoridades e contrapôs o ímpeto modernizante à realidade e aos anseios da população em geral. Foi nesse período que a capital federal passou pela "Regeneração" que expulsou milhares de pessoas de suas casas. Enquanto Pereira Passos colocava a cidade abaixo para construir "de uma hora para outra" um novo Rio de Janeiro, o médico Oswaldo Cruz, pautado por ideias higienistas e sanitaristas, tinha a preocupação de erradicar as epidemias da cidade, que eram de fato uma situação preocupante.

O combate às doenças envolvia a exterminação de ratos e de pulgas e a desinfecção de casas e de ruas. Para isso, mobilizaram-se brigadas sanitárias que visitavam casas para desinfetar, limpar e às vezes interditar os espaços. Essas ações concentravam-se nas áreas mais pobres, como casas de cômodo e cortiços, e as brigadas eram acompanhadas por soldados da polícia para evitar resistência da população. Esses procedimentos geraram agitações na cidade e revoltaram milhares de pessoas que tinham a casa invadida e muitas vezes eram forçadas a se retirar.

Oswaldo Cruz resolveu se dedicar à exterminação da varíola e impôs a implantação da vacina obrigatória a todos, sem debate com a população. A revolta teve início no dia 10 de novembro com um tumulto envolvendo estudantes da Escola Politécnica que gritavam "Morra a polícia! Abaixo a vacina!". A revolta popular se expandiu e ganhou ares mais violentos, pois a repressão também foi intensa. Bondes, fios elétricos, combustores de gás, lampiões e árvores foram quebrados; barricadas foram construídas; delegacias de polícia e quartéis foram atacados; companhias de bondes foram assaltadas (Carvalho, 1987). O conflito se generalizou e pessoas foram mortas ou feridas. A polícia não deu conta de conter os revoltosos, então acionou a Guarda Nacional, depois o Exército e até a Marinha, mas só foi possível reprimir a população com o auxílio de tropas de estados próximos, como Minas Gerais e São Paulo. Essa repressão foi fortíssima, com muitas pessoas presas e espancadas conduzidas forçadamente para a Amazônia, teoricamente para trabalhar na extração da borracha (Sevcenko, 1998).

Alguns jornais da época, assim como as autoridades e a elite local, viam os revoltosos como desordeiros, bárbaros e irracionais, pois não eram capazes de compreender o progresso necessário. Contudo, precisamos considerar o contexto em que essas pessoas estavam inseridas e que gerou essa explosão, o que não deixa de ser uma forma de demonstrar um posicionamento em face de todas as mudanças que estavam ocorrendo em ritmo acelerado e das quais essa parcela da população não estava fazendo parte.

Poderíamos mencionar muitos outros movimentos importantes do período, como a Guerra do Contestado, a Revolta de Juazeiro, a Revolta da Chibata, o Cangaço e a Revolta da Armada, pois todos têm relevância e peculiaridades. Porém, todos convergem na medida em que demonstram as contradições desse contexto e o modo como ocorreram as mais distintas reações das populações perante a modernização autoritária que vinha se estabelecendo no país.

(1.4)
Cultura e sociedade
na Primeira República

A Primeira República foi um momento fundamental para a constituição da classe trabalhadora brasileira e dos movimentos operários. É importante considerar que o processo de formação da classe operária começou ainda durante a escravidão, com a luta pela liberdade, em que houve troca de experiências e de valores entre trabalhadores livres e escravizados que trabalhavam juntos. No entanto, a constituição de classe ocorreu posteriormente ao período escravista.

A formação da classe trabalhadora encontrou obstáculos na Primeira República: a diversidade da origem dos assalariados; a conexão direta entre trabalho e escravidão, pois havia uma imagem negativa do trabalho; as dificuldades das próprias organizações coletivas em assumir uma defesa dos interesses comuns dos trabalhadores; e a extensão limitada do mercado de trabalho assalariado. A formação da classe se constituiu a partir da vivência política dos trabalhadores. A participação política desses atores sociais dificilmente se dava por via partidária eleitoral; entretanto, a baixa participação nas eleições oligárquicas não significava que eles se ausentavam de manifestações de cunho político. De que maneira os trabalhadores agiam politicamente, nesse contexto?

Podemos identificar basicamente duas formas de ação. A primeira inclui protestos coletivos, violentos ou não, e revoltas pelo aumento de tarifas públicas, contra as más condições de trabalho ou contra o que se julgava como intervenções abusivas do Poder Público no âmbito privado, como a Revolta da Vacina. Tais motins e revoltas também demonstravam o contraste entre o país "civilizado" e as massas de despossuídos. A segunda forma de manifestação política dos trabalhadores era mais organizada e partia dos sindicatos, que começaram a se constituir exatamente nesse contexto. Mesmo que não funcionassem como instrumentos de intervenção no jogo político eleitoral, tornaram-se os porta-vozes das propostas de mobilização e de transformação social (Mattos, 2009).

As organizações coletivas desses atores sociais, sejam os sindicatos, sejam outras formas de associação, foram importantes para criar uma identidade de classe para os trabalhadores e exigir da sociedade um espaço maior. Por conta das restrições eleitorais e da dinâmica partidária, os partidos operários criados no início da Primeira República não duravam muito tempo e as ações desses personagens se concentraram nas organizações sindicais e em algumas associações mutualistas existentes desde o século XIX.

A questão dos partidos operários sofreu uma modificação significativa em 1922, com a fundação do Partido Comunista do Brasil (PCB). No âmbito desses movimentos havia disputas internas, com destaque para a briga entre anarquistas e comunistas. Os primeiros tiveram mais espaço nos anos iniciais da República; os outros ganharam mais espaço após a fundação do partido. Com o crescimento das organizações, houve também o recrudescimento da repressão. Nesse sentido, o PCB era considerado ilegal e, para conseguir atuar nas eleições, ligou-se ao Bloco Operário e Camponês (BOC) com candidatos ao legislativo que combatiam "o latifúndio e o imperialismo" (Mattos, 2009).

Na seara das tentativas de participar do jogo eleitoral que começava a surgir, podemos destacar também a luta pelo voto feminino. Na Constituição de 1891, como vimos, o voto deixou de ser censitário para ser universal. Contudo, várias pessoas não tinham direito ao voto, incluindo analfabetos e mulheres – a proibição ao voto feminino não era explícita, mas existia. No início do século XX, algumas mulheres passaram a se organizar em defesa do sufrágio feminino, um processo que não se limita a terras brasileiras. Em 1910, foi fundado o Partido Republicano Feminino por mulheres que tentavam alistar-se como eleitoras e eram negadas. Mesmo não tendo um alcance muito extenso, demonstrava a consciência política e as tentativas de organização. Bertha Lutz (1894-1976) foi uma personagem importante na luta pelo voto feminino, uma das responsáveis pelo 1º Congresso Feminista e fundadora da Federação Brasileira pelo Progresso Feminino. Poderíamos citar muitas outras mulheres e iniciativas nesse sentido; de todo modo, como resultado das lutas coletivas femininas, o sufrágio para mulheres só ocorreu no Brasil em 1932 e foi consolidado na Constituição de 1934.

As pessoas não se expressavam somente no âmbito político. As manifestações culturais também se tornam elementos fundamentais da existência e das formas de viver, por isso é importante compreender as expressões culturais da Primeira República. Você já participou de uma roda de capoeira? Já foi a um samba? Pulou carnaval? Foi a um terreiro de candomblé? Todas essas atividades ocorriam nas primeiras décadas republicanas, mas sofriam repressões do Estado. A capoeira, o samba, o carnaval e o candomblé têm em comum o fato de serem manifestações da cultura popular associadas aos saberes e às práticas da diáspora africana, o que, no contexto brasileiro da Primeira República, estava associado a raças inferiores e ao "problema da mestiçagem", por isso não cabiam no progresso do país e deveriam ser controladas e até mesmo incriminadas. Em 1890, o texto do Código Penal passou a considerar crime jogar capoeira; ter um pandeiro poderia ser enquadrado na lei de repressão à vadiagem; além disso, os terreiros foram sistematicamente reprimidos e, muitas vezes, violentamente destruídos (Simas, 2016).

Entretanto, esses grupos resistiram e lutaram de diferentes maneiras pela manutenção de suas expressões culturais. Sevcenko (1998) aponta a preservação de um circuito de contatos sociais, trocas culturais e práticas ritualizadas em redes clandestinas para garantir a proteção contra as incursões arbitrárias das autoridades. Simas (2016) analisa a construção de uma "cultura da fresta" como "uma forma de reinvenção da vida e construção de uma noção de pertencimento ao grupo e ao espaço urbano". Os terreiros resistiram às incursões violentas, os capoeiristas continuaram jogando e o samba acabou ganhando maior espaço até mesmo na indústria fonográfica. Outro exemplo dessas resistências eram as casas das Tias, conforme Simas (2016), que eram lideranças comunitárias legitimadas pelo exercício do sacerdócio religioso. Talvez a mais famosa no Rio de Janeiro tenha sido a Tia Ciata, onde havia as casas de candomblé e lugares para o samba.

As práticas corporais também se destacavam, ligadas às teorias higiênicas e ao imaginário de "corpo são, mente sã". O futebol consolidou sua hegemonia no campo esportivo brasileiro ao longo da Primeira República. O "mito fundador" da chegada do futebol ao Brasil remonta a Charles Miller, que retornou de estudos na Inglaterra em 1894 com duas bolas, uma bomba de ar, um par de chuteiras, camisas e um livro de regras da Football Association. Porém, Miller foi apenas um dos personagens importantes dessa história. Há outros relatos da chegada do futebol como uma das atividades educativas com bola no colégio jesuíta São Luís, em Itu, e também em outros colégios laicos ou confessionais dos estados de São Paulo, do Rio de Janeiro e do Rio Grande do Sul, assim como relatos de trabalhadores de portos ou marinheiros jogando bola. Para além de determinar paternidades históricas, o fundamental é compreender que esse esporte se proliferou pelo país, constituindo-se como importante operador cultural de diferentes classes e grupos sociais.

Franco Junior (2007) afirma que houve duas tendências na formação de clubes de futebol no Brasil. A primeira diz respeito à formação de equipes pelas classes dominantes, guiadas pelo cavalheirismo, pelo amadorismo e pelo *fair play*, detentoras dos instrumentos necessários para a modalidade: saberes, regras, técnicas e terminologia inglesa. O futebol se enquadrava nos ideais modernizantes da elite e no ideário civilizatório que os ventos europeus traziam. A segunda se refere ao interesse das camadas médias e subalternas que acabariam transpondo as fronteiras sociais do futebol e passariam a formar times e jogos improvisados, sem equipamentos adequados, jogando com bolas desgastadas e em terrenos não tão favoráveis à prática.

A imprensa brasileira também teve crescimento extraordinário na época, principalmente se comparado ao do período imperial. Mesmo em um país de maioria analfabeta, tornou-se um espaço de debate intelectual e divulgação literária. Entre os jornais que surgiram nessa época podemos citar *O Estado de S. Paulo*, *Correio da Manhã*, *O Globo*, *O Estado de Minas* e *Jornal do Brasil* (Napolitano, 2016). As revistas ilustradas também se destacaram, com desenhistas e caricaturistas talentosos que focavam a caricatura política; veiculavam, ainda, crônicas, matérias do dia a dia, anúncios publicitários e aspectos da vida nacional. Algumas revistas de destaque foram *Fon-Fon*, *O Malho*, *Careta* e *Revista da Semana*.

O carnaval no Rio de Janeiro teve seus percalços, mas constituiu-se como uma importante expressão cultural. Nos dias de folia, havia uma espécie de suspensão das hierarquias sociais vigentes, mas que não encerrava essas tensões, pois os diferentes grupos étnicos e as classes sociais festejavam de maneiras distintas (Napolitano, 2016). As classes brancas abastadas desejavam o carnaval na versão europeia, com arlequins, pierrôs, colombinas e emoções controladas, desfilando em automóveis e fazendo comemorações em salões. Nos blocos ou nos cordões de rua, os participantes eram os mais pobres, compostos majoritariamente por negros e pardos. Nesses espaços, os batuques, as pastorinhas e as fantasias populares estavam mais presentes, por isso as autoridades buscaram disciplinar os festejos, impondo restrições às fantasias e ao comportamento dos foliões (Sevcenko, 1999).

A fonografia surgiu no Brasil em 1902, alterou os rumos da produção musical e difundiu uma nova experiência: ouvir música pelo fonógrafo. Estilos musicais como lundu, choro e maxixe ganharam registro sonoro e popularizam seus intérpretes. A Casa Edison, no Rio de Janeiro, desempenhou papel importante na produção fonográfica. De acordo com Napolitano (2016), a palavra *samba* surgiu em disco pela primeira vez em 1917, com a gravação de *Pelo telefone* na voz do cantor Baiano, feita pela Casa Edison, com composição de Donga.

Foi na Primeira República também que houve a consolidação do cinema. No início do século XX, os filmes eram mudos e acompanhados por pianistas responsáveis pela trilha sonora. A partir de meados de 1910, o cinema consolidou o melodrama e a comédia como alguns de seus principais gêneros narrativos e tornou-se uma das principais diversões do período. A Semana de Arte Moderna também é um dos eventos que estão no imaginário coletivo dos brasileiros, e não à toa, pois teve um impacto intenso na realidade cultural do país, estando diretamente relacionada ao Modernismo. Não teríamos como falar das expressões culturais brasileiras da Primeira República sem abordar o Modernismo ou, como veremos, os modernismos.

Citamos a Semana de Arte Moderna para iniciar a discussão sobre a temática modernista, pois se firmou uma tradição de associar a instauração do Modernismo no Brasil à década de 1920, mais especificamente a partir da Semana de 1922, que seria o marco inicial do movimento. Contudo, devemos ter em mente que se trata de um processo mais amplo e complexo, em que a Semana de Arte Moderna foi um dos elementos fundamentais, porém não o único ou o pioneiro. Velloso (2016) propõe a problematização da historiografia que associa o surgimento do Modernismo no Brasil somente à década de 1920; para a historiadora, é necessário compreender "o modernismo como um processo e movimento contínuo que vai desencadear vários outros movimentos no tempo e no espaço" (Velloso, 2016, p. 353). Desse modo, é necessário ficar atento aos "sinais de modernidade" que já vinham aparecendo desde o século XIX de diferentes formas e em várias regiões.

Velloso (2016) propõe considerar a chamada "geração de 1870" como um desses sinais, composta por pensadores, escritores, literários, médicos, bacharéis e cientistas dedicados aos debates intelectuais do Brasil nesse período de mudanças e de ritmo acelerado. Poderíamos incluir nesse grupo escritores como Machado de Assis e Euclides da Cunha, os signatários do Manifesto Republicano, o médico Nina Rodrigues e também acadêmicos como Sílvio Romero.

O que unia muitos desses pensadores era a indagação acerca dos elementos que definiam o Brasil. Havia uma preocupação relacionada à composição da brasilidade ou da especificidade do brasileiro e também ao lugar do Brasil no cenário internacional. Na virada do século XIX para o século XX, predominava uma visão mais pessimista acerca da nação e a tentativa de compreender os motivos de seu "atraso" perante as sociedades civilizadas. Como vimos, as teorias racialistas e o darwinismo social tinham bastante espaço na sociedade e o paradigma cientificista utilizou esses discursos para pensar a questão da nacionalidade.

Sílvio Romero foi um dos exemplos dessa perspectiva, defendendo que o brasileiro era resultado da miscigenação do português (europeu), do indígena e do negro, influenciado pelo meio (a região tropical) e com tendência a imitar os países europeus. A miscigenação desses povos e o meio em que viviam seriam as singularidades do povo brasileiro. Para Romero, a miscigenação era um dos maiores males, porém seria possível superar o atraso do país por meio de uma ação vigorosa da elite, fundamentada nas teorias científicas. O autor também enxergava nas classes populares o resultado dos "males de origem" que impediam o progresso: a escravidão, a mistura de raças, a herança colonial, o mandonismo, as doenças e a ignorância (Napolitano, 2016).

Apesar da visão preconceituosa e elitista de Sílvio Romero e dos demais intelectuais que seguiam na mesma direção, percebemos nessa geração a busca por uma compreensão múltipla da identidade nacional. O brasileiro era reconhecido no indígena, no africano, no europeu; assim, reconhecia-se uma identidade miscigenada, ainda que com um viés hierarquizado entre as etnias que compunham essa miscigenação (Velloso, 2016).

Com relação às manifestações populares, especialmente ligadas às práticas e aos saberes da diáspora africana, as elites delimitavam uma relação no mínimo ambígua. Havia um intenso controle sobre tais expressões, que eram reprimidas e até incriminadas, pois se afastavam do ideal civilizatório europeu. No entanto, setores intelectualizados das elites não as negligenciavam totalmente, especialmente as expressões culturais das populações rurais. Os pensadores ou artistas desses segmentos estavam buscando o "homem brasileiro" e suas especificidades, então surgiu um folclorismo que visava selecionar materiais ditos populares considerados "autênticos" de determinada região, como poemas, cantigas, lendas, danças e narrativas. De certa maneira, houve uma valorização da cultura popular, e as elites letradas, mesmo antes de 1922, já haviam descoberto e reinventado elementos populares (Napolitano, 2016).

Outra discussão pertencente aos "sinais da modernidade" era a mediação do regionalismo e do ufanismo na Primeira República. Com uma república federativa, os estados, antigas províncias no Império, passaram a ter maior autonomia e reconhecimento perante o poder central.

Tal aspecto reverberou também nas produções culturais. Os estados construíram as próprias narrativas históricas, uma espécie de história oficial regional, exaltando figuras "típicas", paisagens e o folclore.

Figura 1.5 – *Domingos Jorge Velho e o locotenente Antônio Fernandes de Abreu*, de Benedito Calixto, 1903

CALIXTO, B. **Domingos Jorge Velho e o locotenente Antônio Fernandes de Abreu**. 1903. Óleo sobre tela. 160 × 119 cm. Museu Paulista.

Para isso foram aproveitados muito valores constituídos no regionalismo literário do fim do Império (Napolitano, 2016, p. 57). E foi assim que se consolidaram as figuras do bandeirante em São Paulo e do gaúcho no Rio Grande do Sul, sempre associadas ao vigor físico, à coragem e principalmente ao desbravamento de seu meio geográfico. Como exemplo, podemos mencionar a obra *Domingos Jorge Velho e o locotenente Antônio Fernandes de Abreu* (1903), de Benedito Calixto (Figura 1.5), que representa a figura do bandeirante Domingo Jorge Velho e se enquadra no momento de construção do bandeirante como desbravador e ligado ao passado de São Paulo. Surgiram outros tipos mais ambíguos, como o sertanejo e o caipira, vistos como símbolos do atraso ou como figuras autênticas.

Mas nem só de regionalismos viveu a Primeira República. A questão nacional já estava em pauta e podemos identificar um sentimento nacionalista mais forte: um ufanismo caracterizado pelo elogio à grandeza territorial e à natureza. Na primeira década do século XX, surgiu um movimento intelectual, cívico e ufanista que deve ser considerado. No bojo dessas ideias, nos anos 1920 eclodiram movimentos como a Propaganda Nativista e a Ação Social Nacionalista, também pautados pelo nacionalismo, pelo ufanismo e pelo civismo. Contrapondo-se, em certa medida, aos intelectuais pessimistas, que só viam o atraso do país em decorrência de seu meio e da miscigenação, esses movimentos exaltavam a grandeza territorial e a natureza diversa, pois eram motivos para se ter orgulho do Brasil. A obra *Porque me ufano do meu país*, escrita em 1908 por Afonso Celso, é um bom exemplo dessas ideias que acabaram permanecendo no imaginário brasileiro.

Chegamos, então, ao Modernismo na década de 1920, ou aos modernismos. Para Napolitano (2016), a historiografia e a crítica de arte consolidaram uma cronologia que divide o movimento em uma fase estética, de 1922 a 1924, e uma fase política, de 1924 a 1928. A primeira, inspirada pelas vanguardas artísticas europeias, buscava uma expressão estética inovadora, pautada também pelas ditas "coisas nossas". A segunda fazia a convergência entre modernismo e nacionalismo, politizando as discussões modernistas. Os modernistas, a partir de 1928, passaram a se dividir em tendências estéticas e ideológicas, demonstrando perda de interesses em comum. Podemos apontar três tendências ideológicas, cada uma defendendo um legado específico para o movimento. Seus principais representantes foram, respectivamente, Mário de Andrade, Oswald de Andrade e Menotti del Picchia.

Mário de Andrade mantinha a busca sobre como fazer arte moderna brasileira não apenas copiando as vanguardas europeias, mas aproveitando a tradição popular do país. Oswald de Andrade, Tarsila do Amaral e Raul Bopp fundaram a corrente antropofágica, buscando uma arte de ruptura estética e política e com aproximação de posições socialistas mais radicais. Menotti del Pichia, com Plínio Salgado e Cassiano Ricardo, fundou o verde-amarelismo, uma tendência mais à direita no espectro político e com valores conservadores. Os defensores da antropofagia cultural, mais à esquerda, defendiam as diferenças e os conflitos como elementos de criação cultural, enquanto os modernistas de direita defendiam uma harmonia e uma conciliação das culturas brasileiras (Napolitano, 2016).

Figura 1.6 – *Abaporu*, de Tarsila do Amaral

AMARAL, T. **Abaporu**. 1928. Óleo sobre tela: color.; 85 × 73 cm. Museo de Arte Latinoamericano de Buenos Aires – Fundación Costantini, Buenos Aires, Argentina.

A obra *Abaporu* (1929), de Tarsila do Amaral, pode ser considerada a expressão plástica da antropofagia. *Abaporu* é uma palavra indígena que significa "homem (*aba*) que come (*poru*)", exprimindo a ideia do homem "comedor de culturas", que representa o mote do movimento antropofágico de aglutinação de culturas a absorção de influências mediante uma reelaboração crítica adequada aos valores da nacionalidade brasileira.

Assim, é possível perceber que o Modernismo brasileiro é plural e diversificado, por isso é mais apropriado falar em *modernismos*. O que unia essas correntes eram algumas temáticas e questionamentos comuns. O papel do intelectual no período posterior à Primeira Guerra no Brasil era não ficar isolado em sua bolha intelectual, longe dos problemas "reais" e conseguir interferir na política e sociedade brasileiras por meio da arte. O intelectual também tinha uma missão pedagógica de superar as visões pessimistas do início do século XX com relação ao Brasil, relacionadas aos "males de origem", principalmente a miscigenação, e a partir disso inventar uma cultura brasileira conciliando as "coisas nossas" com as vanguardas artísticas, pois seria a cultura a responsável por extirpar os males do país. Sua visão pedagógica não era apenas para educar as massas, mas para reeducar as elites.

Especificamente sobre a Semana de Arte Moderna de 1922, podemos encará-la como um dos momentos-chave dos modernismos do Brasil. O evento ocorreu em São Paulo entre 13 e 17 de fevereiro e teve forte repercussão social e cultural. Foi um festival artístico que reuniu vários escritores, artistas, músicos, intelectuais e poetas que tinham a intenção de colocar a arte brasileira no mesmo patamar do mundo "civilizado", especialmente da Europa, com as vanguardas artísticas. A organização ficou por conta, principalmente, de Oswald de Andrade, Mário de Andrade e Di Cavalcanti e contou com o apoio de Graça Aranha, escritor famoso e um dos membros da Academia Brasileira de Letras, e com o financiamento de Paulo Prado, pertencente aos quadros da elite cafeeira paulista, criticado politicamente pelos modernistas.

O festival ocorreu no Teatro Municipal de São Paulo e apresentou diversas manifestações artísticas, palestras, conferências e *performances*. A intenção era provocar e chocar a conservadora burguesia paulista, que de fato se chocou em virtude de seu "conservadorismo estético".

Ao final da Semana de Arte Moderna, a arte considerada "passadista" já não era mais imune às críticas e a arte tida como moderna ou "futurista" conseguiu fincar algumas raízes, ainda que não plenamente consolidada. Ainda assim, a Semana foi um dos eventos centrais dos modernismos e auxiliou o processo de "redescobrir o Brasil".

(1.5)
Histórias da história

Depois de considerar todas as informações apresentadas até aqui, é possível perceber a complexidade do período denominado *Primeira República*, marcado por tantas especificidades. Contudo, discutimos questões desse contexto que encontram perenidade na história brasileira e que aparecerão em outros momentos desta obra: a construção da identidade nacional; a representação político-partidária e a questão das eleições; a participação dos militares nos cenários político e social; a importância do aspecto religioso, seja por ação da Igreja Católica, seja pela influência de manifestações religiosas populares; a questão da terra na mediação entre o sistema agroexportador e as experiências dos camponeses etc.

Com base nesses elementos, podemos notar que existem diferentes perspectivas e recortes possíveis para se trabalhar determinado contexto histórico. Isso se relaciona com a maneira de se escrever história, que também se modifica ao longo do tempo. Em outras palavras, estamos falando de **historiografia**, que diz respeito ao produto do ofício do historiador e pode ser entendida de maneira breve como "o conjunto de ideias, concepções, reflexões e produções que dão formato ao discurso histórico" (Marczal, 2016, p. 31). A seguir, vamos nos aprofundar um pouco mais na historiografia da Primeira República. Esperamos que você também possa trazer novas abordagens sobre esse período, agregando informações às registradas aqui.

As historiadoras Ângela de Castro Gomes e Marieta de Moraes Ferreira, no artigo "Primeira República: um balanço historiográfico", publicado na revista *Estudos Históricos* em 1989, ano do centenário da Proclamação da República, aceitaram o desafio de escrever "um ensaio bibliográfico discutindo a literatura sobre a Primeira República no Brasil" (Gomes, Ferreira, 1989, p. 224). É um artigo de fôlego em que as autoras buscam traçar um amplo panorama sobre as produções historiográficas acerca desse período histórico.

De acordo com as autoras, essa produção intelectual emergiu principalmente após 1964. O início do regime republicano se tornou foco de atenção para historiadores, sociólogos, cientistas políticos, economistas e outros estudiosos. Esse processo se relaciona também com a chegada dos denominados *brasilianistas* – pesquisadores estrangeiros que estudam nosso país – e a publicação em português de seus trabalhos. As temáticas centrais das produções da época são urbanização, industrialização, regionalismo e federalismo (Gomes; Ferreira, 1989). Podemos perceber que são temas comuns quando tratamos de Primeira República: neste capítulo, passamos por todos eles. Ademais, a influência desses estudos, assim como as polêmicas geradas, marcou a produção historiográfica subsequente sobre o período de 1889 a 1930.

No mesmo artigo, há uma categorização de temas, definida a partir da atuação dos atores políticos, com a discussão historiográfica pertinente, correlacionando-se os autores e as obras dessa produção. As categorias seriam: "Os 'donos' da Primeira República", para refletir sobre as oligarquias e o sistema político brasileiro; "Agricultura e industrialização", que deve ser pensada concomitante com a primeira e propõe uma reflexão acerca das atividades econômicas do país e das saídas para o desenvolvimento econômico; "A classe operária vai ao sindicato e Deus e o diabo estão na terra do sol", que está interligada às reflexões iniciadas na década de 1960 e que privilegiavam as populações rurais e a classe trabalhadora urbana. Nessa perspectiva, as investigações focam a atuação de atores coletivos fora dos setores oligárquicos. O texto de Mattos discutido neste capítulo, de certa forma, é herdeiro desses debates e utiliza um viés inspirado nos trabalhos de Edward P. Thompson para pensar a experiência da classe trabalhadora em formação. A categoria "Em nome de Roma, mas na Terra de Santa Cruz" busca refletir acerca da relevância da Igreja e da questão religiosa durante a Primeira República, vista pelos pesquisadores como um momento-chave para a história do catolicismo brasileiro. Já a categoria "Da geração de 1870 à geração republicana: os intelectuais projetam a República dos seus sonhos" faz referência aos projetos intelectuais e políticos pensados para a República e para a nação.

Por necessidade de um recorte, optamos por discutir a utilização do termo **Primeira República** no lugar de **República Velha**. Contudo, recomendamos a leitura do artigo citado para enriquecer as leituras historiográficas acerca desse período histórico. A historiografia produzida a partir dos anos 1990, com a redemocratização do país, tem dado atenção especial à Primeira República, buscando pensá-la em um viés distinto daquele que consagrou o conceito de República Velha. Gomes e Abreu (2009) defendem que é necessário desnaturalizar o uso desse conceito, que ainda é muito utilizado nas literaturas acadêmica e escolar.

Estabelecer uma periodização ou conceituar determinado período é uma operação delicada e um "ato de poder", como sabem os historiadores (Gomes; Abreu, 2009). Por isso, nada nesse procedimento é feito objetivamente ou de maneira ingênua, o que implica a necessidade de analisarmos como isso se deu considerando os atores envolvidos e o contexto no qual estavam inseridos. A designação de *República*

Velha foi cunhada e adotada pelos ideólogos autoritários das décadas de 1920 e 1930 e foi amplamente difundida e enfatizada durante o **Estado Novo**, outra conceituação e periodização para a história brasileira. O "novo" se colocaria como contraponto ao contexto que o antecedeu, ao "velho", ou à República Velha. Esses processos de nomeação se localizam em um terreno de disputas políticas e de memória e são correlatos a determinado projeto intelectual e político. Alguns acabam encontrando permanência no pensamento social e na própria historiografia. Desse modo, além do conceito de República "Velha", o período de 1889 a 1930 ficou por muito tempo associado à instabilidade e ao caos, isento de ideias ou de ações significativas para o país graças aos vícios e às fraudes no processo político, especificamente nas eleições, o que torna mais necessária uma revisão historiográfica, de forma a encará-lo em sua diversidade e complexidade. Como observam Schwarcz e Starling (2015, p. 350), a Primeira República "teve o protagonismo do início (para o bem e para o mal) e porque ensejou novas e múltiplas formas de exercício da cidadania" e por isso merece a devida atenção, evitando-se reducionismos e estereótipos.

Para examinarmos melhor a construção do termo *República Velha*, precisamos nos ater ao período do Estado Novo. Nesse contexto se desenvolveu um projeto intelectual e político para caracterizá-lo como potência transformadora e revolucionária. O Estado Novo seria herdeiro direto da Revolução de 1930, que teria posto um fim à República Velha e a seus vícios. Tal projeto político compreendia a construção de uma imagem do presente recém-inaugurado, do passado que o antecedia – visto como ultrapassado e que, por isso, exigia uma ruptura – e do futuro que ainda seria criado (Gomes; Abreu, 2009).

Não seria a primeira vez que intelectuais e políticos vinculados a um novo momento construiriam para si a narrativa da novidade em contraponto ao período imediatamente anterior, ligado à ideia de atraso (Schwarcz; Starling, 2015). Nessa versão, a Revolução de 1930 seria um novo ponto de partida para o Brasil, rompendo com os erros da República Velha: oligárquica, liberal, instável, europeizante e afastada do povo. Essas construções acabaram estabelecendo uma periodização específica da história republicana brasileira, que até hoje encontra vigência.

A periodização defende valores antiliberais, condenando ideias, práticas, atores e instituições liberais. As eleições e os partidos políticos são considerados incapazes e desnecessários e o objetivo dessa construção acaba sendo reduzir toda a experiência da Primeira República a aspectos liberais e às eleições para comprovar o fracasso dessa experiência e, por conseguinte, a necessidade de mudança.

A estratégia é selecionar experiências específicas ligadas ao processo de representação político-partidária da Primeira República – as fraudes nas eleições, a coerção e a violência dos coronéis, as alianças espúrias –, ignorando-se as mais distintas formas de participação política e cultural da população nesse período, que, como vimos, vão desde as revoltas e os movimentos populares até a formação de agremiações esportivas e a construção de espaços de sociabilidade, como as casas das Tias. É um processo de escolhas do que lembrar e do que esquecer, mas que encontra permanência na historiografia e no ensino de História do período (Gomes; Abreu, 2009).

Outra estratégia discursiva desse processo foi construir uma imagem da Primeira República como um período instável em virtude de sua adesão ao liberalismo político. Assim, os coronéis eram os grandes símbolos do liberalismo decadente da República Velha, em uma estratégia que tinha como objetivo desautorizar o antigo modelo institucional para enaltecer o vigente durante o Estado Novo, um Estado autoritário. Os ideólogos do Estado Novo relacionam a experiência representativa à incompetência política e à ideia de que a experiência brasileira estaria atrasada em face das experiências internacionais.

Além disso, a Primeira República também seria "velha" no sentido cultural, pois buscava apenas imitar as nações europeias, desvalorizando as manifestações nacionais e populares, e não conseguia romper com os antigos cânones literários, musicais e artísticos elitistas. Como vimos, os sinais da modernidade no âmbito cultural já estavam presentes desde o século XIX e, ainda que muitos intelectuais realmente percebessem no Brasil uma nação atrasada e maculada pela miscigenação, houve outras vozes, dos ufanistas ou dos próprios modernistas, em diferentes perspectivas. A questão de pensar o que era "ser brasileiro" e nossas especificidades também já estava em pauta, não sendo possível associar a construção da brasilidade ao marco do Estado Novo.

Assim, percebemos que o termo *República Velha*, carregado de reducionismos e estereótipos, encontrou longa permanência na historiografia e no ensino de História. Desse modo, é necessária uma problematização de tal designação, compreendendo-se o porquê de sua construção, que nunca é neutra. Os ideólogos do Estado Novo escolheram chamar de *velho* o que era diferente e reduzir a Primeira República à instabilidade e ao fracasso das eleições liberais. Contudo, vimos que o período foi complexo e merece estudos atentos, e não reducionistas. Nesse sentido, é melhor optarmos pela designação *Primeira República*.

Síntese

O presente capítulo buscou traçar brevemente um percurso histórico da Primeira República, abordando a temática da modernização e da vivência dos diferentes atores sociais nesse processo. Iniciamos examinando a Proclamação da República e as disputas para a consolidação do regime republicano. Ademais, tratamos da questão das eleições, dominada pelos setores oligárquicos, o que fazia com que o restante da população encontrasse outras formas de se manifestar política e culturalmente.

Na área econômica, destacamos a proeminência do setor cafeeiro, o que possibilitou também o desenvolvimento de outros setores, como o industrial. As mudanças ocorridas com a urbanização, a chegada dos imigrantes e os diferentes projetos intelectuais e culturais culminaram com a discussão sobre os modernismos brasileiros. Por fim, analisamos o debate historiográfico, problematizando o conceito de *República Velha* e indicando a preferência pelo uso do termo *Primeira República*.

Atividades de autoavaliação

1. Sobre a Proclamação da República é correto afirmar:
    a) O Exército foi contra o advento da República, pois todos os militares eram leais ao imperador e defensores da monarquia.
    b) Os signatários do Manifesto Republicano eram basicamente oriundos das classes populares, com destaque para negros e escravos.
    c) Após a proclamação, houve uma preocupação com a construção do imaginário republicano para legitimar o novo regime.
    d) O processo de abolição pouco se relacionou com o fim da monarquia, pois o Império brasileiro não dependia da mão de obra escrava.

2. Acerca do poder oligárquico e do coronelismo, assinale a alternativa correta:
    a) O coronelismo foi um sistema político nacional baseado em barganhas entre o governo e os coronéis. O governo garantia o poder do coronel sobre seus dependentes e

os coronéis empenhavam seu apoio ao governo, sobretudo na forma de votos.
- b) O coronelismo foi uma estrutura de compromissos estabelecida durante o Estado Novo e que serviu para garantir a legitimidade do Governo Vargas no poder.
- c) Uma das principais características do poder oligárquico é a ampla participação popular na política por meio das vias eleitoral e institucional.
- d) Os coronéis sempre se posicionaram contra a política coronelista do governo durante a Primeira República, pois, na visão deles, a chamada *Política dos Governadores* só beneficiava o governo federal.

3. Sobre a modernização no período da *Belle Époque* brasileira, é correto afirmar:
- a) A modernização estava relacionada às tentativas de imposição de um projeto civilizatório que visava ao controle de comportamento, da formação urbana, da higiene e de manifestações culturais.
- b) O projeto modernizante não tinha interesses diretamente nos espaços políticos, atuando no controle das bases econômicas e culturais.
- c) Um dos objetivos da modernização era construir um modelo de mobilidade urbana que respeitasse os espaços populares historicamente construídos ao longo do século XIX.
- d) A imigração europeia, parte do modelo de modernização, não teve incentivo estatal, sendo empreendida por empresários.

4. Acerca da Semana de Arte Moderna e dos pensadores do movimento modernista, considere as assertivas a seguir:

I) Oswald de Andrade e Tarsila do Amaral podem ser considerados representantes do movimento antropofágico, mais ligado a ideias de esquerda.

II) Mário de Andrade buscava a construção da arte moderna brasileira pautada somente no estilo europeu, considerado na época como o mais desenvolvido.

III) Os pensadores modernistas tinham intenção de pensar uma identidade nacional para o Brasil.

IV) O Modernismo brasileiro foi plural e diverso, unido por questionamentos em comum e com vista a interferir nas esferas política e social do Brasil.

As afirmativas corretas são:

a) I, II e III.
b) II, III e IV.
c) I, III e IV.
d) I e III.

5. Sobre o debate historiográfico acerca da Primeira República, é correto afirmar:

a) O debate historiográfico sobre esse período não teve mudanças desde o Estado Novo, quando se conceituou a República Velha: as perspectivas são as mesmas.

b) Os brasilianistas não se interessaram em discutir a República Velha, preferindo temas mais contemporâneos.

c) No aniversário de cem anos da Proclamação da República não houve produção historiográfica acerca da temática, pois a data não é considerada relevante.

d) Os debates historiográficos sobre a República Velha foram iniciados somente a partir dos anos 2000, graças à Nova História Cultural.

e) A historiografia vem se renovando e, nesse processo, optou-se pelo uso do termo *Primeira República* em vez de *República Velha*, evitando-se reducionismos e estereótipos.

Atividades de aprendizagem

Questões para reflexão

1. Dificilmente as classes populares participavam das eleições, porém isso não significava que elas não se manifestassem politicamente. Identifique e analise diferentes formas de participação e atuação política.

2. Machado de Assis (2013, p. 18) escreveu: "O que é o tempo? É a brisa fresca e preguiçosa de outros anos ou esse tufão impetuoso que parece apostar corrida com a eletricidade?". Relacione o trecho com o contexto de mudanças da Primeira República ligado à aceleração do ritmo de vida e ao processo de modernização.

Atividade aplicada: prática

1. Acesse o Portal de Legislação da Previdência da República (http://www4.planalto.gov.br/legislacao/portal-legis/legislação-historica/constituicoes_anteriores-1) e estabeleça uma comparação entre as Constituições de 1891, 1934, 1946 e 1988 com relação ao voto. Lembre-se de considerar as mudanças com relação ao voto feminino, ao voto secreto e ao voto de analfabetos.

Fernanda Ribeiro Haag e Natália de Santanna Guerellus

Capítulo 2

1930-1945:
Os anos de Vargas

Getúlio Dorneles Vargas foi uma das personalidades históricas mais marcantes do Brasil durante o século XX. Governou o país em dois momentos: de 1930 a 1945 e de 1951 a 1954. Neste capítulo, abordaremos a primeira fase da chamada *Era Vargas*. Ressaltamos, contudo, que a história não é somente a de indivíduos isolados, por isso o objetivo é analisar os processos históricos do período considerando-se as relações de mudanças e permanências entre os marcos de 1930 e de 1937.

(2.1)
Da Revolução de 1930 ao Estado Novo

Iniciaremos este capítulo com a discussão acerca da Revolução de 1930. Ainda que não haja um feriado específico para essa data, foi um dos acontecimentos mais marcantes do período republicano brasileiro, talvez mais por seus resultados do que pelo movimento em si. Uma das principais consequências foi o encerramento da Primeira República e do sistema oligárquico vigente. Para compreender esse processo, é preciso, porém, retornar à década de 1920.

Os anos 1920 foram de transformações e ebulição social no Brasil. Para Ferreira e Pinto (2016, p. 389), "o país experimentou uma fase de transição cujas rupturas mais drásticas se concretizariam a partir do movimento de 1930", período no qual tivemos os modernismos, a Semana de Arte Moderna, a criação do Partido Comunista, as mudanças na economia e a campanha presidencial de 1922, como veremos adiante. Todas essas mudanças alimentaram os questionamentos acerca dos padrões vigentes na Primeira República e começaram a colocar em xeque especialmente o sistema oligárquico.

A estabilidade da República veio com a Política dos Governadores e a teia de compromissos estabelecida pelo coronelismo, fortalecendo as oligarquias regionais e os estados por meio do federalismo. São

Paulo e Minas Gerais tinham as maiores bancadas no Congresso e, com a expansão cafeeira, também hegemonizavam o campo político. Nesse sentido, eram os estados mais fortes da Federação, controlando o poder central.

A historiografia mais tradicional enfatizava o vigor e a estabilidade dessa aliança, o que ficou comumente conhecido como a "política do café com leite". Entretanto, recentemente alguns pesquisadores[1] têm relativizado essa perspectiva, atentando também para uma instabilidade na aliança entre mineiros e paulistas em uma relação que teve conflitos e divergências. Por vezes, Minas Gerais acabou se aproximando do Rio Grande do Sul, em vez de São Paulo. Tais elementos traziam um grau de incerteza ao pacto instituído e a cada quatro anos, no momento da sucessão presidencial e na indicação do novo presidente pelos dois estados, havia uma conjuntura imprevisível que poderia terminar em conflitos (Ferreira; Pinto, 2016).

Apesar dessas possibilidades, a estrutura política da Primeira República encontrou relativa estabilidade e permanência, mas o sistema federalista adotado também gerou desigualdade entre os estados. Minas Gerais e São Paulo eram dominantes, o que implicava a existência de oligarquias de primeira e de segunda grandeza. Essa desigualdade interestadual incomodava e, com isso, no início dos anos 1920, começaram a aparecer os sinais de esgotamento do sistema, com conflitos no interior das próprias oligarquias.

Mencionamos anteriormente a campanha presidencial de 1922, processo que foi mais um exemplo desse esgotamento pelo qual vinha passando a estrutura política vigente, demonstrando as cisões

---

1 Destacamos aqui o trabalho de Armelle Enders intitulado Pouvoir et federalismo au Brésil: 1889-1930, indicado por Ferreira e Pinto (2016), e o livro O teatro das oligarquias: uma revisão da "política do café com leite", de Cláudia Viscardi.

intraoligárquicas existentes. São Paulo e Minas Gerais acordaram em lançar a chapa com o nome de Arthur Bernardes para presidente e Urbano Santos para vice, porém isso desagradou importantes oligarquias regionais, que, diferentemente de sucessões anteriores, não chegaram a um consenso sobre o nome indicado.

Algumas oligarquias de segunda grandeza, pertencentes aos estados do Rio de Janeiro, de Pernambuco, da Bahia e do Rio Grande do Sul, contrariadas com a imposição dessa chapa, resolveram lançar uma candidatura própria, com Nilo Peçanha para presidente e José Joaquim Seabra para vice. O movimento foi chamado de *Reação Republicana*, já que esses estados estavam insatisfeitos com as distorções geradas pelo modelo de federalismo adotado no país.

Nesse sentido, a historiografia mais recente[2] buscou interpretar a Reação Republicana não como uma tentativa de ruptura com o modelo oligárquico, mas como uma proposta de construção de um eixo alternativo de poder, visando ampliar a participação das oligarquias de segunda grandeza. Era uma disputa de poder político dentro das próprias oligarquias, sem maior participação popular. Por conta desses motivos, a plataforma do movimento criticava principalmente o "imperialismo" dos grandes estados (Ferreira; Pinto, 2016).

A Reação Republicana, mesmo formada por oligarquias dissidentes, buscou mobilizar as massas, principalmente as urbanas, revestindo-se de um apelo popular com o lema "Arrancar a República das mãos de alguns para as mãos de todos" (Ferreira; Pinto, 2016, p. 395). Contudo, não havia uma proposta concreta de democratização, até porque a ideia não era romper com o sistema oligárquico. O próprio candidato a presidente, Nilo Peçanha, apesar do discurso com viés progressista

---

2 *O artigo "A Reação Republicana e a crise política dos anos 20", de Marieta Ferreira, é um trabalho importante na revisão das interpretações sobre a Reação Republicana.*

e de uma defesa da ampliação da instrução pública, era um oligarca padrão e utilizava todos os instrumentos típicos do coronelismo, desde coerção com os dependentes até fraudes eleitorais.

Mesmo com essa tentativa de mobilização das massas, a campanha encontrava limites dentro da própria lógica oligárquica. A Reação Republicana tinha dificuldade de cooptar maior número de adeptos entre os coronéis, pois não tinha a máquina federal, o que dificultava a distribuição de privilégios. A própria campanha, por mais mobilizada que fosse, não garantia automaticamente o sucesso eleitoral. As fortes agitações políticas não atrapalharam as eleições, que ocorreram dentro do previsto, e o resultado foi a vitória de Arthur Bernardes de acordo com o programado pelo esquema eleitoral da Primeira República.

A Reação Republicana, no entanto, não aceitou o resultado eleitoral e iniciou uma campanha contra o desfecho, visando manter a mobilização popular conseguida antes do pleito. Outro caminho do movimento foi buscar apoio em um segmento específico: os militares. Esses atores sociais já tinham uma história conflituosa com o governo federal ao longo da Primeira República, tornando-se aliados em potencial para as oligarquias dissidentes. Após a derrota, buscou-se acirrar os ânimos dos militares, até mesmo com a imprensa pró-Nilo assumindo uma postura panfletária. Assim, alguns integrantes da Reação Republicana radicalizaram suas posições, passando a cogitar uma intervenção armada, e os soldados intervieram em algumas disputas locais em defesa dos interesses dissidentes; porém, São Paulo e Minas Gerais não se abalaram, sufocaram as iniciativas e marginalizaram as oligarquias secundárias nas instâncias institucionais. Marginalizados, esses oligarcas reforçaram seus laços com os militares (Ferreira; Pinto, 2016).

Nesse clima conflituoso e de agitações, abriram-se possibilidades mais concretas para uma subversão da ordem estabelecida ou uma intervenção militar. O movimento tenentista surgiu com as revoltas tenentistas. A estreia dos tenentes na conjuntura brasileira se deu com o levante chamado *Os Dezoito do Forte de Copacabana*. A revolta aconteceu em 5 de julho de 1922 e os jovens tenentes se revoltaram para salvar a honra do Exército, que já vinha tendo conflitos com o ainda presidente Epitácio Pessoa. No dia 2 de julho, após receber críticas do Marechal Hermes da Fonseca, Epitácio mandou prendê-lo e fechou o Clube Militar, o que gerou revolta e culminou nos levantes militares. Os rebeldes do Forte de Copacabana dispararam canhões contra diversos redutos do Exército, mas também sofreram fortes bombardeios e ficaram cercados. No dia seguinte, a tentativa de revolta foi sufocada. Um pequeno grupo, contudo, decidiu não se render: 17 soldados e 1 civil foram de encontro às forças do governo, com troca de tiros. Apenas os tenentes Siqueira Campos e Eduardo Gomes sobreviveram.

O movimento não teve apoio de segmentos militares expressivos ou da cúpula das Forças Armadas, e as oligarquias dissidentes, mesmo depois de inflarem os militares a tomar as armas, não se engajaram efetivamente no levante. Vários deputados dissidentes votaram a favor da decretação do estado de sítio solicitado por Epitácio Pessoa, demonstrando um recuo das oligarquias secundárias e a desarticulação da Reação Republicana.

O tenentismo ou movimento tenentista nasceu no seio de insatisfações de determinados setores das Forças Armadas, especialmente tenentes e capitães, que detinham as patentes mais baixas. Os descontentamentos vinham das condições precárias do Exército e também da política do governo: o grande mal a ser extirpado da política brasileira eram as oligarquias centrais. O movimento teve proporções nacionais e empolgou diferentes setores sociais, desde os oligarcas dissidentes até os segmentos urbanos, como as classes médias.

Com críticas às oligarquias dominantes, o objetivo dos tenentes era derrubar o governo com suas perspectivas políticas que se vinculavam ao contexto surgido após a Primeira Guerra Mundial, caracterizado por um nacionalismo e por iniciativas de centralização política. Eles não chegavam a formular uma agenda antiliberal, mas eram marcados por um vago nacionalismo e, por seu caráter mais heterogêneo, não tinham um programa muito claro, então apresentavam ideias mais gerais e acreditavam cumprir uma missão para salvar o país[3]. Tinham algumas propostas delineadas: reforma da Constituição, limitação da autonomia local, voto secreto, independência do Poder Judiciário e um Estado mais forte.

Dois anos depois da Revolta dos Dezoito do Forte, houve um novo levante tenentista, também no dia 5 de julho, para homenagear o de 1922. O julgamento e a punição dos envolvidos no levante militar anterior voltaram a estremecer as relações entre o Exército e o governo federal. Dessa vez, porém, a articulação foi mais organizada, contando com a participação do General Isidoro Dias Lopes (já reformado), do Major Miguel Costa e de outros personagens que seguiram importantes na história política brasileira: Juarez Távora e Filinto Müller. A rebelião estourou em São Paulo com a tomada de alguns quartéis e de pontos estratégicos da cidade. O objetivo principal era derrubar o Presidente Arthur Bernardes, considerado o ícone das oligarquias centrais.

A ação repressiva do governo foi intensa e os tenentes resolveram se deslocar para o interior de São Paulo; logo depois, foram para o oeste do Paraná, onde se fixaram. As tropas tenentistas de São Paulo enfrentaram os soldados do governo para esperar os tenentes que chegariam do Rio Grande do Sul, liderados por João Alberto e Luiz Carlos Prestes. Em abril do ano seguinte, essas tropas juntaram forças e originaram a

---

3 *Não é a primeira vez na história brasileira que o Exército arroga para si o papel de salvador da pátria; no primeiro capítulo vimos que isso ocorrem também após a Guerra do Paraguai. Ou seja, há uma permanência desse ideário nos quadros das Forças Armadas.*

Coluna Miguel Costa-Luiz Carlos Prestes, que depois ficou conhecida como Coluna Prestes e foi o ápice dos levantes tenentistas; não tinha um plano claramente traçado, mas seguiu com 1,5 mil homens por 25 mil quilômetros, passando por 13 estados brasileiros, divulgando as ideias revolucionárias e inflamando a população contra as oligarquias. Os remanescentes seguiram para a Bolívia e para o Paraguai (Ferreira; Pinto, 2016) e, em 5 de julho de 1927, os exilados inauguraram um monumento em homenagem aos mortos na Coluna. Com o fim da Coluna Prestes, foi eliminado um importante foco de contestação ao governo e às oligarquias dominantes. Todavia, os tenentes ainda teriam papel de destaque na política nos anos subsequentes, além de terem sido fundamentais no processo de erosão do sistema oligárquico vigente, sendo mais um de seus sinais de esgotamento.

Washington Luís, que sucedeu Arthur Bernardes como presidente, teve um governo menos turbulento e com relativa estabilidade. Em 1929, começou um novo processo de sucessão presidencial, que, como vimos, era sempre um momento de incerteza, pois a aliança entre São Paulo e Minas Gerais não era completamente inabalável e poderia haver instabilidade no pacto instituído. Foi exatamente o que ocorreu nas eleições de 1930.

A cisão oligárquica ocorreu no seio do próprio grupo dominante. Foi o Presidente Washington Luís que rompeu o pacto instituído pelo sistema oligárquico vigente ao indicar o também paulista Júlio Prestes como seu sucessor quando, pela lógica implícita, deveria indicar alguém do interesse de Minas Gerais. Os mineiros ficaram descontentes com a indicação e romperam de vez a aliança. A ruptura abriu espaço para ambições de outras oligarquias e de outros setores acumuladas na última década. A concretização dessas ambições se deu com o lançamento da candidatura de Getúlio Vargas, ex-ministro da Fazenda do próprio Washington Luís, para presidente e de João Pessoa, então governador da Paraíba, para vice-presidente. As oligarquias de Minas Gerais se uniram às do Rio Grande do Sul e da Paraíba em torno dessa candidatura. Daí surgiu a Aliança Liberal, uma frente ampla de oposição composta por forças regionais não ligadas diretamente ao café, por tenentes e por outros setores civis descontentes, além do Partido Democrático (PD) – criado em São Paulo em 1926 e impulsionado pela insatisfação com o Partido Republicano Paulista (PRP). O PD defendia o voto secreto e a autonomia do Poder Judiciário, e seu presidente, Antônio Prado, era contra a composição com as oligarquias situacionistas de qualquer estado.

A Aliança Liberal tinha caráter heterogêneo em sua composição, porém deixava claras as dissidências entre as próprias oligarquias estaduais. Conforme Schwarcz e Starling (2015, p. 354), "a composição oposicionista tinha todos os ingredientes necessários: abrigava um amplo leque de dissidentes, viabilizava um eixo alternativo de poder e apresentava uma nova linguagem política com capacidade de mobilização de um largo sentimento da sociedade". Sua plataforma de campanha era a regeneração política, exigindo uma reforma eleitoral com a criação de uma justiça eleitoral e a adoção do voto secreto. Além disso, demandava a anistia aos revoltosos dos anos 1920 e medidas de proteção ao trabalho, como regulamentação do trabalho para mulheres e crianças, mudanças na jornada de trabalho, férias e salário-mínimo (Ferreira; Pinto, 2016), o que indicava uma iniciativa para lidar com os direitos sociais, até então chamada de *questão social*.

A opção pelo liberalismo já apontava o propósito de um sistema representativo voltado às classes dominantes, integrando os setores relegados ao segundo plano e também os segmentos médios urbanos. A escolha do termo *liberal* estava associada a um programa de modernização do país (mais um!), que implicava a modificação dos hábitos e dos modos de pensar da população. *Liberal* também se conectava a um impulso à indústria, com vista a diversificar a expandir as atividades econômicas para além do café.

A Aliança Liberal investiu fortemente em sua campanha e uma de suas iniciativas inovadoras foram as chamadas *Caravanas Liberais*, extrapolando o campo institucional com jovens militantes que levavam a política para as ruas. Getúlio Vargas fez o comício de apresentação da plataforma da Aliança Liberal no início de 1930 no Rio de Janeiro (Figura 2.1). Foi um evento importante, pois rompeu com a estrutura tradicional de divulgar o programa em um ambiente para poucos, o que mobilizou o povo e chocou alguns indivíduos.

Figura 2.1 – População do Rio de Janeiro na Esplanada do Castelo quando Getúlio Vargas leu a plataforma de governo da Aliança Liberal, em 1930

Contudo, romper com a estrutura oligárquica das eleições era muito difícil – como vimos, a Reação Republicana e outras tentativas fracassaram. No pleito de 1930, Júlio Prestes contava com o apoio da elite cafeeira de São Paulo e com os demais estados que se mantiveram ao lado dos paulistas. Nas eleições houve fraudes, violência, suborno e pressões usuais, meios utilizados pelas duas chapas. Mesmo com toda a mobilização da Aliança Liberal, Prestes foi eleito presidente com mais de 300 mil votos de vantagem sobre Vargas. Com a derrota, a tendência seria o realinhamento das oligarquias regionais dentro do sistema político. Entretanto, setores da Aliança Liberal não estavam dispostos a aceitar os resultados eleitorais, e a possibilidade de uma solução armada passou a ser cogitada, contando com o apoio dos tenentes que há muito estavam descontentes com a lógica oligárquica. Apesar dessa adesão e da disposição belicosa de algumas lideranças políticas, a alternativa pelas armas não se concretizou. As conspirações, por outro lado, ocorriam vigorosamente (Schwarcz; Starling, 2015).

O estopim necessário veio no fim de julho de 1930 com o assassinato de João Pessoa, vice na chapa da Aliança Liberal, em Recife. As motivações de João Dantas para matar o político tinham caráter pessoal, ainda que ele fosse aliado de um coronel rival e Washington Luís quisesse se aproveitar das disputas locais. O fato chocou o país, e a Aliança Liberal tranformou o candidato a vice-pre sidente em mártir.

O levante conspiratório foi iniciado em 3 de outubro de 1930, primeiramente em Minas Gerais e no Rio Grande do Sul, algumas horas depois na Paraíba e então se difundiu pelo país. Os conflitos armados aconteceram e os dissidentes saíram vitoriosos. No início, Getúlio Vargas aguardou o desenrolar da revolta, porém, quando as chances de sucesso eram palpáveis, assumiu o comando civil e seguiu em conjunto com os soldados rebeldes. Washington Luís tentou resistir, mas demorou a reagir e foi deposto em 24 de outubro. Uma Junta Governativa Provisória entregou o poder a Getúlio Vargas, que tomou posse em 3 de novembro. O resultado foi o fim da Primeira República, e a Revolução de 1930 se tornou um marco da história política brasileira muito mais pelas consequências do que pelo movimento em si.

Quando Getúlio Dornelles Vargas assumiu provisoriamente a presidência da República, em 1930, deu início à **Era Vargas**[4]. São comuns algumas referências sobre esse período ou sobre o próprio Vargas, como as leis trabalhistas, o apelido "pai dos pobres" ou ainda as medidas repressivas do Estado varguista. De todo modo, temos de nos debruçar sobre o governo do político gaúcho. É importante pontuar que se convencionou denominar *Era Vargas* os dois períodos governamentais em que Vargas esteve na presidência. A primeira fase foi a mais longa, de 1930 a 1945. A segunda fase aconteceu quando ele retornou ao poder como presidente eleito e governou de 1951 a 1954. Neste capítulo, abordaremos apenas a primeira fase.

O primeiro ponto a considerarmos é que, além de longa – foram 15 anos de um mesmo governante no poder –, a primeira fase não compõe um bloco homogêneo. Para analisá-la, adotaremos a periodização em dois níveis, proposta por Maria Helena Capelato (2015, p. 112-113), conforme consta no Quadro 2.1.

Quadro 2.1 – Primeira fase da Era Vargas

1930 a 1937	São os chamados *anos de indefinição*. Indefinição pois havia diferentes projetos em disputa mobilizando a sociedade. Esses anos também podem ser divididos em dois períodos: 1) de 1930 a 1934, com o Governo Provisório; 2) 1934 a 1937, quando Vargas governa como presidente eleito pelo voto indireto da Assembleia Constituinte.
1937 a 1945	São os anos do Estado Novo, um novo regime político, o qual também tem distinções e pode ser dividido em dois momentos: 1) 1937 a 1945, um período de reformas mais significativas e legitimação do regime; 2) 1942 a 1945, em que a entrada do Brasil na Segunda Guerra Mundial altera o cenário nacional, explicitando as contradições do Estado Novo, que como estratégia buscou apoio nas classes trabalhadoras.

---

4 *Na seção "Histórias da História" deste capítulo, discutiremos a questão da nomenclatura e os debates historiográficos acerca desse período.*

Dessa maneira, reafirmamos que a primeira fase da Era Vargas não foi homogênea. A intenção agora é examinar as linhas de continuidade e a ruptura entre esses dois níveis, da Revolução de 1930 até o Estado Novo, e a partir disso analisar a construção do Estado autoritário. Para isso, começaremos com o Governo Provisório.

Após a Revolução de 1930, diferentes caminhos e possibilidades estavam em pauta. Como os revolucionários vitoriosos também não compunham um grupo homogêneo, diferentes setores sociais apresentavam distintos projetos para solucionar as questões do país. No campo econômico, após a crise de 1929 e com a quebra da Bolsa de Valores de Nova Iorque, o setor agrário foi abatido, pois o preço do café caiu e houve superprodução. Assim, as discussões se pautavam pelas maneiras de superação da crise e pelo desenvolvimento do país, como o objetivo de alcançar economicamente os países capitalistas avançados.

A questão social entrou na pauta; se na Primeira República essa era considerada uma questão de polícia, a partir de então os debates passaram a girar em torno de como solucionar os conflitos sociais. A natureza do Estado foi amplamente debatida; essa era até mesmo uma discussão internacional, já que países da Europa e da América também enfrentavam esse debate e as posições acabaram se polarizando entre os favoráveis ao Estado liberal descentralizado e pouco intervencionista e os partidários de um modelo de Estado forte e interventor. No âmbito político, os conflitos retomaram uma antiga discussão brasileira: a questão da centralização política ou da autonomia dos estados (Capelato, 2015).

O Governo Provisório optou por uma política centralizadora e logo começou a implantá-la, enfraquecendo a autonomia dos estados. Vale lembrar que a desigualdade interestadual gerada pelo federalismo e que favorecia determinados estados, principalmente São Paulo, em detrimento de outros foi uma das causas da Revolução de

1930. O Governo Provisório trouxe várias mudanças nessa direção: o Executivo passou a ter plenos poderes e condições de intervir radicalmente no sistema político; o Congresso Nacional e as Assembleias Legislativas Estaduais e Municipais foram dissolvidas; os eleitos durante a Primeira República foram retirados de seus cargos; os governadores, chamados de *presidentes dos estados*, foram substituídos por interventores da confiança do presidente; a imprensa foi censurada; e todos os postos de poder foram ocupados por indivíduos que não haviam sido eleitos (Schwarcz; Sterling, 2015).

A institucionalização dessa nova ordem passava longe das eleições; havia a consciência entre os vitoriosos de que, se os eleitores fossem às urnas, as oligarquias regionais dominantes voltariam ao poder, pois suas estruturas ainda estavam intactas. Nesse sentido, para estabelecer a nova ordem, era necessário um amplo programa de reformas. Ainda que não fosse algo rápido de se realizar, logo em sua posse Vargas anunciou um programa reformista radical baseado na plataforma da Aliança Liberal, que envolvia anistia aos tenentes, modernização do Exército, reforma da educação pública e criação dos ministérios do Trabalho, da Indústria e Comércio e da Educação e Saúde Pública (Schwarcz; Sterling, 2015).

A ausência da chamada de eleições pelo Governo Provisório se mantinha e a população não podia votar em nenhuma instância política. Vargas também não mobilizava a convocação da Assembleia Constituinte para a promulgação de uma nova Constituição, já que a de 1891 passou a ser considerada ultrapassada. As pressões começaram a crescer e, para amenizá-las, o governo apresentou um novo Código Eleitoral, em 1932, com mudanças importantes: adoção do voto secreto, criação da Justiça Eleitoral – esses dois elementos impossibilitavam as fraudes eleitorais da Primeira República – e reconhecimento do direito das mulheres ao voto, uma luta que estava sendo travada há décadas, como vimos.

Fernanda Ribeiro Haag e Natália de Santanna Guerellus

Contudo, a falta de mobilização concreta por um retorno à democracia representativa e a perda de autonomia dos estados graças à centralização de poder levaram a uma reação das elites paulistas. São Paulo exigiu a volta ao regime liberal federativo e uma Constituição e, para isso, recorreu a uma solução armada em 1932. O conflito ficou conhecido como *Revolução Constitucionalista*, de que trataremos mais adiante. Nas armas, os paulistas perderam para o governo federal, mas, após a pacificação, Vargas convocou a Assembleia Constituinte e as eleições para 3 de maio de 1933.

Entre o fim do ano de 1932 e o início de 1933, o cenário político do país foi dominado pela campanha eleitoral para a Assembleia Constituinte, a primeira eleição a ocorrer desde a Revolução de 1930. As mudanças trazidas pelo Código Eleitoral de 1932 seriam aplicadas pioneiramente. Outra inovação na formação da Constituinte seria a bancada classista, composta por representantes eleitos pelos sindicatos patronais ou dos trabalhadores. O resultado das eleições levou a algumas transformações: criação de vários partidos de alcance regional e relativa renovação da classe política, em virtude, principalmente, do enfraquecimento das elites regionais de oposição durante o Governo Provisório. A Constituinte acabou incluindo diferentes atores sociais: deputados novatos, uma forte bancada da situação, um bloco paulista disposto a ser oposição ferrenha, parlamentares ligados à Igreja Católica – buscando maior intervenção na política – e uma única mulher como deputada, a médica Carlota Pereira de Queirós (Schwarcz; Starling, 2015).

A heterogeneidade da Constituinte, que atuou de novembro de 1933 até julho de 1934, gerou o desafio de contemplar os diferentes projetos ali presentes. Havia correntes liberais e antiliberais; entre estas últimas se destacavam os tenentes nacionalistas, os católicos e os integralistas. Os representantes dos trabalhadores, apesar das convergências, dividiam-se com relação às medidas trabalhistas do governo (Capelato, 2015). Ao final, a Constituição de 1934 foi promulgada em 16 de julho e os parlamentares elegeram indiretamente Getúlio Vargas para a presidência.

Apesar de eleito, Vargas discordava de vários pontos constitucionais, principalmente os que limitavam o Poder Executivo, submetendo-o à fiscalização do Legislativo. Além disso, a Constituição limitou o mandato presidencial a quatro anos e vetou a possibilidade de reeleição, minando os planos do presidente. A Carta Constitucional iniciava-se da seguinte maneira:

Nós, os representantes do povo brasileiro, pondo a nossa confiança em Deus, reunidos em Assembleia Nacional Constituinte para organizar um regime democrático, que assegure à Nação a unidade, a liberdade, a justiça e o bem-estar social e econômico, decretamos e promulgamos a seguinte: CONSTITUIÇÃO DA REPÚBLICA DOS ESTADOS UNIDOS DO BRASIL. (Brasil, 1934)

O texto espelhava os esforços modernizantes dos parlamentares, mantinha o federalismo e, de certa maneira, buscava incluir novos setores sociais por meio de um processo eleitoral mais amplo. Porém, ainda apresentava limites para a consolidação da cidadania; por exemplo, os analfabetos foram mantidos excluídos das eleições, os trabalhadores rurais não foram incluídos na legislação trabalhista, uma política restritiva foi adotada com relação às garantias individuais dos imigrantes, que poderiam ser deportados se considerados perigosos. A Constituição também trazia um elemento que foi explorado por Vargas na pavimentação do autoritarismo: assegurava ao Executivo o estado de sítio, que lhe concedia plenos poderes, além de permitir a censura em diferentes publicações (Schwarcz; Starling, 2015).

O Governo Constitucional de Vargas durou de 1934 a 1937 e configurou um período de efervescências sociais e radicalização política. Houve amplas mobilizações sindicais e organização dos trabalhadores com o crescimento do número de greves e o engajamento na luta democrática. Em 1932, foi criada a Ação Integralista Brasileira (AIB), primeiro partido político de massas do país e com ideologia fascista, que angariou diversos apoios e cresceu muito. No outro campo do espectro político estava a Aliança Nacional Libertadora (ANL), uma frente de massas que mobilizou setores sociais progressistas e promoveu campanhas em prol da democracia, dos direitos e da cidadania. Os comunistas e os socialistas se aproximaram da ANL, principalmente pela figura de Luiz Carlos Prestes, que já havia se destacado nos levantes tenentistas da década de 1920 e se tornado uma liderança política. Havia ainda a atuação do Partido Comunista (PC), porém com capilaridade reduzida se comparado à ANL.

O cenário era de ebulição política e radicalização das posições, e um dos momentos culminantes foram os levantes comunistas nas cidades de Recife, Natal e Rio de Janeiro. Todos foram reprimidos intensamente e os anticomunistas denominaram pejorativamente o movimento de *Intentona Comunista*. O comunismo era considerado o inimigo da nação e uma ameaça à sociedade desde os anos 1920, e foi a partir da propaganda anticomunista que Vargas justificou o enrijecimento do regime.

Algumas medidas foram tomadas nesse sentido: o decreto presidencial que fechou a ANL e a considerou uma organização ilegal; a promulgação da Lei de Segurança Nacional, que definiu os crimes contra a ordem em 1935; a instituição do Tribunal de Segurança Nacional, em 1936, para julgar os atos políticos cometidos por opositores e condená-los à prisão; e desde 1933 a implantação da polícia política, que atuava na repressão. Mesmos os liberais apoiaram essas medidas, principalmente após a Intentona, pois consideravam o combate ao comunismo como prioridade. Todos esses elementos fortaleceram Vargas e o auxiliaram na pavimentação autoritária rumo ao golpe e ao Estado Novo.

Ainda no bojo dos levantes comunistas, em 1935, Vargas pressionou o Congresso para aprovar o estado de sítio, que lhe concedia amplos poderes. Posteriormente, os deputados aprovaram o estado de guerra por três meses, que foi prorrogado até 1937. Dessa maneira, o governo tinha um vasto campo de atuação repressiva, fazendo uma operação em larga escala de busca e de detenção de opositores e "subversivos', desde comunistas até membros da ANL e qualquer um considerado suspeito.

A estratégia final de Vargas para deflagrar o golpe foi o Plano Cohen. Em setembro de 1937, a imprensa publicou a denúncia da existência de um novo levante comunista altamente planejado e organizado que visava tomar o poder – tudo detalhadamente explicado no Plano Cohen. O documento, contudo, era falso. A população ficou extremamente agitada, influenciada pelo medo da ameaça comunista, o Exército se preparou para a situação e, no meio dessa turbulência, Vargas sentiu que o momento era propício: cercou e fechou o Congresso e outorgou uma nova Constituição – deu o golpe autoritário naquele curto período constitucional. Assim, teve inicio a ditadura do Estado Novo, em 10 de novembro de 1937.

Para dar o golpe de Estado, Vargas precisou de dois elementos: o Exército e a opinião pública. O pacto com os militares teve a participação decisiva dos generais Aurélio de Góes Monteiro e Eurico Gaspar Dutra, que ocuparam postos importantes no regime varguista. O Exército queria se modernizar com novas armas e indústria bélica e, em retorno, daria a Getúlio o apoio militar necessário, sustentando a ditadura. A opinião pública foi convencida com o discurso da ameaça comunista, que foi sacramentado com a divulgação do Plano Cohen. Getúlio Vargas foi o único civil da história brasileira a comandar uma ditadura sustentada pelos militares.

A Constituição outorgada pelo golpe, que já estava pronta antes do Estado Novo, trazia em seu texto elementos da conjuntura que a viabilizou.

Constituição dos Estados Unidos do Brasil – 1937

O Presidente da República dos Estados Unidos do Brasil,
Atendendo às legítimas aspirações do povo brasileiro à paz política e social, profundamente perturbado por conhecidos **fatores de desordem, resultantes da crescente agravação dos dissídios partidários**, que uma notória propaganda demagógica procura desnaturar em luta de classes, e da **extremação dos conflitos ideológicos**, tendentes, pelo seu desenvolvimento natural, a resolver-se em termos de violência, colocando a Nação sob a funesta iminência da guerra civil;

Atendendo ao **estado de apreensão criado no país pela infiltração comunista**, que se torna cada dia mais extensa e mais profunda, exigindo remédios de caráter radical e permanente;

Atendendo a que, sob as instituições anteriores, não dispunha o Estado de meios normais de preservação e de defesa da paz, da segurança e do bem-estar do povo;

Com o apoio das forças armadas e cedendo às inspirações da opinião nacional, umas e outras justificadamente apreensivas diante dos perigos que ameaçam a nossa unidade e da rapidez com que se vem processando a decomposição das nossas instituições civis e políticas;

Resolve assegurar à Nação a sua unidade, o respeito à sua honra e à sua independência, e ao povo brasileiro, sob um regime de paz política e social, as condições necessárias à sua segurança, ao seu bem-estar e à sua prosperidade, decretando a seguinte Constituição, que se cumprirá desde hoje em todo o país:

CONSTITUIÇÃO DOS ESTADOS UNIDOS DO BRASIL

Fonte: Brasil, 1937, grifo nosso.

O texto foi elaborado pelo jurista Francisco Campos e aprovado previamente pelo General Eurico Gaspar Dutra e pelo próprio Vargas. Com um tom claramente centralista e autoritário, basta observar que somente o presidente a decreta. No trecho anterior, convém notar a menção à conjuntura turbulenta e de radicalização política, além do reforço ao discurso anticomunista e da ameaça de invasão. O papel de destaque que o Exército cumpriu no golpe também não foi deixado de lado, pois o apoio dado pelas Forças Armadas é ressaltado. Ademais, houve a construção de uma narrativa de apoio geral da população para que as medidas necessárias fossem tomadas, já que estava "apreensiva diante dos perigos".

De acordo com Capelato (2015), a Constituição do Estado Novo foi decorrência de uma política de massas que foi se estabelecendo no país desde a Revolução de 1930 – a partir da ascensão de Vargas ao poder. Tal política foi fruto das críticas ao sistema liberal ocorridas no período entreguerras como consequência da própria crise do liberalismo e do impacto da Primeira Guerra Mundial. Correntes antiliberais e antidemocráticas voltaram suas atenções para a questão social e para o desenvolvimento de novas maneiras de controle das massas – principalmente após a Revolução Russa –, por isso essas políticas se dirigiam especialmente às classes populares.

O caráter autoritário e centralista da Constituição estava sintonizado com a solução encontrada por essas correntes para a questão social: um Estado forte, comandado por um líder carismático, capaz de garantir o controle social e conduzir as massas dentro da ordem. Você se recorda de algum regime político com essas características? Se você se lembrou do nazismo alemão, do fascismo italiano, do salazarismo português (regime que também se chamava *Estado Novo*) ou do franquismo na Espanha, está correto. O êxito das experiências alemã e italiana inspiraram reformas em outros países, inclusive no

Brasil (Capelato, 2015). Assim, é possível perceber que o Estado Novo varguista tinha influência europeia, principalmente com a crítica às instituições liberais e a constituição de um Estado autoritário. Contudo, devemos ter claro que o regime brasileiro não era fascista ou uma mera reprodução de um modelo fascista europeu; guardava proximidades e tinha influências, mas mantinha sua singularidade.

Da mesma maneira que as correntes antidemocráticas e antiliberais se fortaleceram nos países europeus no período entreguerras, no Brasil as correntes autoritárias se fortaleceram sobretudo após a Revolução de 1930; então podemos traçar uma linha de continuidade entre a vitória dos revolucionários e a consolidação da ditadura estado-novista. Um pensamento contínuo nesse contexto era o de que o povo brasileiro não estava pronto para a democracia e que por isso ela teria falhado na Primeira República. O novo regime trouxe mudanças políticas significativas: redimensionou o conceito de democracia com uma concepção singular de representação política; revisou o papel do Estado, agregando a figura do líder na condução das massas; apresentou uma forma de identidade nacional coletiva (Capelato, 2015).

Com relação à figura do líder, Getúlio Vargas era pessoal e funcionalmente a base de sustentação do Estado Novo. Com a extinção dos partidos e o fechamento do Congresso após o golpe, não havia mais intermediários entre o governo e as massas, o que centralizava ainda mais o poder no Executivo. Assim, o governo federal também passou a intervir diretamente nos estados com a nomeação de interventores, que eram sempre pessoas da confiança de Vargas. Na disputa entre centralização e autonomia dos estados, a primeira levou a melhor.

O Estado Novo definiu um objetivo bem claro: concretizar o progresso dentro da ordem (Capelato, 2015). Para alcançá-lo, adotou medidas para a promoção do desenvolvimento econômico e para o controle social. Uma das justificativas para o golpe era exatamente a necessidade de mudanças que elevassem o Brasil ao mesmo patamar dos países capitalistas avançados. Devemos parar um momento aqui e refletir sobre esse ponto. Vemos novamente na história brasileira o projeto e o discurso de progresso: o ideal de modernização encontra permanência no ideário político. Se o ímpeto modernizante já tinha apresentado contornos autoritários na Primeira República, a ideia de "progresso dentro da ordem" fortaleceu essa modernização autoritária, então não foi por acaso a adoção de medidas de controle social coerentes com a nova política de massas e também de regulamentação do mundo do trabalho.

Para conseguir colocar as medidas em prática e alcançar os objetivos estabelecidos, o governo se preocupou em garantir sua legitimidade. Para isso, utilizou tanto o consenso quanto a coerção: os dois pilares básicos da legitimação estado-novista vinham da **propaganda** e da **repressão**. O sistema repressivo que visava suprimir o dissenso e os opositores foi fundamental, porém muitos de seus aparatos já haviam sido estabelecidos antes do próprio golpe: a Lei de Segurança Nacional, o Tribunal de Segurança Nacional e a polícia política.

Durante o Estado Novo, esses órgãos foram fortalecidos e seus comandos foram ocupados por pessoas da confiança de Vargas. Filinto Müller, capitão do Exército, tornou-se chefe da Delegacia Especial de Segurança Política e Social (Desp), responsável por investigar e prender qualquer cidadão suspeito. Müller era adepto das ideias nazistas e chegou a manter um intercâmbio com a Gestapo, a polícia secreta alemã, que envolvia troca de informações e métodos. Além disso, sob seu comando, a Desp prendeu, torturou e matou suspeitos e opositores do regime com conhecimento e apoio do presidente Vargas (Schwarcz; Starling, 2015).

A censura também foi praticada sistematicamente para desmobilizar e suprimir a oposição; assim, os meios de comunicação tiveram sua liberdade de expressão cerceada e os opositores foram silenciados. Por outro lado, a máquina de propaganda funcionava plenamente com o propósito de exaltar o regime, passando imagens positivas e construindo um clima de harmonia social. Os meios utilizados para isso também enalteciam a figura de Vargas, associando a ele o progresso material do país e a imagem de conciliador dos conflitos e de protetor dos mais necessitados e dos trabalhadores – a ideia de "pai dos pobres" foi construída a partir daí. As realizações econômicas, administrativas e sociais do governo também eram sempre lembradas. No bojo desse movimento, foi criado o Departamento de Imprensa e Propaganda (DIP), para intervir nas áreas de comunicação e cultura.

(2.2)
"Trabalhadores do Brasil"

Você conhece a expressão "trabalhadores do Brasil?" Ela foi dita por Getúlio Vargas pela primeira vez na inauguração do prédio do Ministério do Trabalho, Indústria e Comércio no aniversário de 1 ano do Estado Novo, em 10 novembro de 1938, e foi utilizada em vários outros de seus discursos para se dirigir à classe trabalhadora, por isso acabou ficando famosa – a questão trabalhista foi um dos pilares da administração varguista. Nosso objetivo aqui é refletir acerca das relações entre o Estado e a classe trabalhadora durante a primeira fase da Era Vargas, encarando os trabalhadores como sujeitos históricos desse processo.

Essa fase ocorreu entre 1930 e 1945 e, como vimos, não constituiu um bloco homogêneo. Nesse sentido, nem a relação entre Estado e trabalhadores foi a mesma, ainda que possamos ver elementos de continuidade durante esse período: a tentativa de equacionar os conflitos entre patrões e empregados; a centralização político-administrativa;

o privilégio no plano econômico de outros setores, especialmente o industrial, sem abandonar o polo agrícola. Como observa Mattos (2009), o maior legado de Vargas no âmbito trabalhista foi a proposta de convivência harmônica entre trabalhadores e empresários, arbitrada pelo Estado.

A política trabalhista ocupava um lugar especial no Governo Vargas e é possível pensá-la como portadora de uma dualidade, dividindo-a em duas vias. Por um lado, houve o estabelecimento da legislação trabalhista com vistas à proteção do trabalhador: jornada de 8 horas, lei de férias, regulação do trabalho feminino e infantil, direito a pensão e aposentadoria e instituição da carteira de trabalho (Schwarcz; Starling, 2015). Nesse sentido, a legislação social, popularmente agrupada nas leis trabalhistas, era dividida em quatro núcleos: legislação previdenciária, garantindo o mínimo de seguridade social; leis trabalhistas; legislação sindical com tutela do Ministério do Trabalho sobre as organizações sindicais; leis que fundaram a Justiça do Trabalho (Mattos, 2009).

Por outro lado, a repressão à organização e à mobilização dos trabalhadores era intensa. A intenção era não deixá-los se organizar fora do controle ou da tutela estatal; para isso, os sindicatos autônomos foram abolidos e enquadrados como órgãos de colaboração do Estado e os trabalhadores rurais foram excluídos dos benefícios trabalhistas (Schwarcz; Starling, 2015). A política trabalhista do governo Vargas e suas relações com a classe trabalhadora eram complexas, o que gerou polêmicas entre os próprios trabalhadores, dividindo o movimento sindical e influenciando as interpretações que buscaram analisar esse contexto. Alguns viam as leis trabalhistas como benéficas, mas outros destacavam o caráter autoritário das políticas adotadas.

Toda essa mobilização se relacionava com a proposta de racionalização do mundo do trabalho, mais acentuada durante a vigência do Estado Novo. Na lógica dessa nova política de massas, a legislação trabalhista visava regulamentar os conflitos entre patrões e operários, buscando impedi-los de se exprimirem na esfera pública. Era uma política concebida pelo alto, sem a participação dos trabalhadores em sua elaboração, objetivando o controle social destes de maneira mais eficiente do que havia sido feito até 1930, pois recorreu a um imaginário que dialogava com os operários e era mais adequado às novas condições da ordem capitalista, porque alcançou um domínio mais direto sobre as organizações de trabalhadores.

O texto a seguir, extraído do discurso de Vargas no Palácio Guanabara no dia 1º de maio de 1938, elucida alguns desses elementos.

> **Discurso de Getúlio de Vargas no 1º de Maio de 1938**
>
> O orador operário, que foi o intérprete dos sentimentos de seus companheiros, declarou, há pouco, que a legislação social do Brasil veio a estabelecer a harmonia e a tranquilidade entre empregados e empregadores. É esta uma afirmativa feliz, que ecoou bem no meu coração. Não basta, porém, a tranquilidade e a harmonia entre empregados e empregadores. É preciso a colaboração de uns e outros no esforço espontâneo e no trabalho comum em bem dessa harmonia, da cooperação e do congraçamento de todas as classes sociais. O movimento de 10 de novembro pode ser considerado, sob certos aspectos, como um reajustamento dos quadros da vida brasileira. Esse reajustamento terá de se realizar, e já se vem realizando, exatamente pela cooperação de todas as classes. O Governo não deseja, em nenhuma hipótese, o dissídio das classes nem a predominância de umas sobre as outras.

Fonte: Vargas, 1938.

Podemos notar a proposta de conciliação entre as classes e a construção de uma harmonia entre patrões e empregados mediada pelo Estado. Nesse sentido, a legislação trabalhista cumpria papel fundamental, pois apaziguaria os possíveis conflitos. Outro elemento interessante é que quem comentou a respeito da "tranquilidade entre empregados e empregadores" foi um orador operário, e Vargas ressalta que isso o deixou satisfeito, mostrando a concretização do controle social. Constituiu-se uma **cidadania do trabalho**, e os benefícios da nova cidadania trazidos com a legislação social cabiam para os que trabalhavam; a carteira de trabalho assinada era um documento de identidade (Capelato, 2015). Os desempregados ou os que mantinham empregos informais eram marginalizados pela lógica do "quem tem ofício, tem benefício" (Gomes, 2005, p. 179).

Para analisarmos melhor como tal política se constituiu, vamos nos ater às diferentes fases da relação entre Estado e classe trabalhadora nos anos de Vargas, considerando os elementos de continuidade mencionados anteriormente. Os anos do Governo Provisório, de 1930 a 1934, constituem a primeira fase dessa relação, marcada pela criação do Ministério do Trabalho, Indústria e Comércio (MTIC), também chamado de *Ministério da Revolução*, em uma denominação que evidencia a centralidade das questões trabalhistas para o governo. A maioria das leis trabalhistas instituídas nesse período saiu desse ministério, que também tinha como função difundir o novo modelo de sindicato oficial, ou seja, tutelado (Mattos, 2009).

Os sindicatos tutelados tinham como objetivo agir como interlocutores entre os trabalhadores e o governo, mas funcionando dentro do próprio Estado como órgãos públicos submetidos às diretrizes estatais. No início, teriam de enfrentar a disputa com as organizações sindicais já estabelecidas ao longo da Primeira República e com funcionamento autônomo perante o governo. Alguns sindicatos e entidades de trabalhadores estavam se posicionando contra a chamada *Lei de Sindicalização*, e o MTIC, para conseguir adesões ao sindicato oficial, vinculou a concessão dos benefícios das leis trabalhistas à representação de classe oficial, fazendo com que as próprias bases sindicais pressionassem suas lideranças para aderirem à tutela do governo (Mattos, 2009).

Outro momento importante da primeira fase foi a Assembleia Constituinte, cuja nova formação estabelecia a bancada classista, composta por representantes dos sindicatos, patronais ou dos trabalhadores. A possibilidade de participar da bancada classista animou algumas lideranças autônomas a disputar os sindicatos oficiais ou buscar o registro. Na Assembleia, esses militantes lutaram por uma legislação que garantisse a liberdade de organização dos trabalhadores e criticaram o controle do MTIC. Conseguiram incluir na Constituição de 1934 a garantia da liberdade sindical, porém decretos e regulações posteriores acabaram retomando o modelo do sindicato oficial (Mattos, 2009).

Da Assembleia Constituinte até finais de 1935, ocorrem a segunda fase das relações entre Estado e trabalhadores. Como vimos, a partir de 1934 houve uma forte radicalização política que gerou efervescências sociais. Foram anos de incremento desses mobilizações sindicais, com o aumento das greves e o engajamento dos operários na luta pela democracia em conjunto com a ANL. De acordo com Gomes (2005), em 1935 o perfil do movimento sindical era mais nítido. Havia sindicatos atrelados ao MTIC e entidades e organizações sob o controle de lideranças de esquerda. Havia também associações indefinidas que acabavam absorvidas por um ou outro segmento. A mobilização operária, além da participação nas manifestações antifascistas da ANL, ocorreu com a realização de comícios com milhares de pessoas, mesmo com a forte repressão, e a criação de entidades de classe, tais como a Frente Única Sindical (FUS), que realizou um congresso nacional em 1935 e criou a Confederação Sindical Unitária do Brasil (CSUB) (Mattos, 2009).

Com o aumento da mobilização dos trabalhadores, os setores empresariais resolveram pressionar o governo para reprimir a autonomia sindical e retomar o controle dos sindicatos por meio do MTIC. A partir de 1935, ocorreu a uma escalada da repressão, que se tornou implacável. Mesmo antes da Lei de Segurança Nacional já ocorriam "intervenções" nas organizações sindicais mais combativas – por *intervenção* compreende-se a invasão policial na sede das entidades e sua destruição, possivelmente acompanhada de prisões e violência física (Gomes, 2005).

O ano de 1935, com o fim da ANL, a coibição dos levantes comunistas e a Lei de Segurança Nacional, marcou uma nova dinâmica entre as classes trabalhadoras e o Estado; a repressão foi intensa e a resistência, praticamente impossível. Entre 1935 e 1937, inúmeros sindicatos passaram por intervenção com o afastamento e a prisão de suas lideranças. Dessa maneira, a questão social, que nas décadas anteriores era vista como questão policial, passou a ser definida como questão de segurança nacional, e a perseguição ao "inimigo" se dirigiu, sobretudo, aos comunistas (Gomes, 2005).

Com tudo isso, viveu-se um período de completa desmobilização dos trabalhadores. O advento do Estado Novo manteve essa lógica, restringindo amplamente o espaço de reivindicações. A Constituição de 1937 adotou o modelo de sindicato único, e a Lei Orgânica da Sindicalização Profissional, de 1939, objetivava o controle explícito das organizações sindicais, de modo que somente gravitassem ao redor do MTIC (Mattos, 2009). Assim, a classe trabalhadora vivenciou um "longo silêncio" que se iniciou em 1935 e perdurou até 1942, obtendo reforço em 1937 com a implantação da ditadura varguista (Gomes, 2005).

O ano de 1942 foi crucial para a política varguista. O Brasil finalmente entrou na Segunda Guerra Mundial e lutou ao lado dos Aliados. Essa entrada na guerra acabou evidenciando contradições do próprio regime, que lutava ao lado de países democráticos contra o autoritarismo quando internamente mantinha um governo autoritário. Com todos esses elementos, houve um rearranjo de forças e a participação no conflito mundial foi aproveitada para reafirmar a ideia de um país unido em prol de um objetivo; o fato de lutar ao lado de potências mundiais evidenciava a grandeza da nação (Gomes, 2005).

A reorientação passava também por elaborar a transição do autoritarismo para a democracia. Assim, as autoridades precisavam pensar em uma maneira de abdicar do autoritarismo sem perder suas posições de poder, mantendo a continuidade política. Todo esse contexto gerou mudanças políticas e administrativas no seio do governo; talvez a de maior peso tenha sido a nomeação de Alexandre Marcondes Filho para o MTIC, pois foi o artífice de importantes realizações, como veremos adiante, e alterou a relação entre o Estado e as classes trabalhadoras.

O Estado sentiu necessidade de estreitar os laços com os trabalhadores e o movimento sindical. O propósito era ter maior controle sobre as organizações, mas havia a necessidade de que esse movimento fosse representativo entre os operários, pois o que se buscava não era simplesmente controle, mas adesão (Gomes, 2005). Para isso, a estratégia meramente repressiva ou de ganhos materiais não era suficiente; era preciso aplicar procedimentos mais participativos e que apelassem para a mobilização popular. Foi no bojo de todas essas mudanças e reorientações do regime que se constituiu a ideologia trabalhista ou o **trabalhismo**.

O discurso trabalhista operacionalizou a aproximação entre o Estado, personificado na figura de Vargas, e os trabalhadores.

Por meio dele também se construiu a figura do presidente como "pai dos pobres". As interpretações mais comuns sobre as relações entre o Estado e a classe trabalhadora no período varguista enfatizam que o governo implementou as leis trabalhistas e com isso conseguiu a adesão dos trabalhadores, que teriam aberto mão de sua autonomia – nesse pacto, trocavam-se benefícios por submissão (Mattos, 2009). Seria um acordo pautado unicamente por cálculos materiais e que desconsiderava a ação dos próprios operários como sujeitos históricos, pois teriam sido meramente cooptados pela estratégia estatal.

É preciso relativizar essas interpretações. Vale lembrar que a maior parte da legislação trabalhista foi elaborada entre 1930 e 1935, período em que os trabalhadores organizados e seus sindicatos mantiveram forte mobilização e continuaram resistindo ao controle estatal. Ademais, muitos desses ganhos materiais advindos das leis sociais sofreram restrições, principalmente durante o esforço de guerra: houve suspensão do direito a férias, aumento de jornada de trabalho etc. (Mattos, 2009).

Desse modo, ao analisarmos o nexo governo-trabalhadores, devemos pensar além da lógica utilitarista e material, pois ela sozinha não foi suficiente para estancar as reações dos trabalhadores – vimos que a intensa repressão cumpriu um papel importante nesse sentido. A lógica material começou a dar resultados no início da década de 1940, quando se aliou à lógica simbólica inscrita no discurso trabalhista, que ressignificava o sentido de *trabalhador* e de *trabalho*, dando-lhes um caráter positivo – essa era uma das pautas dos operários durante a formação da classe nas décadas anteriores – e, mais ainda, buscava apagar da memória coletiva as lutas desses trabalhadores durante a Primeira República, pois os benefícios sociais não eram tidos como uma conquista, e sim como um ato de generosidade do Estado e, por conseguinte, envolvia reciprocidade (Gomes, 2005).

Nesse sentido, não havia submissão, mas o reconhecimento de interesses mútuos e a necessidade de retribuição.

As relações utilitárias entre governo e trabalhadores sempre mereceram maior destaque nas interpretações, por isso o importante aqui é compreender a relação social que se conecta à troca material – a lógica simbólica do trabalhismo. Tudo parte da denominada **ideologia da outorga**, segundo a qual os benefícios sociais alcançados no pós-1930 seriam presentes outorgados pelo Estado aos trabalhadores. Em vez de demandas e lutas da classe trabalhadora, o governo previu as necessidades e de maneira benevolente as atendeu. É recorrente nesse discurso a figura da autoridade paternal, de Vargas como o pai que concedeu benefícios à sua família. Nas relações familiares, não é a lógica econômica que impera, mas a reciprocidade; os bens são concedidos sem serem solicitados e, assim, pressupõem-se retornos (Gomes, 2005).

O discurso trabalhista encontrou raízes no pensamento político brasileiro e continuou mesmo após o fim do Estado Novo. Como vimos, o trabalhismo buscava estabelecer uma relação próxima entre o povo e o Estado, personificado no presidente. Tal relação era a história da resolução da questão social no Brasil, ignorada pelos governantes até 1930. Dessa maneira, a narrativa trabalhista enfatizava o modo como a questão social foi resolvida: a legislação social foi outorgada por Getúlio Vargas ao povo; a conexão entre o Estado e as classes populares era uma relação de doação, de dar e receber (e retribuir). O ato de doar tem viés desinteressado, pois é voluntário. Entretanto, quem doa, entende que precisa fazê-lo, então também tem um viés obrigatório. Essa lógica foi transferida para a narrativa varguista.

Graças às suas qualidades de estadista, Vargas se antecipou às demandas populares e outorgou a legislação social, fazendo uma doação. A outorga impediu o conflito, pois não houve necessidade de luta para alcançar esses direitos, ou seja, outorgar direitos constrói uma sociedade harmônica. Por outro lado, ao doar, o presidente também estava cumprindo o dever do Estado de garantir a justiça social. Assim, temos as duas dimensões da doação: a voluntária e a obrigatória, o que aparecia frequentemente no discurso estado-novista, pois a generosidade do presidente se articulava com o dever estatal (Gomes, 2005).

Se o ato de doar tem caráter obrigatório, o mesmo ocorre com quem recebe, já que o ato de receber também é uma obrigação, pois só assim se concretiza essa relação. Nesse sentido, o povo tinha o direito de receber os benefícios sociais, mas também o dever de fazê-lo; o Estado criava a obrigação de receber. A outorga, além do dar e receber, pressupõe também o retribuir, fechando o ciclo. Como explica Gomes (2005, p. 228), "quem dá cria sempre uma relação de ascendência sobre o beneficiário, não só porque dá, mas principalmente porque espera o retorno". Cria-se um vínculo, um compromisso que termina no ato de retribuir; e não fazê-lo é romper com o doador. A tríade dar-receber-retribuir não é um contrato meramente econômico, mas o chamado "contrato troca de presente", em que não há proeminência da lógica econômica (ainda que ela também esteja ali), pois a base da obrigação não é a dívida, e sim o compromisso (Gomes, 2005).

A retribuição do povo veio com sacrifícios e obediência, especialmente durante o esforço de guerra. Como vimos, naqueles anos houve restrições às leis trabalhistas, além de forte carestia e aumento de preços. Pela lógica trabalhista, Vargas, com sua sabedoria, havia outorgado os direitos ao povo por mais de dez anos e chegava a hora da retribuição. Era preciso amar o *seu* presidente, como ele amara o *seu* povo (Gomes, 2005, p. 230). Novamente, houve a construção da ideia de nação como família – restrição de conflitos e sociedade harmônica – e do presidente como "pai dos pobres". Havia um tom fortemente pessoal na relação estabelecida entre o Estado (Vargas) e o povo.

Apontamos anteriormente que no processo de reorientação do Estado Novo o ministro Marcondes Filho teve destaque. Sua atuação no Ministério do Trabalho se pautou em três direcionamentos principais: ênfase na propaganda e na divulgação; medidas específicas sobre a questão da sindicalização; articulação desses dois elementos para garantir a estratégia de continuidade do governo. A propaganda política foi um dos pilares de legitimação do regime varguista e estruturou diferentes ações. Marcondes utilizou essa estrutura para divulgar o ideário estatal. Você já ouviu a *Hora do Brasil*? Provavelmente, sim. Esse programa radiofônico, que é transmitido até hoje, foi criado em 1938 pelo Departamento Nacional de Propaganda (antecessor do DIP) e era transmitido diariamente em todas as estações com duração de 1 hora. Uma vez por semana, o Ministro Marcondes utilizava cerca de 10 minutos do programa para dar palestras dirigidas aos trabalhadores no quadro *Falando aos Trabalhadores Brasileiros*. Era a primeira vez no Brasil que uma autoridade do nível do ministro se dirigia a tamanho público utilizando o rádio, uma mídia de massa que se popularizou nos anos 1930 e 1940.

Para Marcondes, o programa se destinava a divulgar rápida e amplamente as medidas do governo, principalmente em relação à legislação trabalhista. Havia um público-alvo muito específico: os trabalhadores. Por isso, nas palestras, o ministro adotava um tom didático e paternal, abusando de exemplos e, por vezes, utilizando casos reais para explicar as leis. Ele se colocava como um "operário intelectual" e em seus textos – sempre com dimensão personalista – construía e reforçava a ideologia da outorga. Narrava como o Estado (Vargas), em sua sabedoria e clarividência, havia outorgado as leis sociais e, como não havia lutas ou conflitos, essas leis precisavam ser divulgadas ao povo que não as conhecia. O programa também cumpria um papel importante em estreitar os laços entre os trabalhadores e o Estado, pois o ministro se dirigia diretamente a eles e, ao se colocar também como operário, buscava uma proximidade com seu público (Gomes, 2005). O quadro *Falando aos Trabalhadores Brasileiros* foi um instrumento importante no enaltecimento da figura de Getúlio Vargas. Foi durante o Estado Novo que se edificou o "mito Vargas", ou seja, em um período relativamente curto. Obviamente ele já era um governante respeitado com a promoção de sua figura durante o Governo Provisório e o Governo Constitucional. Contudo, foi a partir do Estado Novo que sua imagem passou a ser a do grande e indiscutível líder nacional. A máquina de propaganda estatal, com o DIP à frente, articulou uma das campanhas de propaganda política de maior sucesso da história brasileira (Gomes, p. 2005), tendo Getúlio como protagonista. Marcondes foi uma das engrenagens desse projeto, e só as incontáveis menções ao presidente como líder em suas palestras já seriam suficientes para construir uma memória.

Como as falas ministeriais tinham como foco, além de divulgar as leis, contar a história dos benefícios sociais outorgados, Vargas era o personagem central da narrativa. De acordo com esse discurso, a resolução da questão social só ocorreu após a Revolução de 1930 – o Estado Novo buscava enfatizar essa linha de continuidade entre 1930 e 1937 –; logo, seria resultado dos pensamentos e das ações do presidente. Vargas era sempre o sujeito da ação, realizava tudo o que fosse necessário: criava, estabelecia, assinava, decretava etc.; tudo o que acontecia era do conhecimento do chefe do Estado.

A outorga dos direitos sociais também era decorrente das qualidades de Vargas, principalmente a sabedoria e a clarividência, pois ele havia antecipado as demandas dos trabalhadores – sua obra era antecipatória. Além disso, as alcunhas mais utilizadas para se referir ao presidente eram *líder, guia, amigo* ou *pai* (Gomes, 2005). Novamente, a ideia de "pai dos pobres" e de líder dos trabalhadores se concretiza e se consolida nesse contexto.

(2.3)
Efervescências sociais

A primeira fase da Era Vargas foi intensa e agitada nos mais distintos âmbitos. Caracterizou-se como um período de ebulição social, mobilizações de diferentes segmentos, atuação firme do Estado, radicalização política, disputas por corações e mentes, resistências e repressões, debates e diversas ações culturais. Foi um contexto de efervescências sociais. Nesta seção, abordaremos alguns desses acontecimentos procurando relacioná-los aos contextos brasileiro e global.

Começaremos com a Revolução Constitucionalista. O Brasil estava sob a égide do Governo Provisório de Vargas desde 1930. Havia dois assuntos dos quais o presidente se esquivava: as eleições e a Constituinte. Com o passar do tempo, as pressões por uma convocatória eleitoral e o descrédito em relação ao compromisso democrático de Vargas foram crescendo. Nem o Código Eleitoral de 1932, promulgado para demonstrar uma disposição constitucional, foi capaz de aplacar as insatisfações.

Lideranças políticas de Minas Gerais e do Rio de Janeiro, favoráveis ao regime, também estavam descontentes com a situação e aliaram-se à oposição para pressionar a realização de eleições imediatas. A tensão pública cresceu e foram se organizando ligas pró-Constituinte em diversas cidades do Brasil. Contudo, o grande adversário político de Vargas era o Estado de São Paulo (Schwarcz; Starling, 2015).

As elites paulistas tinham sido hegemônicas política e economicamente no país durante a Primeira República. Desde a Revolução de 1930, viram seu protagonismo afetado por outras forças, consolidando-se como foco vigoroso de oposição ao governo. Para além da desconfiança em relação a Vargas e das pressões por eleições e pela Constituinte, os paulistas acumulavam outras insatisfações, sobretudo a perda do controle da política cafeeira, seu principal produto econômico, que passou para as mãos do governo federal, e da perda da autonomia do próprio estado perante a política centralizadora da administração.

A escolha dos interventores dos estados por Vargas foi uma questão delicada em São Paulo. Durante a campanha da Aliança Liberal, o PD foi um dos aliados e apoiou a Revolução de 1930. Seus partidários acreditavam que dominariam a cena política estadual com o declínio do PRP, representante das oligarquias dominantes, e com um de seus militantes assumindo o cargo de interventor. Entretanto, algumas lideranças civis e militares pressionaram para que o presidente não deixasse o governo estadual com o PD. Assim, João Alberto de Barros, nordestino e líder tenentista, militar, foi escolhido para o cargo, o que desagradou amplamente aos paulistas e aos membros do PD, pois, além de tudo, os interventores eram vistos como *outsiders*.

O PD, insatisfeito, rompeu com o governo federal e em São Paulo a instabilidade política virou regra. O primeiro afetado foi João Alberto, que não conseguiu governar e acabou renunciando. Entre 1930 e 1932, Vargas nomeou quatro interventores para os paulistas, mas nenhum conseguiu manter-se no cargo. O "caso São Paulo", como foi chamada essa situação, tornou-se um problema político sério. Nesse contexto, foi formada a Frente Única Paulista (FUP), aliança entre o PD e o

PRP. Em seu manifesto de lançamento, exigia a autonomia política de São Paulo com um interventor paulista e civil e a reconstitucionalização do país. Após a fundação da FUP, a mobilização aumentou e começaram os contatos com os meios militares, a fim de preparar um movimento armado contra o governo federal.

Em 1932, além do Código Eleitoral, Vargas assinalou a possibilidade de eleições no ano seguinte; no entanto, as medidas não foram suficientes para desmobilizar o movimento. Para aguçar mais os ânimos, quatro estudantes paulistas foram mortos por forças legalistas e transformaram-se em mártires: Miragaia, Martins, Dráusio e Camargo, cujas iniciais (MMDC) foram utilizadas no âmbito da conspiração política e na campanha antigoverno.

Com toda a mobilização e as conspirações políticas e militares ocorrendo, à pauta constitucionalista se juntou a questão regional. Constituiu-se em São Paulo um antagonismo regionalista que resultou em forte sentimento de identidade e, graças aos últimos acontecimentos, em ressentimento político. Assim, os paulistas aspiravam derrubar o governo e, se fosse necessário, chegariam à secessão: "Por São Paulo com o Brasil, se for possível; por São Paulo contra o Brasil, se for preciso!" (Schwarcz; Starling, 2015, p. 364).

No dia 9 de julho de 1932 começou o levante. Os revolucionários ocuparam as ruas da capital e do interior de São Paulo com 20 mil soldados. Entre seus líderes figuravam apoiadores da Revolução de 1930, como Bertoldo Klinger, e até o líder tenentista do movimento de 1914, Isidoro Dias Lopes. Os paulistas deram o nome de *Revolução Constitucionalista* à sua revolta pela exigência de convocação de uma Assembleia Constituinte e pelo desejo de derrubada do governo. A mobilização da população paulista foi intensa e mesmo os que não almejavam a separação pontuavam a necessidade de combater um governo centralizador e intervencionista. Estudantes, civis, mulheres, imigrantes e religiosos se envolveram de diferentes maneiras no conflito; passou-se do "caso São Paulo" para a "causa paulista". Os que menos se mobilizaram no conflito foram os operários, pois entre os trabalhadores pairava a questão de que o conflito não atendia a nenhuma de suas demandas; além disso, as próprias elites evitavam uma mobilização ou organização maior dos operários, com medo de possíveis levantes (Schwarcz; Starling, 2015).

A revolta, contudo, durou pouco. Os paulistas que esperavam apoio do Rio de Janeiro e de Minas Gerais, também insatisfeitos com a situação do país e com a centralização política do Governo Provisório, decepcionaram-se, pois essas forças não se mobilizaram militarmente, afinal não pretendiam depor um governo colocado no poder com seu próprio auxílio. A luta armada acabou restrita ao Estado de São Paulo, que, isolado, não conseguiu avançar nem resistir por muito tempo. Em outubro do mesmo ano, a rendição foi assinada. Os paulistas foram derrotados nas armas. No entanto, Vargas assinalou a disposição de uma nova composição política com seus adversários. Começou com a nomeação de Armando Sales Oliveira, paulista e civil, como interventor; reescalonou a dívida dos agricultores em crise e convocou a Assembleia Constituinte, definindo no calendário as eleições para 3 de maio de 1933.

Não poderíamos falar de efervescências sociais sem destacar as lutas das mulheres. Havia diferentes pautas femininas, mas duas se destacavam: a participação política e a educação. Mencionamos anteriormente a defesa do sufrágio feminino no início do século XX em várias partes do mundo; no Brasil, assistimos à fundação do Partido Republicano Feminino e da Federação Brasileira pelo Progresso Feminino, além de outras iniciativas atuantes nessa direção. A batalha por participação política nas vias eleitorais e institucionais já tinha uma caminhada no país. No fim da década de 1920, há dois casos emblemáticos.

Em 1928, Celina Guimarães Viana solicitou ao cartório de Mossoró, no Rio Grande do Norte, seu ingresso na lista dos eleitores; o pedido foi aceito e ela votou nas eleições daquele ano. Não por acaso, o estado foi o primeiro a regulamentar o sistema eleitoral considerando que o sufrágio seria "sem distinção de sexo". Contudo, a Comissão de Poderes do Senado não aceitou o voto de Celina. No mesmo ano e também no Rio Grande do Norte, a cidade de Lajes elegeu a primeira prefeita da América do Sul, a fazendeira Alzira Soriano. Infelizmente, a mesma comissão do Senado não permitiu que ela tomasse posse e anulou os votos das demais mulheres.

Das iniciativas pontuais às lutas coletivas, a mobilização deu resultados. O Código Eleitoral de 1932 regulamentou o direito de as mulheres votarem e serem votadas, ainda que o voto não fosse obrigatório para elas (só foi obrigatório a partir da Constituição de 1946). Entretanto, havia restrições: apenas mulheres casadas mediante autorização do marido poderiam votar, assim como as solteiras e as viúvas com rendimentos consideráveis. Tais cerceamentos caíram com a Constituição de 1934.

As eleições para a Assembleia Constituinte foram outro momento de participação ativa feminina na política. Lançaram-se diferentes candidaturas, como as de Bertha Lutz, Leolinda de Figueiredo e Carlota Pereira de Queirós, que foi a única deputada eleita para a Constituinte e se elegeu pelo Estado de São Paulo. Bertha Lutz obteve primeira suplência e chegou a ocupar uma cadeira na Câmara em 1936, após a morte do Deputado Cândido Pessoa (Araujo, 2003). Esses casos representaram uma conquista dos movimentos de mulheres.

Em discurso na Assembleia, Carlota enfatizou o papel da mulher no processo de reconstitucionalização do Brasil[5].

Bertha e Carlota se aproximaram e elaboraram juntas uma proposta para a Constituinte que defendia a eleição da mulher e a reforma educacional. Nesse contexto, devemos ainda destacar a trajetória de Antonieta de Barros, mulher, negra, catarinense e professora, que tinha uma imensa preocupação com a questão educacional e com a defesa da independência da mulher. Lutou pelo sufrágio feminino e foi eleita deputada para a Assembleia Legislativa de Santa Catarina em 1934[6], um marco importante nas lutas das mulheres e do movimento negro.

Nos anos 1930 e 1940, a chamada *questão feminina* dividiu posições acerca da emancipação feminina e de sua atuação política. Os defensores apoiavam as iniciativas de independência das mulheres, mas os opositores repudiavam a presença feminina nos espaços públicos (Ostos, 2012). Como vimos, as mulheres já estavam se organizando e buscando ocupar novos espaços, para além de serem as "rainhas do lar".

Dentro desse contexto de luta, devemos recordar a experiência e a atuação política de Maria Lacerda de Moura, que, em sua autodefinição, era intelectual, pacifista e feminista. Teve ampla produção na imprensa e cumpriu um papel de crítica social forte, até mesmo dos

---

5 *Para saber mais sobre o tema, consulte: CPDOC – Centro de Pesquisa e Documentação de História Contemporânea do Brasil. A* **Era Vargas***: dos anos 20 a 1945 – Anos de Incerteza (1930-1937) – participação política feminina. Disponível em: <http://cpdoc.fgv. br/producao/dossies/AEraVargas1/anos30-37/Constituicao1934/ParticipacaoFeminina>. Acesso em: 16 jan. 2019.*

6 *Neusa Maria Pereira, fundadora do Movimento Negro Unificado (MNU), fez uma importante homenagem a Antonieta de Barros: PEREIRA, N. M.* **Antonieta de Barros, uma mulher acima do seu tempo***. 11 jul. 2016. Disponível em: <http://www.blogueirasnegras.org/2016/07/11/antonieta-de-barros-uma-mulher-acima-do-seu-tempo>. Acesso em: 16 jan. 2019.*

movimentos dos quais fazia parte: o feminismo, o comunismo e o anarquismo. A crítica de Moura ao feminismo da época, materializado no movimento sufragista – chegou a fundar a Liga da Emancipação Feminina com Bertha Lutz –, vinha do fato de considerá-lo um movimento eminentemente burguês, o que excluía as mulheres trabalhadoras. Defendia que a mulher precisava se conscientizar de sua situação de escrava do marido ou de marginalizada se solteira ou prostituta. Escreveu na imprensa operária e em publicações anarquistas, como o jornal *A Plebe*. Em seus textos, abordava sobretudo a pedagogia e a educação, sem jamais negligenciar a opressão das mulheres[7].

A atuação da Federação Brasileira pelo Progresso Feminino merece destaque. A entidade atuava desde 1922 e, nos anos de Vargas, promoveu dois congressos feministas, em 1931 e 1936. Além de se preocupar com o voto feminino, no II Congresso Internacional Feminista, realizado no Rio de Janeiro em 1931 (Bonato, 2005), também lutou por moradia estudantil para mulheres nas universidades. Na mesma direção, a União Universitária Feminina cumpriu um papel importante na inserção e na permanência das mulheres no ensino superior. A União Universitária Feminina, em 1937, foi convocada para a formação da União Nacional dos Estudantes (UNE).

---

[7] Para saber mais sobre Maria Lacerda de Moura, leia: D'ANGELO, H. *Quem foi Maria Lacerda de Moura, feminista crítica dos movimentos em que militou*. **Cult**, 16 maio 2017. Disponível em: <https://revistacult.uol.com.br/home/maria-lacerda-de-moura-feminista-e-anarquista-critica-dos-movimentos-em-que-militou>. Acesso em: 16 jan. 2019.

Figura 2.2 – Fotografia das participantes do III Congresso Nacional Feminista em audiência com o Presidente Getúlio Vargas, em 1936

Durante a Constituinte, a atuação institucional e a pressão das organizações de mulheres deram resultados. A Constituição de 1934 incluiu artigos que beneficiavam a mulher, tais como a regulamentação do trabalho feminino, a proibição de demissão por gravidez e a igualdade salarial – pauta antiga e constante dentro dos movimentos feministas. As mulheres continuaram atuando em prol de suas pautas, mas com o Estado Novo várias organizações foram fechadas.

De acordo com a periodização de Capelato que utilizamos neste capítulo, os anos de 1930 a 1937 foram de indefinição, pois havia diferentes projetos em disputa na condução da sociedade brasileira. Desse modo, o contexto após a Revolução de 1930 foi de incertezas, com conflitos oligárquicos, levantes militares, movimentos radicais, polêmicas entre projetos autoritários e liberais, insurreições à esquerda e à direita (Maio, 2015). Foi nesse terreno fértil que surgiram dois movimentos políticos antagônicos que movimentaram o país e buscaram mobilizar a sociedade com ideias de mudança: a Ação Integralista Brasileira (AIB) e a Aliança Nacional Libertadora (ANL). O integralismo, materializado na AIB, não deve ser lido como um fenômeno social e político uníssono; dentro dele se encontravam diferentes concepções e perspectivas distintas com relação à revolução integral (Maio, 2015). Na interpretação do movimento também não há consenso; algumas, como a de Hélgio Trindade, aproximam o integralismo do fascismo europeu, caracterizado por seu viés nacionalista, antiliberal e anticomunista, mas detalhando as especificidades brasileiras; outras, como a de José Chasin e de Antonio Rago Filho, não consideram a AIB um movimento fascista, mas de extrema direita e reacionário (Maio, 2015).

O Manifesto de Outubro, lançado em 7 de outubro de 1932, marcou a fundação da AIB. Plínio Salgado, escritor ligado à vertente do verde-amarelismo do Modernismo brasileiro, foi importante na articulação de grupos interessados nas ideias fascistas no Brasil e passou a reunir intelectuais de tendências autoritárias. O movimento também teve em sua base pequenos grupos ou partidos de extrema direita, como a Ação Social Brasileira, o Partido Nacional Sindicalista de Minas Gerais, a Legião Cearense do Trabalho e até o movimento monarquista Ação Imperial Pátrio-Novista.

Salgado voltou da Itália em 1930 impressionado com o fascismo e fundou o jornal *A Razão*, em 1931, para divulgar suas concepções antiliberais e nacionalistas. O integralismo se aglutinou em torno de sua liderança. O Manifesto anunciava o sistema de ideias do movimento: nacionalismo, corporativismo, combate ao liberalismo e ao socialismo. A estrutura da AIB era altamente hierarquizada, tendo Plínio Salgado como líder máximo. Maio (2015, p. 41) define que, em termos de "ideologia, organização e ação política, o integralismo pertence à constelação ideológica dos movimentos e partidos fascistas".

A AIB foi a maior organização fascista da história do Brasil e também o primeiro partido político de massas, ainda mais se comparado aos partidos existentes durante a Primeira República. Alcançou um número alto de integrantes – segundo estimativas, em torno de 500 mil a 800 mil – e teve expressiva participação política. Seus líderes foram, além de Plínio Salgado, Miguel Reale e Gustavo Barroso (Maio, 2015). As três lideranças centrais tinham algumas diferenças de ideias em termos de concepções e de estratégias, o que se revelou como positivo para o movimento, pois conseguiu atrair pessoas mais distintas dentro do espectro de direita ou conservador.

Você conhece a palavra *anauê*? Era a saudação utilizada pelos integralistas, cujo emblema era a letra sigma (Σ). Eles usavam uniformes militarizados verdes e se uniam sob o lema "Deus, Pátria e Família". O integralismo realizou passeatas e manifestações ao longo de sua existência. O primeiro ato público foi uma marcha em São Paulo, em 1933, com cerca de 40 mil pessoas no lançamento de Miguel Reale como candidato à Assembleia Constituinte (Maio, 2015). Outras iniciativas eleitorais da AIB foram o lançamento da candidatura de Plínio Salgado para as eleições de 1937 (que não ocorreram) e a organização das Bandeiras Integralistas, que objetivavam difundir as ideias do movimento em todo o país. Os integralistas também atuaram no Executivo e no Legislativo de várias cidades e estados até 1937. Elegeram deputados federais, estaduais, vereadores e prefeitos.

A AIB também tinha uma milícia própria, que ficava a cargo de Gustavo Barroso. Além de uma visão específica sobre os sindicatos, que deveriam ser unitários, anticomunistas e antissemitas, o movimento chegou a convocar, em 1937, uma Convenção Sindical Nacionalista para definir suas diretrizes sindicais (Mattos, 2009). A propósito, a AIB tinha conflitos constantes com membros da ANL, do Partido Comunista do Brasil (PCB) e de outros comunistas, socialistas ou anarquistas. A radicalização política era tamanha que muitas vezes havia violência física.

Em sua ideologia de inspiração fascista, os integralistas consideravam como inimigos a democracia liberal e o comunismo. Por conta dessas oposições, desempenharam um papel no desenrolar dos eventos que desembocou no golpe de Vargas para instaurar o Estado Novo. Foram importantes para ganhar corações e mentes e para isso investiram pesadamente em propaganda. O integralismo se dirigia, sobretudo, às classes médias urbanas; atraía funcionários públicos, profissionais liberais, médicos, advogados, jornalistas, militares etc., o que explica muito de sua expansão e capilaridade.

Retomando o ponto da participação política das mulheres, elas constituíam em torno de 20% dos integralistas. Em 1936, a AIB realizou o Congresso Nacional Feminino com o lema "Crer, obedecer e preservar" (Maio, 2015). Também atraíam imigrantes e buscavam especialmente os de origem alemã e italiana. Vargas simpatizava com algumas das ideias integralistas e utilizou o movimento em determinados momentos em prol de seus objetivos. Contudo, não estava disposto a confiar em uma organização que afirmava explicitamente sua intenção de governar o país (Schwarcz; Starling, 2015), por isso, durante o Estado Novo, em 1938, colocou a AIB na ilegalidade, o que decepcionou muitos de seus integrantes.

Do lado oposto do espectro político, havia a ANL, que tinha como objetivo combater o fascismo e o imperialismo. No período entreguerras, especificamente nos anos 1930, passaram a surgir em diversos países amplas frentes populares unificadas para conter o avanço nazifascista. No Brasil, a ANL materializou esse esforço com pequenas frentes antifascistas, que reuniam comunistas, anarquistas e tenentes descontentes.

A fração de tenentes que romperam com Vargas promoveu as articulações necessárias para a fundação da ANL. Para eles, o caminho possível era a luta contra o fascismo, e o integralismo era a versão tupiniquim das ideias autoritárias, devendo-se buscar compreender a extensão delas dentro do governo. Dessa maneira, constituiu-se uma ampla coalizão para aglutinar diferentes formas de oposição ao autoritarismo. O programa do movimento tinha um tom reformista radical e antifascista: suspensão da dívida externa, reforma agrária, aumentos de salários, nacionalização de serviços públicos, garantia de direitos e de liberdades individuais e combate ao racismo (Schwarcz; Starling, 2015).

O lançamento da ANL ocorreu no Rio de Janeiro em março de 1935, com cerca de 10 mil pessoas presentes, o que até surpreendeu os articuladores. Ao fim do evento, Luiz Carlos Prestes – já uma das lideranças políticas prestigiadas – foi aclamado presidente de honra, visto que era um dos meios que interligavam os comunistas e a ANL. Integrantes do movimento sindical também participavam das manifestações e da luta por democracia e, para os comunistas, era importante sua adesão à ANL, inclusive como diretiva de Moscou, que orientava a formação de frentes populares para o combate ao fascismo e ao nazismo. Como o PCB tinha uma inserção menor nos meios progressistas mais populares, o caminho era apoiar essa frente de massas capaz de promover intensas campanhas em favor de direitos e articular manifestações e comícios com milhares de pessoas.

Nos meses seguintes, a ANL teve milhares de filiações – mesmo que não haja números exatos. O movimento promoveu manifestações e comícios e teve suas atividades divulgadas na imprensa. No mesmo ano, Prestes retornou clandestinamente ao Brasil com a missão dada pela Internacional Comunista para articular um levante armado. Os dois processos aconteceram paralelamente e cruzaram-se no dia

5 de julho de 1935, em um evento de comemoração aos levantes tenentistas de 1922 e 1924. Prestes, contra a vontade de muitos dirigentes da ANL, leu um manifesto que terminava com a frase "Todo o poder à Aliança Nacional Libertadora!". Foi o pretexto de que Vargas precisava para fechar a organização e relegá-la à ilegalidade, pois já estava incomodado com a mobilização causada.

Como se tornou ilegal, a organização não podia mais articular manifestações públicas e com isso perdeu o contato com as massas. Internamente, tenentes e membros do PCB ganharam força e articularam um caminho pelas armas. Os levantes comunistas começaram em 23 de novembro, em Natal. No dia seguinte, foi a vez de Recife. O terceiro e último levante ocorreu no Rio de Janeiro, no dia 27. Todos fracassaram e foram reprimidos pelas forças do governo. Os anticomunistas denominaram o movimento de *Intentona Comunista*, com um sentido pejorativo para indicar o "desvario" da ação. Vargas se aproveitou dos levantes e da campanha anticomunista para recrudescer o regime e reprimir violentamente seus opositores.

Para tratar do âmbito econômico, é preciso partir da Crise de 1929. A quebra da Bolsa de Valores de Nova Iorque iniciou uma das maiores crises econômicas mundiais da história. O Brasil, obviamente, também foi atingido. O Governo Provisório teve de enfrentar os problemas da superprodução do café, do esgotamento das reservas cambiais e da crise das finanças públicas. Com o comércio mundial em decréscimo, o preço do café caiu significativamente, enquanto os estoques aumentavam nos portos. Vargas acudiu os cafeicultores e, depois de vários esforços, a economia começou a se recuperar a partir de 1933 (Capelato, 2015).

A partir dessa relativa estabilização, o governo passou a se preocupar com um projeto de desenvolvimento econômico que priorizasse o avanço do setor industrial, contando com a participação estatal. A intervenção do Estado na economia se consolidou a partir de 1937, quando este passou a ser considerado um agente da política econômica. Souza Costa assumiu a pasta do Ministério da Fazenda e conduziu a estratégia. Nesse sentido, os ideólogos do Estado Novo criticavam o liberalismo, considerando-o inadaptado para a realidade brasileira (Capelato, 2015).

O governo também se preocupou com o mercado interno e com isso aboliu os impostos interestaduais, padronizando o sistema tributário para facilitar sua integração, bem como estimulou a indústria com um sistema de substituição de importações. A indústria têxtil e outras se beneficiaram com os entraves às importações de produtos análogos. As indústrias de base também se desenvolveram, pois houve isenções para a importação de bens de capital. Os empresários se aproximaram de Vargas, mesmo tendo feito oposição anterior graças às leis trabalhistas (Capelato, 2015).

A dívida externa foi negociada e diversos conselhos regulatórios foram criados nas áreas de comércio, finanças e recursos energéticos – talvez o exemplo mais conhecido seja o Conselho Nacional do Petróleo. A criação da Companhia Siderúrgica Nacional ocorreu em 1942, mas refletiu um objetivo traçado logo após a Revolução de 1930. No mesmo ano, Vargas criou por decreto-lei a Companhia Vale do Rio Doce como empresa de capital misto para explorar as riquezas minerais do país, sobretudo o ferro. Todas essas iniciativas se relacionavam com o objetivo do governo de modernizar o país dentro da ordem e colocar o Brasil no mesmo patamar das potências capitalistas.

A Segunda Guerra Mundial eclodiu em 1939, mas o Brasil só entrou efetivamente no conflito em 1942. O Governo Vargas até então tinha adotado uma postura de neutralidade, não obstante a proximidade ideológica com os regimes nazifascistas. A posição neutra era favorável em termos econômicos, pois os dois maiores parceiros comerciais do país eram a Alemanha e os Estados Unidos da América. Ademais, o Estado brasileiro observava atento o desenrolar dos acontecimentos.

Após o ataque a Pearl Harbor, a pressão dos EUA sobre os países latino-americanos aumentou para que ingressassem na guerra. O Brasil, em 1942, propôs uma ruptura diplomática e comercial com os países do Eixo, recebendo armamentos dos EUA em troca; a Alemanha reagiu ao acordo e bombardeou navios brasileiros. A partir desse momento, a população se mobilizou: manifestações de repúdio ao Eixo e passeatas em favor da entrada do Brasil junto aos Aliados. Assim, em 1944, a Força Expedicionária Brasileira (FEB) foi lutar com as tropas norte-americanas na Itália (Capelato, 2015). Os pracinhas, como ficaram conhecidos os soldados da FEB, receberam amplo apoio e demonstrações de orgulho dos brasileiros.

A partir de 1942, houve um reordenamento político e administrativo no governo estado-novista, e ligados diretamente a isso começaram a aparecer mais focos de oposição organizada e de resistências ao regime. Havia iniciativas desse tipo nos anos anteriores, porém, com a escalada repressiva, eram sistematicamente diluídas ou tinham alcance menor. A Faculdade de Direito de São Paulo constituiu-se em um foco oposicionista significativo, pois aglutinava políticos, estudantes, professores, jornalistas etc. Entre estes é importante destacarmos Júlio de Mesquita Filho, proprietário d'*O Estado de S. Paulo* e um dos articuladores da Revolução Constitucionalista – oposição antiga a Vargas. Com Paulo Duarte e alguns universitários, Mesquita Filho lançou o jornal clandestino *Brasil*. Em 1937, foi fundada a União Nacional dos Estudantes (UNE), com as primeiras manifestações ativas da entidade em prol dos Aliados e para que o Brasil entrasse na guerra. A marcha de 4 de julho de 1942 foi um ato inédito e de grande repercussão no Estado Novo (Capelato, 2015).

Com o fim da Segunda Guerra Mundial e a vitória dos Aliados com participação do Brasil, a contradição do regime estado-novista ficou cada vez mais clara: internamente autoritário, porém externamente defensor da democracia. Isso arrefeceu o apoio ao governo, que passou a ter oposições sistemáticas de diversos segmentos sociais. O regime estava enfraquecendo e percebeu que a redemocratização era inevitável, por isso passou a tentar a transição de modo a garantir a continuidade.

(2.4)
Cultura e Estado nos anos de Vargas

Na primeira fase da Era Vargas, algo era certo: cultura era um assunto de Estado. E dos mais sérios. Em suas mais diversas expressões, a cultura sempre esteve sob o olhar atento e o cuidado ativo do Estado. Ações desde o Governo Provisório mostravam que a atuação estatal seria incisiva nessa área. Menos de 15 dias depois de sua posse, em 1930, em um de seus primeiros atos como presidente, Vargas criou o Ministério da Educação e da Saúde e nomeou Francisco Campos como ministro.

Campos era de Minas Gerais e já tinha experiência no âmbito educacional, já que havia atuado como reformador nos anos 1920. Era influenciado pelas perspectivas da Escola Nova trazidas por Fernando Azevedo e Anísio Teixeira. Em sua gestão no ministério, assinou um decreto que afirmava a preferência pelo sistema universitário no país em substituição às escolas superiores isoladas e exigiu a existência das Faculdades de Direito, Engenharia e Medicina ou de Educação, Ciências e Letras no lugar de uma das anteriores. A discussão sobre a reforma do ensino secundário também se iniciou com Campos; para ele, havia a necessidade de reformulação do ensino com vistas a uma preparação técnica e profissional adequada. A reforma acabou sendo promulgada na gestão de Gustavo Capanema, em 1942.

Durante o Governo Provisório (e depois, como veremos), a política cultural varguista se cercou de intelectuais de diferentes correntes de pensamento, que até ocuparam cargos no aparato burocrático do Estado. Além do Ministério da Educação e Saúde, outros órgãos foram criados e diversos intelectuais foram nomeados em suas direções: Manuel Bandeira presidiu o Salão de Belas Artes; o arquiteto Lúcio Costa assumiu a direção da Escola Nacional de Belas Artes; o escritor José Américo de Almeida ficou com a pasta da Viação e Obras Públicas, entre outros[8].

O entrelaçamento de intelectuais e Estado foi um dos elementos centrais da cultura durante toda a primeira fase da Era Vargas. A ligação próxima entre esses atores pode ser apreendida durante a gestão de Gustavo Capanema à frente do Ministério da Educação, de 1934 a 1945. Capanema se manteve como ministro desde o governo constitucional até o fim do Estado Novo, e o ministério foi um dos principais pontos de apoio do regime varguista, que sinalizava a centralidade da cultura nessa estrutura. Não obstante, foi o melhor exemplo da ambivalência da política cultural.

Por um lado, houve iniciativas avançadas. O Serviço do Patrimônio Histórico e Artístico Nacional (SPHAN) foi criado a partir de um projeto de Mário de Andrade, e sua direção ficou com Rodrigo Melo Franco de Andrade. O SPHAN se originou das discussões sobre a

---

8   Para mais informações sobre os cargos e as nomeações de intelectuais no período, consulte: CPDOC – Centro de Pesquisa e Documentação de História Contemporânea do Brasil. *A Era Vargas: dos anos 20 a 1945 – Anos de Incerteza (1930-1937) – Os intelectuais e o Estado.* Disponível em: <http://cpdoc.fgv.br/producao/dossies/AEraVargas1/anos30-37/IntelectuaisEstado>. Acesso em: 16 jan. 2019.

necessidade de preservar o patrimônio artístico e histórico do país, com ações que se pautavam pelas noções de tradição e de civilização. Heitor Villa-Lobos foi nomeado superintendente de educação musical e responsável por formar grandes corais orfeônicos, visando educar musicalmente a população. Carlos Drummond de Andrade foi destacado como chefe do gabinete de Capanema.

Drummond não compactuava com a ideologia do governo, porém tinha espaço de atuação. Ele não era um caso isolado. Havia um mercado de cargos para intelectuais no serviço público, formando um amplo campo de convivência entre pensadores e artistas e o núcleo decisório do governo. Mesmo que estivessem em posições diferentes no espectro político (também entre si), vários intelectuais trabalharam e ocuparam cargos no Estado. Além de Drummond e de Mário de Andrade, podemos citar Cassiano Ricardo, Graciliano Ramos e Nelson Werneck Sodré (Schwarcz; Starling, 2015).

Por outro lado, o mesmo ministério que promovia os modernistas, abria espaço para posições ideológicas diversas e se empolgava com as vanguardas artísticas não esboçou opinião ou esforço contrário às intervenções arbitrárias, às prisões, à censura e à repressão que atingiram outras áreas da cultura e da educação, além da perseguição aos comunistas (Schwarcz; Starling, 2015). Apesar de abrir a Universidade do Brasil – hoje Universidade Federal do Rio de Janeiro (UFRJ) –, fechou a Universidade do Distrito Federal, demonstrando esforço para padronizar o ensino superior com um caráter centralizador e que sufocava iniciativas mais liberais.

De todo modo, a ambivalência do Governo Vargas, especialmente no Estado Novo, demonstrou a conexão entre os intelectuais e o Estado. Foi durante o regime varguista que ocorreu uma mudança na atuação política dos pensadores e dos artistas. Historicamente, a elite intelectual brasileira buscou se distinguir do resto da sociedade, ainda mais em um país marcado pelo analfabetismo de grande parte da população, pois teria um senso de missão e uma consciência iluminada (Velloso, 1997). A partir de 1930, em vez de se manterem na "torre de marfim"[9], os intelectuais direcionaram sua atuação para o Estado, vinculado à ideia de ordem, organização e unidade, contrapondo-se à sociedade civil, tida como fragmentada e conflituosa.

O Estado passou a criticar veementemente a posição isolacionista desses artistas e pensadores e começou a exigir que atuassem efetivamente na esfera pública e de acordo com as premissas estatais. Havia o consenso entre as partes – se não de todos os pensadores, pelo menos da maioria – de que o intelectual era de fato distinto do cidadão comum e a sociedade era imatura e confusa, precisando de um guia para orientar suas ações e suas condutas, ou melhor, prever seus anseios (Velloso, 1997). Podemos lembrar aqui a clarividência de Vargas, que sempre era retomada nos discursos do ministro Marcondes Filho em seu programa *Falando aos Trabalhadores Brasileiros*. A visão da sociedade imatura é um dos postulados centrais do pensamento autoritário e cabia perfeitamente no Estado Novo.

Dessa forma, o intelectual deixou de ser figura isolada para ser colaborador do governo e ter um dever para com sua nação. Seria a união entre os indivíduos de pensamento e os indivíduos de ação, a simbiose entre pensadores e política. O conflito deu lugar à harmonia, outro elemento recorrente no discurso varguista, que sempre buscava um apaziguamento entre os mais distintos segmentos sociais. Mas qual seria o dever ou a função dos intelectuais? Eles eram parte

---

9 *A expressão foi usada por Machado de Assis em discurso na Academia Brasileira de Letras, em 1897, para indicar que os escritores deveriam refugiar-se no mundo das ideias, refletindo sobre o mundo, porém sem se envolver diretamente nas lutas sociais. Essas informações encontram-se no texto "Os intelectuais e a política cultural do Estado Novo", de Mônica Pimenta Velloso (1997).*

da organização político-ideológica do regime e por isso participavam de um projeto político-pedagógico que visava difundir a ideologia vigente. Os pensadores e os artistas deveriam educar a população conforme os preceitos doutrinários do governo (Velloso, 1997). Nesse projeto educativo durante o Estado Novo, havia dois níveis de atuação: do Ministério da Educação e do Departamento de Imprensa e Propaganda (DIP). O ministério se preocupava com a educação formal e com a formação de uma cultura erudita; já o DIP conduzia as ações referentes às manifestações populares, até mesmo com o controle das comunicações, como veremos adiante. Essas distinções auxiliavam no propósito de socializar a ideologia varguista e colocá-la no cotidiano popular (Velloso, 1997). Além disso, os intelectuais seriam os intermediários entre o povo e o governo, pois eram capazes de compreender os anseios populares.

Outra preocupação do regime estado-novista era demonstrar que não era simplesmente um produto político e tinha sólida base cultural. Para os ideólogos, a instauração do Estado Novo excedera o campo político e concretizara os anseios de renovação nacional, personificados na figura de Getúlio Vargas. Nesse sentido, o autoritarismo não seria uma forma de manutenção de poder, mas a concretização de uma demanda social que não teria ocorrido antes pois havia uma dissociação entre política e cultura. Tal dissociação começou a ser superada a partir de 1930 como uma consequência da revolução literária ocorrida nos anos 1920.

Conforme aponta Velloso (1997, p. 70), "A ideia é a de que a revolução literária, pondo em xeque os modelos estéticos importados, estaria completa com a revolução política do Estado Novo, cujo objetivo seria o de combater os modelos políticos tidos como alienígenas, como o liberalismo e o comunismo". A noção de renovação nacional e ruptura com modelos importados foi a conexão entre as revoluções artística e política. O ápice desse elo ocorreu com Getúlio Vargas ocupando uma das cadeiras da Academia Brasileira de Letras (ABL), em 1943, quando se tornou um homem de pensamento e um homem de ação ao mesmo tempo.

Contudo, esse vínculo entre Modernismo e Estado Novo foi uma construção do próprio regime, que se apropriou do movimento modernista como se fosse um bloco homogêneo, não considerando os diferentes modernismos. O ideário estado-novista se pautou por uma das vertentes modernistas: a do verde-amarelismo de Menotti del Picchia e de Plínio Salgado (Velloso, 1997), com valores mais conservadores e uma visão autoritária da cultura. Essa corrente teve maior campo de atuação no Estado Novo, no entanto, como vimos, havia espaço também para intelectuais de outros matizes. As inserções no aparelho do Estado é que eram distintas.

Os debates em torno da **brasilidade** também dominaram o cenário político-cultural da primeira fase da Era Vargas. Havia uma preocupação em reconceituar o popular, pois seria a expressão autêntica da nação. Nesse processo, houve uma inversão e o que era considerado autenticamente popular passou a ser visto pela chave da positividade (Velloso, 1997). Foi um contraponto ao pensamento hegemônico dos anos iniciais da Primeira República, que colocava os males do país nas camadas subalternas e na herança racial, ainda que desde os anos 1920 viesse se construindo uma valorização sobre o nacional, principalmente a partir dos modernismos.

O projeto passou a ser a construção de uma nacionalidade triunfante, baseada na autenticidade da cultura popular brasileira e na mistura heterogênea de elementos culturais que compuseram a sociedade. Com isso, diversas práticas populares passaram a ser valorizadas, pois representavam nossa originalidade como símbolo da brasilidade. É preciso observar, porém, que muitas delas foram adaptadas por essa narrativa, o que significa dizer que foram "desafricanizadas" (Schwarcz; Starling, 2015) ou "civilizadas", adequadas aos padrões exigidos.

Como exemplos, podemos citar a feijoada, que de comida de escravos passou a ser o típico prato nacional, e a capoeira, que, perseguida criminalmente, na Primeira República foi oficializada pelo Estado Novo como modalidade esportiva nacional e entrou no *hall* das representações brasileiras. O futebol passou por processo semelhante, já amplamente popularizado nos anos 1930 e 1940. Por meio de jogos da seleção brasileira e de clubes se construiu um discurso sobre um suposto estilo próprio de jogar do brasileiro, característico de nossa brasilidade, marcado pelo drible, pela ginga, pelo improviso e pela espontaneidade individual, fruto de nossa mistura de raças em contraposição ao estilo europeu. Para Gilberto Freyre e outros autores que compartilhavam a ideia, nosso futebol era dionisíaco:

> *No futebol, como na política, o mulatismo brasileiro se faz marcar por um gosto de flexão, de surpresa, de floreio que lembra passos de dança e de capoeiragem. Mas sobretudo de dança. Dança dionisíaca. Dança que permita o improviso, a diversidade, a espontaneidade individual. Dança lírica. Enquanto o futebol europeu é uma expressão apolínea de método científico e de esporte socialista em que a ação pessoal resulta mecanizada e subordinada à do todo, o brasileiro é uma forma de dança, em que a pessoa se destaca e brilha.* (Freyre, 1945, citado por Maranhão, 2006, p. 443)

O discurso acerca do futebol brasileiro encontrou longa permanência nos imaginários coletivos nacional e internacional. A construção da brasilidade também invertia o sentido negativo da miscigenação. Conforme Schwarcz e Starling (2015, p. 378), "na representação vitoriosa dos anos 1930, o brasileiro nasce, portanto, onde começa a mestiçagem". Dessa maneira, a miscigenação também se tornou uma chave positiva da construção nacional e de problema se transformou em elogio. O Brasil passou a ser visto como uma nação miscigenada e construiu-se um imaginário sobre a capacidade dos brasileiros de conviverem harmoniosamente entre uma variedade de raças. Foi a partir daí que se consolidou o mito da democracia racial; o Brasil se constituiria como um país sem preconceitos raciais, pois no fundo seríamos todos miscigenados, fruto das três raças formadoras (branco, negro e indígena) e com capacidade para assimilar o outro: todas as raças viveriam em uma harmonia social (Oliveira, 2015). A democracia racial substituiu as teorias de embranquecimento e racialistas anteriores e combinou perfeitamente com um estado autoritário que visava controlar as massas, contendo os conflitos sociais na esfera pública.

A consagração da miscigenação apareceu de maneira central no livro *Casa grande & senzala*, de Gilberto Freyre, publicado pela primeira vez em 1933. A obra foi um dos "retratos do Brasil" elaborados a partir dos anos 1930 e que procuravam compreender e interpretar o país, buscando uma nova consciência nacional por meio da reafirmação de nossas origens. Era preciso conhecer a autenticidade brasileira e compreender nossa identidade nacional (Veloso; Madeira, 1999).

Além de Freyre, outros autores estavam dispostos a entender o Brasil e a pintar seus retratos. *Raízes do Brasil*, de Sérgio Buarque de Holanda, foi lançado em 1936 sob o impacto da modernização dos anos 1930. O livro segue em uma direção oposta a *Casa grande & senzala* e critica as soluções autoritárias, apresenta as tensões dos processos modernizantes no país e aborda os princípios formadores da sociedade brasileira. Caio Prado Júnior completa a tríade dos clássicos do período com o lançamento, em 1942, de *Formação do Brasil Contemporâneo*. Para o autor, a especificidade brasileira não vem da miscigenação, mas da falta de rupturas com as formas políticas e econômicas que organizaram o

Brasil ao longo de sua história – sem uma ruptura radical, não conseguiremos superar a dependência e a miséria (Schwarcz; Starling, 2015).

A propaganda, conforme apontado anteriormente, era um dos alicerces de sustentação do Estado Novo, ainda que explorada desde a Revolução de 1930. Na disputa por corações e mentes, tinha papel fundamental na criação de consenso e por isso produzia as bases de legitimação do regime. A estrutura e o funcionamento dos órgãos de propaganda política varguista tinham uma inspiração nos modelos nazista e fascista. Os nazifascistas utilizavam métodos de comunicação modernos, inspirados na publicidade comercial norte-americana, porém com características específicas, como o uso de insinuações indiretas, simplificação das ideias para as massas deseducadas, repetições, promessas de benefícios sociais e de unificação nacional e forte apelo emocional. Sua linguagem era simples, agressiva e imagética, visando atingir as massas (Capelato, 1999). Apesar da inspiração nazifascista no uso das técnicas de manipulação e na estrutura dos órgãos de propaganda, havia singularidades desses elementos no varguismo, que eram adaptados para a realidade brasileira.

Um dos fundamentos dessa organização era o controle dos meios de comunicação. Além de legitimar o Estado Novo, o objetivo era conquistar o apoio das classes trabalhadoras – recordamos que a ideologia do trabalhismo precisou de ampla divulgação. Visando ao maior controle sobre esses veículos, a Constituição de 1937 legalizou a censura e a imprensa foi investida de caráter público (Capelato, 1999), tornando-se instrumento do Estado e meio oficial de divulgação da ideologia estatal. Os meios de comunicação também foram importantes no estabelecimento de uma relação direta entre governo e povo. Assim, a imprensa serviu como órgão de consulta dos anseios populares e da divulgação das atividades e das qualidades do regime, sobretudo de Vargas. Os periódicos eram obrigados a enaltecer os atos governamentais, reproduzir os discursos oficiais, publicar constantemente fotos de Vargas, e a maior parte das notícias era fornecida pela Agência Nacional.

Além disso, a propaganda e a censura faziam parte do mesmo círculo. O controle sobre os meios de comunicação impedia a publicação de determinadas reportagens. Difundia-se apenas o que era de interesse do Estado. Havia uma série de assuntos proibidos: oposição ou insatisfação com o regime, problemas econômicos, corrupção, desastres. Apesar da censura, havia outras maneiras de pressão sobre a imprensa e muitos profissionais da área apoiavam as políticas varguistas (Capelato, 1999). Resistências também existiram e vale lembrar Júlio de Mesquita Filho, proprietário d'*O Estado de S. Paulo*, que chegou a ser preso e exilado por sua atuação oposicionista.

A propaganda sempre foi uma preocupação de Vargas, desde o governo provisório. Em 1931, o Departamento Oficial de Publicidade foi criado; três anos depois, criou-se o Departamento de Propaganda e Difusão Cultural (DPDC). Durante o Estado Novo, em 1938, o DPDC se tornou o Departamento Nacional de Propaganda (DNP) e, em 1939, por meio de decreto presidencial, foi criado o Departamento de Imprensa e Propaganda (DIP), que ocupou o lugar do DNP. O DIP foi fundamental para a organização da propaganda e para o controle dos meios de comunicação durante o Estado Novo, fruto da ampliação da capacidade de intervenção do Estado na cultura. Sua função era esclarecer a opinião pública sobre a doutrina do regime, atuando em prol da civilização brasileira (Capelato, 1999).

O DIP era subordinado diretamente à presidência e seu diretor foi o jornalista Lourival Fontes, admirador declarado do nazifascismo. Nos estados, havia órgãos filiados, os Departamentos Estaduais de Imprensa e Propaganda (Deips), subordinados ao Rio de Janeiro, pois se prezava por uma estrutura centralizada (Velloso, 1997). O departamento era dividido em seis seções: propaganda, radiodifusão, cinema e teatro, turismo, imprensa e serviços auxiliares. Os cargos de confiança dessas divisões eram atribuídos diretamente por Vargas. O DIP interferiu, de forma direta, em todas as áreas da cultura brasileira e desenvolveu múltiplas linhas de ação (Schwarcz; Starling, 2015). Aqui cabe uma análise sobre as diferentes áreas culturais no governo varguista.

Você conhece os estádios do Pacaembu e de São Januário? O primeiro pertence ao município de São Paulo e abriga partidas de diversos times; o segundo é patrimônio do Club de Regatas Vasco da Gama. Mas o que isso tem a ver com o Governo Vargas? Durante o Estado Novo, foi produzido um calendário festivo para comemorar datas específicas e envolver a população. Havia três comemorações centrais: o Dia do Trabalho (e não mais do Trabalhador, conforme as memórias operárias reivindicavam), o aniversário do presidente e o aniversário do Estado Novo. Essas datas se reforçavam mutuamente e consolidavam um calendário de encontros significativos entre o povo e o presidente, com a intenção de proporcionar uma aproximação significativa entre o governo e a classe trabalhadora (Gomes, 2005) – projeto diretamente ligado à condução de Marcondes no MTIC.

O Dia do Trabalho, 1º de maio, foi comemorado primeiramente no Estado Novo, em 1938. Vargas discursou e explicou o significado da festa, em uma data que não poderia ser esquecida. Na mesma oportunidade, anunciou a lei do salário mínimo e prometeu todo ano dar um "presente" aos trabalhadores. No ano seguinte, a festividade tomou uma proporção maior: em vez de ser comemorada no Palácio Guanabara, foi realizada no Estádio de São Januário, na época o maior estádio do Rio de Janeiro, com um imenso público. A partir de então, todo ano seria realizada no mesmo local. A exceção foi em 1944, quando ocorreu no Estádio do Pacaembu, em São

Paulo. Assim, o Dia do Trabalhador passou a ter contornos rituais e tornou-se uma oportunidade para o presidente se encontrar e falar pessoalmente com os trabalhadores.

Figura 2.3 – Desfile de Vargas no 1º de Maio de 1944, no Estádio Municipal de São Paulo, o Pacaembu. Acervo do CPDOC, São Paulo (SP)

O aniversário de Vargas era em 19 de abril, também uma data festiva para o regime, em que o presidente iniciava seu discurso expressando sua gratidão pela relação estabelecida com os trabalhadores. No dia 10 de novembro, comemorava-se o aniversário do Estado Novo, que completava o círculo festivo central do regime. Em datas como Dia da Independência, Natal e Ano Novo, Vargas normalmente fazia discursos, mas com temas mais difusos. Todo esse conjunto de comemorações era organizado pelo DIP (Gomes, 2005).

O governo varguista se utilizou amplamente dos veículos de comunicação, até mesmo do rádio, que já era uma mídia de massa e atendia à demanda de entretenimento do público, sendo um sucesso.

A legislação de 1931 e 1932 consolidou e profissionalizou o rádio brasileiro e permitiu a transmissão de propaganda comercial. Da publicidade vinha a principal fonte de renda das emissoras, que passaram a investir em sua programação, transmitindo música popular, notícias e informações, esportes e programas de humor. Nesse sentido, o rádio inventou novas demandas e lançou novos produtos, modificando os hábitos cotidianos. Passou a ter lugar de destaque na casa das pessoas e foi compreendido como sinal de modernidade. Durante a Segunda Guerra Mundial, era o meio mais rápido para a divulgação de informações (Oliveira, 2015).

Apesar de o modelo de difusão adotado – inspirado no norte-americano – conceder canais à iniciativa privada e permitir a veiculação publicitária comercial, o governo também utilizou amplamente o rádio em sua propaganda política. Criou-se o programa *Hora do Brasil* para difundir o ideário oficial; com ele, a voz de Vargas foi popularizada em discursos curtos e simples que falavam diretamente ao ouvinte. O rádio também passou a transmitir os comícios do 1º de Maio, do 7 de Setembro e do Dia da Raça, auxiliando no trabalho de construção da identidade nacional e de uma comunidade harmoniosa.

A Rádio Nacional foi um exemplo da atuação estatal nas transmissões radiofônicas, encampada pelo governo em 1940, quando passou a integrar a Superintendência das Empresas Incorporadas da União com foco no entretenimento. Para isso, foi contratada uma equipe exclusiva com nomes como Lamartine Babo, Almirante, Ary Barroso e Emilinha Borba. Havia também concursos musicais para eleger os compositores preferidos do público, que contavam com a participação de Carmem Miranda, Donga, Francisco Alves e Heitor dos Prazeres. Na mesma direção, a música sofreu intervenções do projeto cultural varguista. A canção popular se consolidou como o símbolo musical do Brasil e, graças ao viés educativo da música, tornou-se a linguagem produtora de conhecimento mais acessível à população. O samba passou pelo mesmo processo da capoeira e da feijoada, já que sintetizava a brasilidade em um ritmo autêntico brasileiro que se tornou símbolo do país. Entretanto, era necessário adequar-se às exigências do Estado, que muitas vezes censurava letras e não permitia abordagem de "temas imorais". A linguagem dos sambistas também era vista com desconfiança, por seu tom irônico. Não obstante, defendia-se o samba como instrumento pedagógico; com isso, temas como boêmia e malandragem ou a figura do malandro não tinham mais espaço, ainda mais na vigência do trabalhismo – o malandro era uma herança do passado, que não tinha mais lugar com a existência das leis trabalhistas. O regime buscava construir a imagem do sambista como trabalhador, que só fazia samba após o fim do expediente (Velloso, 1997).

Vários sambistas acabaram compondo músicas nesse sentido e a mais famosa talvez seja *O Bonde de São Januário*, de Wilson Batista, ainda que tivesse uma ironia implícita. Mas aqui vale destacar a letra do samba *É negócio casar*, de Ataulpho Alves e Felisberto Martins, composto em 1940:

> *Vejam só/A minha vida como está mudada,/Não sou mais aquele/Que entrava em casa alta madrugada./Faça o que fiz/Porque a vida é do trabalhador/Tenho um doce lar/E sou feliz com meu amor./O Estado Novo/Veio para nos orientar/No Brasil não falta nada,/Mas precisa trabalhar./Tem café, petróleo e ouro,/Ninguém pode duvidar,/E quem for pai de quatro filhos,/O presidente mandou premiar/É negócio casar*

© 1941 by IRMÃOS VITALE EDITORES LTDA. – São Paulo – Rio de Janeiro – Brasil.Todos os direitos autorais reservados para todos os países. All Rights Reserved.

A canção mostrava a transformação do malandro em trabalhador e como isso era positivo, além da exaltação do próprio Estado Novo, reforçando a visão do Estado como guia e condutor das massas. O compromisso firmado entre as classes trabalhadoras e o governo também está presente no trecho "No Brasil não falta nada,/Mas precisa trabalhar" e também há a referência à premiação estatal dada às famílias com mais de três filhos, por isso "É negócio casar".

O carnaval também foi institucionalizado como a festa mais popular do país e sua organização passou a ser intermediada pelo governo. Podemos perceber a existência de uma clara proposta de fazer com que as manifestações populares difundissem a ideologia varguista.

O cinema também já era popular no Brasil nas primeiras décadas do século XX e, a partir da Revolução de 1930, o campo cinematográfico passou a ter maior interferência do Estado. A primeira medida, em 1932, foi nacionalizar a censura, que anteriormente cabia às prefeituras, e fixar uma metragem de filmes brasileiros na programação. Dois anos depois, regulamentou-se a exibição obrigatória de filmes brasileiros de curta-metragem, medida que impulsionou o cinema nacional de 1934 a 1937.

Instituíram-se, então, duas linhas para o cinema no governo: a educativa e a de propaganda. A segunda coube ao Ministério da Justiça e depois ao DIP, e a primeira, ao Ministério da Educação, que criou o Instituto Nacional do Cinema Educativo (Ince), dirigido por Edgard Roquette-Pinto. A produção do Ince foi significativa: de 1936 a 1945 foram produzidos cerca de 233 filmes. Já o *Cinejornal Brasileiro*, responsabilidade primeiro do DPDC e depois do DIP, teve 565 edições

(Oliveira, 2015). Nesses materiais, sempre havia a preocupação com a divulgação da ideologia do governo e a constituição de sua legitimidade.

A vida literária nos anos 1930 e 1940 também foi intensa. Além dos já comentados "retratos do Brasil", houve crescimento em número e em qualidade de revistas, autores e editoras; o mercado editorial estava em expansão. O próprio DIP era responsável pela publicação das revistas *Cultura Política* e *Ciência Política* (além do jornal *A Manhã*). Essas publicações oficiais reuniam intelectuais de correntes diversas, como José Lins do Rego, Manuel Bandeira, Graciliano Ramos, Oliveira Vianna e Cecília Meireles.

A Crise de 1929 também tornou os livros brasileiros mais competitivos, pois encareceu os importados. Surgiu também uma nova camada de leitores. Houve crescimento do número de editoras brasileiras, entre as quais destacamos a Livraria Globo, a Companhia Editora Nacional, a Ariel e, talvez a mais famosa, José Olympio, localizada na Rua do Ouvidor no Rio de Janeiro. O proprietário José Olympio compreendeu as mudanças do mercado com a presença de uma classe média preocupada com o país e com seu rumo e por isso atraiu alguns dos maiores autores nacionais do período, de Rachel de Queiroz a Jorge Amado. Também publicou obras de Plínio Salgado, Câmara Cascudo e Gilberto Freyre.

O chamado *romance regionalista* também compôs a vida literária dos anos 1930, procurando mostrar as contradições do Brasil "moderno", urbano e industrial, mas que ainda tinha traços arcaicos e uma ampla diversidade regional, não se resumindo aos grandes centros urbanos ou à capital federal. Podemos destacar as obras *O Quinze*, de Rachel de Queiroz; *Vidas secas*, de Graciliano Ramos; *Menino de engenho*, de José Lins do Rego.

No contexto internacional, os EUA, a partir de 1940, reorientaram sua estratégia de relacionamento com os demais países da América, visando ao mercado externo, para diminuir a influência da Alemanha e da Itália e garantir sua liderança no continente americano. A denominada *Política da Boa Vizinhança* apostava em uma retórica de solidariedade, o pan-americanismo, propondo medidas cooperativas entre os países da América Latina, mas que visava à construção de uma hegemonia norte-americana.

O cinema foi peça-chave para divulgação do *American way of life* e foram criados filmes para estimular o pan-americanismo. Os brasileiros mais simbólicos talvez sejam os desenhos animados produzidos pela Disney: *Alô, amigos*, de 1943, e *Você já foi à Bahia?*, de 1945. A trilha sonora de *Alô, amigos* trazia a canção *Aquarela do Brasil*, de Ary Barroso, samba-exaltação que até hoje encontra espaço na memória nacional. Esse intercâmbio também tinha outra via – o Brasil já tinha enviado Carmen Miranda para os Estados Unidos, em 1939, e a cantora se transformara em uma estrela no país. Carmen também representava o projeto de valorização da miscigenação construído no varguismo (Schwarcz; Starling, 2015).

Outro exemplo dessa relação entre Brasil e EUA no contexto da Política da Boa Vizinhança é a canção *Brasil Pandeiro*:

> *Chegou a hora dessa gente bronzeada mostrar seu valor/Eu fui à Penha, fui pedir à padroeira para me ajudar/Salve o Morro do Vintém, Pindura-Saia, eu quero ver/Eu quero ver o Tio Sam tocar pandeiro para o mundo sambar/O Tio Sam está querendo conhecer a nossa batucada/Anda dizendo que o molho da baiana melhorou seu prato/ Vai entrar no cuscuz, acarajé e abará/Na Casa Branca já dançou a batucada de ioiô e iaiá/Brasil, esquentai vossos pandeiros Iluminai os terreiros/Que nós queremos sambar/Há quem sambe diferente/ Noutras terras, outra gente/Um batuque de matar/Batucada reuni vossos valores/Pastorinhas e cantores de expressão que não têm par/Ó, meu Brasil/Brasil, esquentai vossos pandeiros/Iluminai os terreiros/ Que nós queremos sambar.*
>
> © 1941 by IRMÃOS VITALE EDITORES LTDA. – São Paulo – Rio de Janeiro – Brasil. Todos os direitos autorais reservados para todos os países. All Rights Reserved.

Brasil Pandeiro é uma composição do baiano Assis Valente, de 1940, e gravada no mesmo ano pelo conjunto musical Anjos do Inferno. A música tem características de um samba-exaltação, uma das marcas da produção musical do Estado Novo, caracterizada pelas melodias mais longas e letras com uma apologia patriótica explícita, assim como *Aquarela do Brasil*. O trecho "Chegou a hora dessa gente bronzeada mostrar seu valor" demonstra a intenção de construir uma imagem positiva do povo brasileiro e de identificá-lo como "uma gente bronzeada", miscigenada. A relação com os EUA foi pautada pela afinidade, pois o "Tio Sam" se interessava pelas "nossas coisas", como o pandeiro e a batucada.

A Política da Boa Vizinhança e o *American way of life* também modificaram hábitos e práticas cotidianas, principalmente com o consumo. Agências de publicidade norte-americanas, como a

McCann-Erickson, chegaram ao país, assim como várias outras marcas e produtos, como Reader's Digest, Coca-Cola e Kibon. Se antes a Europa era o modelo a ser seguido, a aproximação com os EUA reorientou os direcionamentos sociais e culturais do país.

(2.5)
Histórias da história

Os anos de 1930 a 1945 suscitam questões pertinentes para a história brasileira e exigem atenção especial dos historiadores e dos demais pesquisadores. Neste capítulo, passamos por vários debates que reverberam até hoje na trajetória histórica do Brasil: a discussão sobre autoritarismo e as saídas autoritárias para eventuais crises políticas, econômicas ou de disputa pelo controle estatal; a radicalização política contrapondo diferentes posições ideológicas; a relação entre Estado e cultura e a forma dessa relação; a construção da identidade nacional e das identidades regionais; as polêmicas sobre a intervenção estatal ou a escolha de um caminho mais liberal no plano econômico; a repressão e a construção de uma lógica repressiva; e, ao mesmo tempo, o estabelecimento de uma retórica do Brasil como o país da harmonia social e da cordialidade. Fique atento à compreensão desses processos para refletir sobre nosso passado e sobre nosso presente.

Neste capítulo, adotamos a periodização proposta pela historiadora Maria Helena Capelato para analisar os anos de 1930 a 1945 e não encará-los como um bloco homogêneo. Esse recorte temporal constitui a primeira fase da Era Vargas, que inclui, em sua segunda fase, o mandato democrático do presidente de 1951 a 1954. Vimos, no capítulo anterior, que nomear e periodizar é um ato de poder e os historiadores devem ficar atentos a esse aspecto.

Nesse sentido, quando falamos em **Era Vargas**, é importante considerarmos que o objetivo não é construir uma história heroica, focada apenas em um personagem histórico, nos moldes de uma história positivista de "grandes homens" e com uma perspectiva predominantemente política. Vargas, com certeza, foi um ator social fundamental do período, porém mais importante é entender os processos históricos ocorridos, tendo em vista as diferentes esferas: econômica, social, política e cultural.

Ainda sobre a questão da nomenclatura, devemos observar que os termos **Revolução de 1930** e **Estado Novo** foram cunhados pelos próprios atores envolvidos nesses processos, sobretudo os ideólogos estado-novistas. A intenção era demarcar uma distinção, uma ruptura clara com o período anterior – no caso, a Primeira República, ou, nas palavras deles, a República Velha. A imagem do "novo" foi uma forte arma da luta política utilizada recorrentemente ao longo da história (Borges, 1998).

Como explica Velloso (1997, p. 61),

> *A doutrina do regime procura realizar um corte histórico no tempo, mostrando que o presente veio expurgar os males do passado. As expressões "Estado Novo", "Brasil Novo", "nova ordem" etc. denotam essa tentativa de marcar o regime como uma fase de redenção de "encontro do Brasil consigo mesmo".*

Por mais que adotemos essa periodização e essa nomenclatura, na condição de historiadores não podemos naturalizá-las, mas compreendê-las em sua estruturação e usá-las como uma escolha consciente.

Além desse apelo à novidade e à ruptura com a Primeira República e ao que ela representava, outro elemento importante da construção desses ideólogos e que encontrou permanência na própria historiografia foi a linha de continuidade traçada entre a Revolução de 1930 e o Estado Novo. Não obstante serem duas rupturas institucionais, convencionou-se considerá-las partes de um mesmo bloco histórico e enfatizar as permanências entre elas. Por exemplo, Francisco Campos, ministro da Educação no Governo Provisório e jurista elaborador da Constituição de 1937, interpretava o Estado Novo como uma decorrência histórica da Revolução de 1930: "O 10 de novembro foi o elo final de uma longa cadeia de experiências [...] A revolução de 30 só se operou definitivamente em novembro de 1937" (Campos, citado por Capelato, 2015, p. 117). É interessante notar que muitos dos próprios atores sociais desempenharam papéis ao longo desse período.

Os estudos historiográficos sobre Vargas, especialmente sobre o Estado Novo, começaram a se destacar nos anos 1980, coincidindo com a redemocratização do Brasil após 21 anos de ditadura civil-militar; havia uma preocupação em pensar os períodos ditatoriais e a tendência autoritária presente na história do país, em contraposição à ideia do Brasil como um país harmônico e pacífico. Buscou-se identificar, na primeira fase da Era Vargas, as fórmulas autoritárias que persistiram na política brasileira. Essa perspectiva abriu novos caminhos de pesquisa sobre o período. Temas diversos se tornaram objetos de estudo: cultura política; novas formas de controle social; formas de repressão e polícia política; mundo do trabalho; política e produção cultural; estruturação da propaganda; construção de símbolos, mitos, discursos para garantir a legitimidade etc. (Capelato, 2015). Muitas dessas temáticas foram abordadas neste capítulo, mesmo que brevemente.

Não teríamos como discutir a historiografia pertinente a todos esses temas ou demais processos históricos ocorridos na primeira fase da Era Vargas, por isso, em nosso recorte, optamos por debater as diferentes interpretações sobre a Revolução de 1930. A discussão começa, novamente, com a nomenclatura. Seria adequado utilizar o termo *revolução* para os acontecimentos que terminaram com Vargas na presidência?

Na verdade, o debate se estabelece a partir da reflexão sobre considerar a Revolução de 1930 como uma ruptura ou não. Se pensarmos na história das instituições políticas, foi um rompimento, da mesma maneira que o Estado Novo seria outro corte institucional. No geral, estabeleceram-se duas grandes visões. A primeira defende a ruptura em virtude das várias transformações ocorridas do ponto de vista político e administrativo a partir de 1930; essa visão sempre encontrou mais espaço, desde a época de sua formulação pelos envolvidos. A segunda, em contrapartida, nega o viés de rompimento, entendendo-se que não houve uma grande mudança, apenas uma troca de poder, e o discurso da ruptura seria obra dos "vencedores".

Para além de escolhermos somente um lado da discussão sobre ruptura *versus* continuidade, devemos considerar que os movimentos políticos e sociais, mesmo "inaugurando" uma nova fase, sempre trazem elementos da ordem anterior – trata-se de uma dialética. Além disso, o processo histórico não se estabelece somente com um corte abrupto; é preciso observar também os elementos estruturais, os dados conjunturais e a ação dos atores sociais nos eventos. Cabe lembrar também que, na verdade, os historiadores devem estar atentos às mudanças e às permanências de maneira concomitante ao se debruçarem sobre determinado recorte temporal.

Apesar de o salto de interesse pela Era Vargas ter ocorrido na década de 1980, já havia uma produção sobre o período, em geral, e sobre a Revolução de 1930, em particular, nas décadas anteriores. Nos anos de 1950, uma primeira sistematização sobre o Brasil Republicano foi escrita por José Maria Bello em *História da República*. A obra é organizada a partir dos mandatos presidenciais e apresenta uma análise detalhada sobre Vargas e as elites, que sempre dominaram a política brasileira. No livro, a Revolução de 1930 é avaliada como uma revolução de causas civis e políticas, necessitando também de uma participação militar. No fim da mesma década, Pedro Calmon lançou *História do Brasil*. A despeito da atualização teórico-metodológica e do vasto estudo apresentado, a interpretação corrobora a feita durante o próprio "período revolucionário". Calmon confirma a ideia de uma ruptura entre a "velha" e a "nova" República, compreendendo que o rompimento teria ocorrido primeiramente com a quebra da legalidade (Borges, 1998).

A partir do decênio de 1950, generalizaram-se discussões sobre os rumos do capitalismo no Brasil, e as propostas do desenvolvimentismo nacional buscavam apoio da população. No bojo desses debates, grandes ensaios sobre a história do Brasil foram produzidos e articulados com órgãos como a Comissão Econômica para a América Latina e o Caribe (Cepal) e o Instituto Superior de Estudos Brasileiros (Iseb) e com revistas como *Revista da Civilização Brasileira* e *Revista Brasiliense*. Nesses trabalhos aparecia a dualidade da trajetória histórica brasileira: novo e velho; arcaico e moderno; capitalista e tradicional. A análise sobre a Revolução de 1930 assenta nessas bases, com discussão para aferir a efetivação de uma revolução burguesa no Brasil (Borges, 1998). Nas décadas seguinte e até hoje, a Revolução de 1930 gerou uma profusão de trabalhos e de perspectivas. A seguir, sistematizaremos quatro grandes tendências.

A primeira linha interpretativa entende o processo de 1930 como uma revolução das classes médias. Para esses autores, a Primeira República foi palco do antagonismo entre a pequena burguesia, composta por setores médios urbanos, e a burguesia nacional, constituída por industriais, cafeicultores e comerciantes. O antagonismo terminou com a revolução em virtude do rompimento dentro da própria oligarquia dominante em 1929 e também pela identificação das classes médias com o movimento tenentista. O foco desse viés era o papel central das classes médias e a ligação desses setores com os tenentes (Ferreira; Pinto, 2016).

A segunda perspectiva se destaca a partir da década 1960 entre segmentos da esquerda e defende que a Revolução de 1930 materializou o domínio político da burguesia industrial. Para esses autores, havia uma contradição no Brasil entre o setor agrário-exportador e os interesses da burguesa nacional com relação ao mercado interno – a ideia de dualidade está presente aqui. Assim, a Revolução de 1930 resultou de uma ruptura dentro da classe dominante que possibilitou à burguesia industrial aliar-se aos setores médios urbanos, ascendendo ao Estado (Ferreira; Pinto, 2016).

Os anos de 1970 foram marcados por trabalhos que buscavam revisar essas interpretações. O mais significativo foi o livro *A Revolução de 1930: história e historiografia*, escrito por Boris Fausto. O autor nega a primeira interpretação, utilizando como argumento as características ideológicas do movimento tenentista, que tinham o elitismo e a centralização como pontos sólidos, e sua heterogeneidade, principalmente no que diz respeito à origem social e às características dos setores médios, vistos como uma força menor. Fausto também contradiz a segunda perspectiva mostrando que a burguesia industrial não tinha um programa fixado para o desenvolvimento da industrialização, de modo a consolidar uma alternativa ao modelo agroexportador do café (Ferreira; Pinto, 2016).

De acordo com interpretação de Boris Fausto, a Revolução de 1930 deve ser compreendida como resultado de uma cisão e de conflitos intraoligárquicos, fortalecida por militares dissidentes e cujo propósito era a derrubada da hegemonia da elite cafeeira. No entanto, as demais frações da classe dominante seriam incapazes de assumir o poder do Estado sozinhas, o que abriu um vazio de poder. A resposta estaria no chamado *Estado de compromisso* – Francisco Weffort já vinha trazendo essas ideias –, ou seja, como nenhuma fração de classe ascende ao Estado em caráter exclusivo, deve haver um reajuste nas relações internas dos segmentos dominantes. O Estado, então, abre-se para todas as pressões sem necessariamente se subordinar a nenhuma delas e acaba se tornando árbitro dessas relações. As principais características são a centralização, subordinando as oligarquias ao poder central, e o aumento do intervencionismo (Ferreira; Pinto, 2016).

Na década de 1980, surgiu na historiografia uma corrente que buscava contrapor-se à interpretação clássica de Boris Fausto sobre a Revolução de 1930. O argumento central desses autores, com destaque para Edgar De Decca, é a desqualificação de 1930 como marco revolucionário, pois, na verdade, a revolução nada mais seria do que um golpe preventivo da burguesia contra o movimento operário, que vinha se articulando. A data revolucionária seria o ano de 1928, quando a luta de classes teria ficado clara no plano institucional com a criação do Bloco Operário e Camponês (BOC). No polo oposto, estaria a fundação do Centro das Indústrias do Estado de São Paulo (Ciesp), representando o patronato e a resposta das classes empresariais à mobilização dos trabalhadores. As críticas à interpretação de De Decca giram em torno da escassa documentação para comprová-la (Ferreira; Pinto, 2016).

Síntese

O presente capítulo discutiu a primeira fase da Era Vargas em suas rupturas e continuidades, compreendida não como um bloco homogêneo, mas com momentos distintos. Para isso, abordamos a passagem do Estado oligárquico para o Estado autoritário, que culminou no Estado Novo. As novas formas de controle social e a resolução da questão social foram trabalhadas a partir das relações do mundo do trabalho e com a constituição do trabalhismo. As efervescências sociais também foram intensas no período e mereceram atenção especial, assim como as relações entre cultura e Estado. Para finalizar, apresentamos as discussões historiográficas acerca da Revolução de 1930, com destaque para a profusão de interpretações, sendo talvez a de Boris Fausto a mais consagrada.

Atividades de autoavaliação

1. Sobre o Estado Novo, é correto afirmar:
   a) O Estado Novo tinha um caráter liberal, como no caso da proposta de reforma eleitoral com a adoção do voto secreto.
   b) Com o auxílio do Exército e a opinião pública a seu favor, Getúlio Vargas deu um golpe de Estado em 1937, fechando o Congresso e impondo uma Constituição autoritária.
   c) O Estado Novo era influenciado por correntes ideológicas europeias, principalmente, com a crítica às instituições liberais e a constituição de um Estado democrático e descentralizado.
   d) O novo regime autoritário investiu vigorosamente em propaganda para se legitimar, porém abriu mão do aparato repressivo constituído desde a Revolução de 1930.

2. Com relação à política trabalhista durante a primeira fase da Era Vargas, analise as afirmativas a seguir:
   I) Se, por um lado, o Governo Vargas estabeleceu a legislação trabalhista concedendo direitos aos trabalhadores, por outro, reprimiu intensamente a organização de trabalhadores sem o controle estatal.
   II) O trabalhismo foi um fenômeno criado e desenvolvido durante o Governo Vargas, sendo descartado como

estratégica política dos governantes posteriores sem fundamentar raízes no Brasil.

III) O discurso de Vargas na concessão de leis trabalhistas incentivava os trabalhadores a uma agenda permanente de lutas como a maneira mais eficaz de garantir direitos.

IV) O Governo Vargas se utilizou de ativa propaganda política nas rádios – popularizadas nos anos 1930 e 1940 – como recurso de legitimação do regime e canal de comunicação com um público específico: os trabalhadores.

As afirmativas corretas são:

a) I, II e IV.
b) I e III.
c) I e IV.
d) II e III.

3. Acerca das ebulições sociais durante a Era Vargas, marque V para as afirmativas verdadeiras e F para as falsas.

( ) A Revolução de 1930 afetou o protagonismo das elites de São Paulo: os paulistas ficaram insatisfeitos com a perda de seu poder político no controle do café e na autonomia estadual.

( ) O Código Eleitoral de 1932 permitiu que as mulheres votassem, porém não que pudessem ser eleitas.

( ) Os integrantes do movimento sindical evitavam participar das manifestações da Aliança Nacional Libertadora (ANL); preferiam atuar no Partido Comunista do Brasil (PCB), que tinha a maior inserção nos meios progressistas da sociedade.

( ) A Ação Integralista Brasileira (AIB) foi um movimento político de inspiração fascista e pode ser considerado o primeiro partido de massas do Brasil. Apesar de utilizar o alcance nacional dos integralistas, o Governo Vargas os colocou na ilegalidade em 1938.

Agora, marque a alternativa correta:

a) V, F, F, V.
b) V, F, V, F.
c) F, V, F, V.
d) V, V, F, V.

4. Sobre a relação entre Estado Novo e cultura, assinale a alternativa correta:
   a) As maiores produções literárias do período procuravam dar ênfase ao Brasil "moderno", urbano e industrial, sem espaço para regionalismos ou traços rurais da sociedade.
   b) A rádio, uma das principais fontes de difusão ideológica do regime, seguia o modelo norte-americano de difusão, sendo somente estatal.
   c) As principais datas festivas do regime varguista não tinham forte adesão em virtude do descontentamento da população perante a censura imposta pelo Departamento de Imprensa e Propaganda (DIP).
   d) O governo varguista passou a legitimar práticas culturais populares, como o futebol, a capoeira e o samba, para auxiliar na construção da identidade nacional brasileira.

Atividades de aprendizagem

Questões para reflexão

1. De que forma ocorreu o estabelecimento do estado autoritário durante a primeira fase da Era Vargas (1930-1945)?

2. O Estado Novo investiu na construção de uma identidade nacional coletiva para o Brasil. Identifique os elementos dessa identidade e a maneira como foi construída. Lembre-se de considerar as diferentes produções culturais: rádio, cinema, literatura, textos sociológicos e acadêmicos.

Atividade aplicada: prática

1. Assista ao vídeo *Propaganda e repressão*, da série Histórias do Brasil, produzida pela TV Brasil, e elabore uma atividade para ser utilizada com alunos do ensino médio para a explicação histórica do Estado Novo. Não se esqueça de contemplar os objetivos, a metodologia, o desenvolvimento e a avaliação da atividade elaborada.

TV BRASIL. **Propaganda e repressão**: episódio 9. 15 nov. 2012. Disponível em: <http://tvbrasil.ebc.com.br/historiasdobrasil/episodio/propaganda-e-repressao-episodio-9>. Acesso em: 10 jun. 2018.

Capítulo 3

1945-1964: uma democracia à brasileira

Neste capítulo, apresentaremos o contexto brasileiro entre o fim da Segunda Guerra Mundial e do Estado Novo e o golpe de 1964. Um de nossos objetivos é repensar a ideia de democracia por meio da problematização desse período da história brasileira. Para isso, seguiremos a ordem cronológica dos diferentes governos que marcaram a época. Algumas correntes historiográficas chamam esse período de *República Liberal* ou de *República Populista*. Outras correntes também tendem a identificá-lo como "tempo da experiência democrática", enquanto outros insistem que os ideais democráticos eram tão frágeis e tão frequentemente infringidos que dificilmente se poderia afirmar ter havido uma verdadeira democracia no pós-guerra. Esperamos que este capítulo possa auxiliá-lo a chegar a suas próprias conclusões.

(3.1)
VIVA A DEMOCRACIA!

Como sabemos, *democracia* é um conceito clássico aristotélico que remete à definição de "governo do povo" ou "governo dos cidadãos", ou seja, daqueles que gozam o direito à cidadania. No entanto, apesar de ter sido definido pela filosofia antiga, o termo continuou a se desenvolver e a mudar de significado, ainda que em parte devedor da primeira definição. Uma genealogia breve do termo pode ser encontrada no *Dicionário de política*, de Norberto Bobbio, Nicola Matteucci e Gianfranco Pasquino, segundo o qual o conceito se modificou na teoria medieval, quando foi acrescentada a noção de soberania, derivando do povo em direção a seu representante ou derivando do príncipe em uma perspectiva descendente (Bobbio; Matteucci; Pasquino, 1998). Já a teoria moderna, surgida em meio à constituição das grandes monarquias do século XVI, classificou a democracia como uma das formas da república, sendo a outra a aristocracia.

Após a Revolução Francesa e ao longo do século XIX, o liberalismo passou a predominar no pensamento político europeu e seus teóricos acabaram por aproximar o ideal democrático clássico – "governo de todos os cidadãos" – de uma concepção de política representativa (Bobbio; Matteucci; Pasquino, 1998). A democracia garantiria aos cidadãos não o direito de governar, mas o direito de eleger seus representantes. É possível perceber, portanto, que a definição de *democracia* tal qual a conhecemos hoje acabou por trazer em seu bojo aspectos como governo dos cidadãos, soberania popular, república e representação, além de consistir em um regime policrático oposto ao regime monocrático (Bobbio; Matteucci; Pasquino, 1998).

No entanto, o processo histórico que foi do fim do século XIX até o fim da Segunda Guerra Mundial colocou em questão a eficiência da representatividade em face de dois novos modelos: de um lado, o governo bolchevique institucionalizado por Josef Stalin na União das Repúblicas Socialistas Soviéticas (URSS), em 1929; de outro, os regimes autoritários que se diziam revolucionários e que prevaleceram na Europa capitalista até pelo menos o fim da Segunda Guerra Mundial. Os exemplos mais importantes deste último caso foram o fascismo italiano e o nazismo alemão.

Derrotados os principais defensores desse autoritarismo em 1945, predominaram os dois regimes vencedores da guerra: o modelo de capitalismo norte-americano e o comunismo russo. Foi o início não da paz, mas de uma nova guerra de princípios, de visões de mundo, além de uma guerra econômica, política e militar: a Guerra Fria, tempero que marcou o mundo e também o Brasil, entre 1945 e 1964. Em todas as partes do Ocidente, a discussão sobre o modelo econômico-político ideal se tornou uma das questões mais importantes, e não seria diferente por aqui, onde se vivia uma ditadura. A participação do Brasil na Segunda Guerra Mundial, nesse sentido, acabou por colocar em questão a ditadura de Getúlio Vargas perante o discurso democrático dos países aliados. Os pracinhas brasileiros, convocados para lutarem no *front* italiano, em 1944, conscientizaram-se de que uma ditadura como a do Estado Novo não poderia continuar em meio à nova ordem mundial caso o Brasil almejasse participar dela junto às grandes potências que se formavam.

O General Eurico Gaspar Dutra, ministro da Guerra de Vargas, foi o primeiro a prevenir o ditador assim que terminou sua visita de inspeção à Força Expedicionária Brasileira (FEB) em 1944 (Vale, 1978). Mas não foram apenas os militares que questionaram o sistema; outros setores sociais, como universitários, intelectuais, políticos e jornalistas, já o vinham fazendo desde pelo menos 1943. Esse foi o caso do Manifesto dos Mineiros, de 1943[1], dos protestos dos estudantes da Faculdade de Direiro do Largo de São Francisco, além de constantes greves e manifestações de rua. Somaram-se a isso a volta da FEB ao Brasil, em 1944, uma entrevista polêmica de denúncia do Estado Novo, realizada com o ministro José Américo de Almeida, em 1945, e o protesto realizado no I Congresso Brasileiro de Escritores no mesmo ano. O Estado Novo parecia degringolar à medida que a guerra se decidia na Europa e a voz democrática ganhava espaço na imprensa brasileira, aproveitando-se do abrandamento da censura (Benevides, 1981).

Alguns personagens merecem destaque nesse contexto do fim do Estado Novo. O que eles têm em comum? Sua posição de crítica a Vargas. O primeiro deles é o jornalista Carlos Lacerda (1914-1977), ex-membro do Partido Comunista do Brasil (PCB) que logo se converteu à ideologia liberal e foi o autor da entrevista com José Américo de Almeida para o *Correio da Manhã* em 22 de fevereiro de 1945. A entrevista foi

---

1 *Manifesto de oposição ao Estado Novo, assinado por 92 membros da elite política mineira em 20 de dezembro de 1944 e publicado nos jornais.*

considerada um desafio à censura estado-novista e Lacerda foi um dos principais personagens de todo o período político seguinte.

> **A situação: declarações do Sr. José Américo**
>
> Todos devem intervir na vida pública [...]. Por isso mesmo saio do retraimento em que me tenho mantido para manifestar uma opinião sincera em relação ao problema fundamental do meu país. [...]
> No momento em que se pretende transferir a responsabilidade da situação dominante no Brasil da força que a apoia para a chancela do povo é a própria ditadura expirante que nos dá a palavra. É preciso que alguém fale, e fale alto, e diga tudo, custe o que custar.
> O Brasil vai ingressar no seu momento mais difícil. E precisa, sobretudo, da união nacional para encontrar os meios necessários a uma estruturação democrática apta a lhe dar a substância que fundamente a obra de reconstrução do após-guerra.
>
> Fonte: Almeida, 1945, p. 14.

Outro personagem importante foi o Brigadeiro Eduardo Gomes (1896-1981), da Aeronáutica, tenente revolucionário de 1922 e militar importante na Comissão Mista de Defesa Brasil-Estados Unidos estabelecida durante a guerra. Ele foi o grande representante da imprensa liberal nas eleições presidenciais restabelecidas em 1945.

O último personagem a ser mencionado ganhou força ao longo dos anos 1950 e 1960, mas ficou primeiramente conhecido por sua atuação como oficial do 1° Escalão da FEB durante a guerra: o então coronel Humberto de Alencar Castelo Branco (1897-1967)[2], que viria ser o primeiro presidente da ditadura militar brasileira iniciada em

---

2 Para saber mais sobre os perfis de personagens políticos, é possível consultar o **Dicionário histórico-biográfico brasileiro**, publicado pelo Centro de Pesquisa e Documentação de História Contemporânea do Brasil (CPDOC). Disponível em: <http://cpdoc.fgv.br/acervo/dhbb>. Acesso em: 16 jan. 2019.

1964, mas que foi ganhando espaço na cúpula do Exército ao longo do período democrático.

Mais do que todos os personagens mencionados, é incontestável a afirmação de que a figura política mais importante da primeira metade do século XX brasileiro e que teve um destino trágico foi Getúlio Dornelles Vargas (1882-1954). A ditadura Vargas findava pouco a pouco após amplas manifestações de vários setores da sociedade desde pelo menos 1943. Mas Vargas não ignorava a situação. Assim que as exigências pelo fim do governo começaram a se tornar mais incisivas, o presidente afirmou sua intenção de retornar à democracia, convocou eleições para o fim de 1945, lançou um novo código eleitoral permitindo a criação dos partidos e abriu o processo para a formação de uma Assembleia Constituinte.

Os partidos políticos começaram a se organizar já em 1945. Em março foi fundado o Partido Trabalhista Brasileiro (PTB); em abril, a União Democrática Nacional (UDN); e em julho, o Partido Social Democrático (PSD) – os partidos mais importantes em termos eleitorais do período aqui analisado. O mais irônico é que, dos três, dois foram criados a partir de Getúlio Vargas. Do PTB, formado em sua maior parte pelo movimento sindical, Vargas foi membro fundador; no PSD, Vargas foi convidado para ser presidente do diretório nacional, cargo que recusou, apesar de o partido ter sido constituído por vários de seus ex-interventores e amigos (foi, porém, presidente de honra do partido). Portanto, no Brasil, a democracia foi fundada após uma ditadura, mas incorporou, ainda que com grande resistência, seu próprio ex-ditador.

Na oposição política, encarnada principalmente na UDN, encontrava-se um grupo extremamente heterogêneo. Segundo Maria Victoria Benevides (1981), havia antigas oligarquias de antes de 1930, pessoas que já tinham se aliado a Vargas, mas que haviam sido marginalizadas depois de 1930 ou em 1937, e até grupos liberais com forte identificação regional e algumas esquerdas.

Desconfiando das manobras de Vargas, uma junta militar formada pelo próprio ministro da Guerra, Eurico Gaspar Dutra, pelo chefe do Estado-Maior, Góes Monteiro, pelo Brigadeiro Eduardo Gomes e por outros depôs Getúlio Vargas em 29 de outubro de 1945. Mas não sem enfrentar a resistência dos chamados *queremistas*, movimento popular começado espontaneamente, aos poucos organizado politicamente, cujo mote principal era a continuação de Vargas na política nacional e que terá influência nos anos seguintes (Ferreira, 2013a).

As primeiras medidas do novo governo assumido pelo ministro do Supremo Tribunal Federal (STF), José Linhares, foram pôr fim ao Tribunal de Segurança Nacional (TSN), criado em 1936, e regulamentar as eleições. Ainda nessa direção, já estavam previstas eleições para presidente e para a Assembleia Constituinte. Chegara, enfim, o momento de reconstruir a democracia, não mais aquela atribuída à República Oligárquica do começo do século, em que poucos participavam efetivamente do governo. O ideal era mais amplo, fortemente marcado pela ideologia liberal que predominava na imprensa da época e era devedora dos princípios norte-americanos. Pela primeira vez desde a Constituição de 1934, o sufrágio universal e o voto obrigatório, direto e secreto, para homens e mulheres, foram estabelecidos, excluindo-se, no entanto, os analfabetos.

Dos três candidatos à presidência para as eleições de 1945, dois eram militares e representavam grupos conservadores da sociedade. Esse dado é fundamental, pois revela duas características da experiência democrática brasileira: de um lado, as fissões existentes dentro das Forças Armadas; de outro, o vínculo ideológico que começava a se formar entre o militarismo, a democracia e o ideal de moralidade política. Eurico Gaspar Dutra, general do Exército, era o candidato pelo PSD, tinha fama heróica, era católico fervoroso, orgulhoso da farda e praticamente não tinha apelo popular, dono de um discurso mais burocrático do que carismático. Com perfil semelhante havia o Brigadeiro Eduardo Gomes, da Aeronáutica, e sua "campanha do lenço branco"; era candidato da UDN, apoiado por grande parte da imprensa, pelos antigetulistas, por uma fração das Forças Armadas e pela classe média em geral. Por fim, havia o candidato dos comunistas, Iedo Fiúza, engenheiro e ex-prefeito de Petrópolis.

Para termos uma ideia da importância das primeiras eleições sob a vigência das novas regras eleitorais, devemos considerar alguns dados interessantes. De acordo com o último recenseamento geral brasileiro, realizado em 1940, a população era de mais de 41 milhões de pessoas. Nas eleições presidenciais de 1945, votaram 6.160.254 eleitores[3], aproximadamente 15% da população em uma conta simples, uma vez que não se dispõe dos dados da população acima de 18 anos alfabetizada. O mais importante é, contudo, fazer uma comparação com a Primeira República: a população era de cerca de 24 milhões em 1912 e apenas 581 mil pessoas tinham votado para presidente em 1914, em torno de 2% da população[4]. Os números revelam a ampliação da democracia no Brasil quando comparada ao começo do século – ainda que não se considerem os analfabetos –, o que foi o parâmetro para a formação e a organização dos partidos ao longo de toda a chamada *Quarta República* (1945-1964). Era preciso conquistar o eleitorado.

---

3   *As informações apresentadas podem ser verificadas nos Anuários Estatísticos do Brasil, disponibilizados* on-line *pelo Instituto Brasileiro de Geografia e Estatística (IBGE)* em: <https://seculoxx.ibge.gov.br/populacionais-sociais-politicas-e-culturais/busca-por-pala vra-chave/representacao-politica/932-eleitores>. Acesso em: 16 jan. 2019.

4   *Ainda em termos comparativos, nas primeiras eleições diretas para presidente após a ditadura militar, realizadas em 1989, a população era de aproximadamente 147 milhões de pessoas, dos quais 67 milhões votaram, aproximadamente 45%, já incluídos os analfabetos. Consulte:* <http://biblioteca.ibge.gov.br/index.php/biblioteca-catalogo?view=detalhes&id=720>. *Acesso em: 16 jan. 2019.*

O resultado das eleições realizadas em 2 de dezembro foi o seguinte: Eurico Gaspar Dutra (PSD/PTB) com 55,3% dos votos; Eduardo Gomes (UDN) com 34,7%; e Iedo Fiúza (PCB) com 9,7%. Logicamente, a primeira da série de derrotas eleitorais da UDN e a eleição de Dutra são dados importantes para a compreensão do período, mas na conjuntura imediata também foi de grande surpresa a porcentagem conseguida pelo PCB com Fiúza, mesmo após décadas na ilegalidade. Segundo Benevides (1981), Dutra contou com o apoio de polos opostos: de um lado, setores da burguesia agrária conservadora e da nova burguesia industrial; de outro, as camadas populares, distantes do elitismo da campanha do Brigadeiro Eduardo Gomes. Mesmo com sua visível herança estado-novista, o presidente representava a ala antigetulista do PSD.

Em 31 de janeiro de 1946, Dutra tomou posse e, em 18 de setembro, a Constituição foi promulgada, sendo a base da democracia brasileira até 1967. A Constituição manteve as conquistas sociais e trabalhistas que vinham sendo adquiridas desde a década de 1930, mas destacou a necessidade de preservação do modelo democrático, definindo eleições diretas para os cargos do Executivo e do Legislativo tanto na União quanto nos estados e nos municípios. Ao mesmo tempo, reconhecia a importância do sistema partidário e garantia a liberdade de expressão. Registrada no papel, a eleição se tornou obrigatória a homens e mulheres acima de 18 anos, mas somente os alfabetizados podiam votar, o que excluía grande parte da população. Essa questão eleitoral, assim como a restrição ao direito de greve e a exclusão dos trabalhadores do campo das leis trabalhistas foram as críticas mais recorrentes à Constituição de 1946.

Na composição da Assembleia Nacional Constituinte, a grande maioria pertencia ao PSD, o que fez desse partido o mais importante da democracia brasileira na época. Já o movimento queremista, com apoio importante de parte dos comunistas (inclusive do recém-anistiado Luiz Carlos Prestes), conseguiu organizar a volta rápida de Getúlio Vargas à política: por meio da sigla do PTB, foi eleito senador pelo Rio Grande do Sul e por São Paulo e deputado constituinte pelo Rio Grande do Sul, por São Paulo, pelo Distrito Federal, pelo Rio de Janeiro, por Minas Gerais, pelo Paraná e pela Bahia. No total dos componentes da Assembleia, a UDN elegeu 77 deputados e mais 1 pela Esquerda Democrática (grupo interno à UDN) e 10 senadores; o PSD elegeu 151 deputados e 26 senadores; o PTB, 22 deputados e 2 senadores; e o PCB, 14 deputados e 1 senador (Benevides, 1981). Mesmo com um número mínimo perante o PSD, todos se espantaram com o alcance eleitoral dos comunistas.

De fato, em 1946, o PCB já contava com 200 mil filiados, inúmeros comitês populares, 8 jornais, 2 editoras e vários semanários. Esse crescimento dos adeptos ao comunismo ocorria não só no Brasil mas também em diversos países europeus, influenciados pela imagem positiva da URSS, o grande urso que esmagara Hitler na batalha final. Porém, ao mesmo tempo que o comunismo crescia, a resistência a ele – capitaneada no contexto internacional pelos Estados Unidos, que exerciam grande influência na América Latina – também aumentava. Foi assim que, em 7 de maio de 1947, votou-se uma emenda constitucional que permitiu ao Tribunal Superior Eleitoral (TSE) cassar o registro eleitoral do PCB.

A justificativa era o fato de o partido respeitar um projeto internacionalista e, portanto, ser incompatível com a democracia nacional. Essa lei foi considerada por alguns como "o primeiro crime de Dutra contra a democracia", e mal havia terminado a censura ditatorial (Benevides, 1981, p. 65). Em 7 de janeiro do ano seguinte, todos os deputados e o senador eleitos pelos comunistas foram cassados e o partido teve de dar adeus aos poucos meses de legalidade constitucional[5]. Em consequência da perseguição à esquerda, principalmente aos comunistas, entre 1946 e 1947, multiplicaram-se as intervenções nos sindicatos, as eleições sindicais foram suspensas e os comícios foram proibidos. Em 1947, lançaram-se decretos contra a Confederação dos Trabalhadores do Brasil (CTB), contra o Movimento Unificador dos Trabalhadores (MUT) e contra a União das Juventudes Comunistas (UJC). Para esses grupos, o Governo Dutra foi o governo da traição nacional, e não da união nacional, como fazia questão de propagar.

José Ênio Casalecchi (2016, p. 10), ao repensar essse período da história brasileira, afirma que "a presença popular é, sem dúvida, o fato político e social novo mais relevante destas duas décadas". Assim, em uma perspectiva geral, o aumento da participação política, a urbanização, a industrialização, a expansão do movimento operário, o desenvolvimento da imprensa e da opinião pública, além do aparecimento de novos setores empresariais, tornaram-se fatores fundamentais da democracia brasileira e, somados à política representativa, deram movimento à nossa história.

Do ponto de vista econômico, o Estado Novo legara uma sociedade mais urbanizada e industrializada do que a da Primeira República, processo garantido pela decisiva presença do Estado na regulação das atividades econômicas. Dutra assumiu um governo com uma importante entrada de reservas, consequência da guerra, mas também com um crescente processo inflacionário e um deficiente sistema de energia e de transportes, o que poderia prejudicar a continuidade do desenvolvimento econômico brasileiro (Casalecchi, 2016). Ao mesmo tempo, os ideais liberais em voga exigiam que medidas fossem tomadas no

---

5   É interessante notar que, em 1947, o Presidente Harry S. Truman visitou o Brasil e assinou o Tratado Interamericano de Assistência Recíproca (Tiar), com o objetivo de formar um sistema de segurança supranacional.

sentido da abertura do mercado e da diminuição da presença de órgãos centralizadores da economia, o que colocava em questão a tendência desenvolvimentista nacionalista do período anterior.

Ficou clara para Dutra a necessidade de aproximação com o governo norte-americano, até mesmo na tentativa de obter ajuda financeira. Dessa aproximação acabaram se concretizando o rompimento das relações diplomáticas com a União Soviética, em 1947, e a criação da Comissão Mista Brasil-Estados Unidos, em 1948, que visava discutir os problemas econômicos brasileiros e propor soluções, principalmente no tocante à infraestrutura (Bueno, 2008). No entanto, as expectativas em relação à ajuda norte-americana foram frustradas na medida em que a prioridade da potência mundial se concentrava no combate ao comunismo e na reconstrução da Europa, estando a América Latina em segundo plano, principalmente no que se referia a recursos financeiros.

Do ponto de vista cultural, destacava-se o desenvolvimento da moderna dramaturgia brasileira em um processo crescente de diversificação durante as décadas de 1940 e 1950. Afirma Alberto Guzik (2013, p. 117) que, "no conjunto, essa produção formou um arco que se estendeu do drama psicológico ao teatro social, da temática regional à urbana, da pesquisa da linguagem à retomada de modelos neoclássicos". Autores como Nelson Rodrigues e Ariano Suassuna se tornaram conhecidos nacionalmente ao longo dessas décadas.

Notas sobre a arte: o nobre sentido

O difícil em teatro é encontrar o que seja obra de arte. De nós, podemos dizer que jamais existiu isso no Brasil. Agora, com o trabalho do "Os Comediantes", com a peça do sr. Nelson Rodrigues, "Vestido de Noiva", começa na verdade a haver.

Fonte: Jardim, 1944, p. 6.

A peça *Vestido de noiva*, de Nelson Rodrigues, estreou em fins de 1943, ainda durante o Estado Novo, com a direção do ator e diretor polonês Zbigniew Ziembinski, encenada pelo jovem grupo de amadores Os Comediantes. Em janeiro, a peça já era divulgada nos maiores jornais do país e estreava no Teatro Municipal com apoio do então ministro Gustavo Capanema. A montagem e a peça são consideradas pela crítica teatral como um dos mais importantes momentos da história do teatro brasileiro moderno. Nelson Rodrigues revolucionou a cena teatral ao escrever um texto que misturava realidade, sonho e alucinação, além de temporalidades diferentes que se alternam repetidamente. Um texto tão complexo talvez não teria sido possível sem a experiência de Ziembinski na direção dos atores e de Tomás Santa Rosa na construção do cenário. A trinca conseguiu transformar as rupturas e as inovações narrativas em uma lógica visual revolucionária, e sua dinâmica de montagem serviu de referência para o desenvolvimento do teatro brasileiro dos anos seguintes.

Na sequência dessa renovação do teatro nacional, destacamos a fundação do Teatro Brasileiro de Comédia (TBC), em 1948, do qual fizeram parte Cacilda Becker, Maria Della Costa, Tônia Carrero, Sérgio Cardoso, Paulo Autran e Gianfrancesco Guarnieri. De grande importância para a história do teatro brasileiro também foi a criação, por Abdias do Nascimento, do Teatro Experimental do Negro (TEN), ainda em 1944, que teve papel político e social importante até 1961, quando encerrou suas atividades.

(3.2)
Memórias de um suicídio

Eurico Gaspar Dutra governou o Brasil entre 30 de janeiro de 1946 e 30 de janeiro de 1951 (veremos que terminar um mandato na época se revelaria algo raro). Uma das principais medidas relativas ao crescimento econômico foi a criação do Plano Salte, um plano quinquenal apresentado ao Congresso em 1948 e que pretendia organizar os gastos públicos nas áreas de saúde, alimentação, transporte e energia. O plano não se mostrou eficiente e Dutra acabou deixando o Brasil com uma inflação em progressão, menos estável economicamente do que no começo de seu mandato.

O resultado das eleições de 1950 caiu como um raio no país, dividindo cada vez mais a população e aumentando a polaridade política: 48,7% dos votos foram dados para Getúlio Vargas (PTB) e 29,7% para o Brigadeiro Eduardo Gomes (UDN); 21,5% foram para Cristiano Machado (PSD); e 0,1% para João Mangabeira, do pequeno Partido Socialista Brasileiro (PSB). O PSB foi fundado em 1947 pelos membros da Esquerda Democrática, que desejava desvincular-se da UDN. Durante todo o período entre 1947 e 1964, o PSB foi um partido muito pequeno em relação ao número de adeptos e à representação no Congresso, mas a maior parte de seus membros integrava a elite intelectual socialista. Portanto, configurou-se como um partido essencialmente de quadros, que pretendeu em certo momento ser um partido de massas, mas nunca conseguiu ter apelo junto aos trabalhadores, que preferiam filiar-se ao PCB de Luiz Carlos Prestes ou, em seguida, ao PTB de Vargas (Silva, 1992).

De todo modo, 1951 marcou a volta triunfal de Vargas ao poder supremo da República, dessa vez eleito democraticamente, o que indignou a oposição, a imprensa liberal e os setores conservadores da sociedade. O discurso da imprensa pendia cada vez mais para a acusação de "manipulação das massas" por parte de Vargas e, por extensão, por parte do PTB. Dificilmente outro presidente expulso, impedido de exercer suas atividades ou um ex-ditador voltaria ao poder, ainda mais se democraticamente eleito. Parte da explicação reside no fato de que, quando de sua deposição, Vargas não foi exilado, preso ou sequer suspenso de seus direitos políticos; simplesmente retornou à sua propriedade no Rio Grande do Sul, um pouco cansado, aos 63 anos de idade. Mesmo eleito para a Assembleia Constituinte em 1945, praticamente não participou das discussões nem assinou a Constituição de 1946. Mas não deixou de opinar, de se pronunciar, de fortalecer o PTB e de influenciar grande parte da opinião pública desde sua saída do poder.

Em 1948, Getúlio começou a participar de inúmeros comícios para as eleições estaduais no Rio Grande do Sul e em São Paulo a favor de candidatos do PTB e, às vezes, do PSD. Foi em 1949 que Samuel Wainer, então jornalista da rede midiática de Assis Chateaubriand (a maior do país), entrevistou Getúlio Vargas e publicou aquela que seria a frase clássica de sua campanha: "Sim, eu voltarei; não como líder político, mas como líder das massas" (Fausto, 2006, p. 163).

A aliança para a candidatura à presidência de 1951 foi formada com o pequeno Partido Social Progressista (PSP), mas que tinha uma figura carismática importantíssima, Ademar de Barros, então governador de São Paulo. No entanto, o PSP indicou João Café Filho para a vice-presidência, que fez oposição declarada à ditadura do Estado Novo e sugeriu uma aliança equilibrada entre PTB e PSP.

Os dois maiores compromissos da campanha de Getúlio foram o fortalecimento de empresas nacionais criadas por sua iniciativa (Companhia Vale do Rio Doce, Fábrica Nacional de Motores e Companhia Siderúrgica Nacional) e a extensão da legislação trabalhista aos trabalhadores do campo (Fausto, 2006). Ainda durante a candidatura e mesmo depois de eleito, Vargas teve de enfrentar as agressões de seu pior inimigo público, Carlos Lacerda, que queria evitar a candidatura do ex-presidente. Após as eleições de 1951, Lacerda alegou a falta de maioria absoluta nas eleições como argumento para invalidar a posse de Vargas. Apesar de esse projeto se revelar frustrado, pois a Constituição não exigia a maioria absoluta, a oposição acabou por abrir caminho para entendimentos futuros com os setores militares no que se referia à crítica a Vargas e à herança trabalhista (D'Araujo, 1992).

Vargas assumiu em 31 de janeiro de 1951 e, na composição de seu ministério, optou por figuras conservadoras ligadas ao PSD, guardando apenas a pasta do Trabalho para o PTB. Nesse sentido, Maria Celina D'Araujo (1992) argumenta que todo o segundo Governo Vargas seria marcado por tentativas frustradas de acordos políticos com os grupos de oposição. Em termos econômicos, Vargas considerou a corrente liberal em voga, mas tentou manter a lógica nacionalista que fazia parte de sua personalidade política com a fundação, em 1952, do Banco Nacional de Desenvolvimento Econômico (BNDE).

Em 1951, o ministro da Fazenda, Horácio Lafer, lançou um plano econômico que deveria contar com a ajuda financeira dos Estados Unidos. O Plano Lafer, como ficou conhecido, continha uma lista extensa de projetos, como "a criação de novas fontes de energia elétrica, a expansão da indústria de base, a modernização dos transportes, a ampliação dos serviços portuários e a introdução de novas técnicas de agricultura" (Fausto, 2006, p. 170). Já em 1953, o ministro e o plano foram substituídos pelo Plano Aranha, cujo objetivo principal era a estabilização financeira.

Ainda no campo econômico, Vargas foi perdendo apoio dos setores empresariais à medida que o governo continuava com sua política de defesa do desenvolvimento econômico orientado pelo Estado nacional (Zahluth, 2006). Grupos com tendências mais liberais começaram a se afastar do governo e a criticar a intervenção governamental na economia, argumentando a favor da entrada de mais capital estrangeiro no país (Fausto, 2006). Essa era uma tendência forte em um mundo em plena Guerra Fria, favorecida com a tentativa dos

Estados Unidos de promover uma retomada no fluxo internacional de capital e de comércio exterior, combatendo políticas protecionistas ou nacionalistas em regiões sob sua influência, como era o caso da América Latina (Frieden, 2008).

Com relação à política internacional, portanto, Vargas tentou estabelecer uma continuidade com o que havia feito ainda durante o Estado Novo, barganhando a posição estratégica do Brasil em troca de financiamento norte-americano em prol da política desenvolvimentista. Nesse sentido, afastava-se da tendência ao alinhamento executado pelo Governo Dutra. O problema desse tipo de barganha era justamente seu caráter nacionalista; enquanto o governo brasileiro focava a questão do desenvolvimento, os Estados Unidos procuravam "mobilizar as matérias-primas dos países da região". Ainda com as diferenças de interesses, o Brasil chegou a assinar com os americanos um acordo de assistência militar recíproca, com vistas à proteção do Ocidente (Silva; Riediger, 2016, p. 94-95).

A medida mais polêmica do Governo Vargas foi o projeto de criação da Petrobras, a princípio sem o monopólio estatal do petróleo e favorecendo uma economia mista, mas ainda assim controlada pelo Estado brasileiro. A proposta gerou cisões entre nacionalistas e liberais e Getúlio passou a ser acusado, contraditoriamente, de entreguista. A campanha "O petróleo é nosso!" foi uma das mobilizações populares mais importantes já ocorridas no país, reunindo grupos tão diversos como comunistas, socialistas, militares, católicos, trabalhistas e mesmo udenistas a favor do monopólio brasileiro do petróleo. A Petrobras entrou em funcionamento em janeiro de 1954 e foi a maior realização do segundo Governo Vargas perante a opinião pública.

Era perceptível, ao longo de todo o governo, uma tensão entre diferentes projetos de modernização do Brasil: de um lado, uma visão nacionalista da política e da economia; de outro, um olhar favorável à associação ao capital estrangeiro. Segundo Lilia Schwarcz e Heloisa Starling (2015, p. 403), "esses projetos entendiam de maneira oposta as funções do Estado, apresentavam leituras diferentes da realidade, e em torno deles toda a sociedade brasileira iria se dividir no decorrer das décadas seguintes".

É associada ao Governo Vargas a ideia de nacional-desenvolvimentismo, que incorre, em termos gerais, no apoio à intervenção do Estado em atividades de interesse nacional, principalmente industriais, com vistas à diversificação do mercado interno. O objetivo principal dessa política era a inserção do Brasil no cenário internacional mais do que somente como o tradicional país agrário-exportador. Em paralelo a esse projeto, Vargas fez sua carreira com base nas políticas trabalhistas que vinha fortalecendo desde o Estado Novo; no entanto, parte importante do empresariado brasileiro dos anos 1950 via essas proteções ao trabalhador como onerosas a seus interesses econômicos.

Também no Congresso, o PTB de Vargas esteve dividido entre facções mais radicais e mais moderadas. Já o PSD, como não havia apoiado a candidatura de Vargas, mostrava-se atomizado com seus membros, agindo autonomamente sem a coalizão partidária. A UDN, por sua vez, reforçou seu caráter oposicionista aliando-se aos pequenos partidos e procurando obstruir toda e qualquer proposta de Vargas no Congresso. D'Araujo (1992) comenta que partidos e governo foram incapazes, na ocasião, de formar alianças sólidas, o que gerou instabilidade durante todo o Governo Vargas e mesmo antes de sua formação.

A crise se tornou aguda a partir de 1952, com a diminuição dos investimentos norte-americanos na América do Sul, o aumento da inflação e o aumento do custo de vida. Em 1953, Vargas lançou uma reforma ministerial cuja principal medida foi a nomeação de João

Goulart (Jango) para o Ministério do Trabalho, indicando uma retomada dos compromissos trabalhistas. De outro lado, Vargas deu uma guinada conservadora, procurando um consenso máximo entre os partidos de oposição e as demais forças políticas. Para termos uma ideia, a maior parte dos seis novos ministros nomeados por Vargas na ocasião eram udenistas ou simpatizantes (D'Araujo, 1992). O problema da reforma é que ela não agradou nem aos petebistas nem aos udenistas nem aos progressistas nem aos conservadores. Vargas era cada vez mais condenado por suas ambiguidades, o que o isolava politicamente.

Os sindicatos, principalmente de São Paulo, realizaram em 1953 as maiores greves do período e alcançaram alguns benefícios salariais junto ao governo. A nomeação de Jango para o Ministério do Trabalho significava uma tentativa de reaproximação com os grupos sindicais, mas era muito malvista pela oposição, que o escolheu como alvo preferido de seus ataques[6].

Pacto Jânio-Jango com "slogan" peronista

O sr. Getúlio Vargas, de acordo com as informações do ministro do Trabalho, apoiaria incondicionalmente a formação da nova dupla populista: Jango-Jânio.

Acha o presidente da República que os métodos usados pelos dois chefes populistas são muito semelhantes e uma aliança entre os dois seria um passo muito importante para os planos do atual governo.

Fonte: Pacto..., 1954, p. 3.

---

6   Cabe mencionar que, em 1953, paralelamente à reforma dos ministérios, foram feitas algumas denúncias de irregularidades no favorecimento de verbas do Banco do Brasil para o jornal Última Hora, de Samuel Wainer, que era o único periódico a ter uma posição claramente favorável ao governo.

Em janeiro de 1954, Jango apresentou uma proposta de aumento do salário mínimo em 100%, o que provocou uma reação já esperada da UDN, mas endossada pelos militares. Quarenta e dois coronéis[7] assinaram um manifesto enviado a Vargas acusando o governo de corrupção, denunciando uma crise de autoridade no interior das Forças Armadas e pronunciando-se contra o aumento do salário mínimo. A consequência do protesto foi a demissão do então ministro da Guerra, o General Espírito Santo Cardoso. Goulart também se retirou do ministério, mas no dia 1.º de maio, em seu pronunciamento habitual por conta do Dia do Trabalho, Vargas o elogiou e anunciou que levaria em frente a proposta de duplicação do salário mínimo (Schwarcz; Starling, 2015). Nada poderia ser pior para o governo. Ou poderia.

No dia 5 de agosto de 1954, o conhecido jornalista e político antigetulista Carlos Lacerda sofreu um atentado em frente à sua residência, na Rua Toneleros, em Copacabana, no Rio de Janeiro. Além de ter recebido um tiro no pé, Lacerda presenciou a morte de seu guarda-costas, Rubens Florentino Vaz, major da Aeronáutica. A notícia foi imediatamente divulgada pela imprensa, que era em grande parte crítica a Vargas. O *Diário de Notícias* declarava que o país se sentia insultado com o assassinato; O *Globo* trazia "novas revelações sobre o revoltante atentado"; o *Correio da Manhã* destacava a multidão que acompanhara o enterro do major; e o *Diário Carioca* exaltava: "Povo chora, ajoelha e grita na rua" (Barbosa, 2007, p. 182).

Como não poderia deixar de ser, a suspeita recaiu inteiramente sobre o presidente da República ou a alguém próximo a ele. Nos jornais, as Forças Armadas eram incitadas a se manifestarem em relação ao episódio, sendo consideradas o único instrumento capaz de derrubar

---

7   Já figuravam nessa lista importantes nomes da futura ditadura, como Golbery do Couto e Silva, Sylvio Frota, Antônio Carlos Muricy, Sizeno Sarmento e Amauri Kruel.

o governo. Sob tamanha pressão e em solidariedade ao colega assassinado, a Força Aérea Brasileira (FAB) entrou em rebelião contra o presidente ao mesmo tempo que prosseguia as investigações sobre o crime. Provada a participação da guarda pessoal de Getúlio Vargas no atentado contra Lacerda, militares da Aeronáutica, da Marinha e do Exército entregaram um documento pedindo a renúncia do presidente nos dias 22 e 23 de agosto. Até o próprio ministro da Guerra temia não poder mais controlar a situação de revolta militar (Ferreira, 2013b).

Diante da proposta de licenciamento do cargo até o fim das investigações, Vargas cedeu, ainda que contrariado. Porém, quando os militares se mostraram intransigentes, exigindo sua renúncia e sendo apoiados por praticamente todos os ministros do governo, o presidente se recolheu a seus aposentos, colocou seu pijama e tentou dormir. Acordou às 6h da manhã com seu irmão e sua filha batendo à porta com novas informações e orientações políticas. Vargas exigiu que o deixassem em paz e, em algum momento por volta das 8h da manhã, disparou um tiro certeiro contra o peito, não sem antes deixar uma carta-testamento que dramatizou ainda mais o fim de sua longa trajetória política (Fausto, 2006).

Vargas era um senhor de 71 anos, além do maior símbolo nacional que o Brasil já tivera, e sua carta se tornou um manifesto do trabalhismo brasileiro contra os interesses dos monopólios estrangeiros. Extraímos de Ferreira (2011, p. 130) o trecho final do documento:

> *Lutei contra a espoliação do Brasil. Lutei contra a espoliação do povo. Tenho lutado de peito aberto. O ódio, as infâmias e as calúnias não abateram meu ânimo. Eu vos dei a minha vida. Agora vos ofereço a minha*

morte. Nada receio. Serenamente dou o primeiro passo no caminho da eternidade e saio da vida para entrar na história.[8]

No avião que decolou do Aeroporto Santos Dumont e levou o corpo do presidente para ser enterrado em São Borja, no Rio Grande do Sul, estavam presentes a viúva Darcy Vargas, a filha Alzira, o genro Amaral Peixoto e João Goulart. Em frente ao aeroporto, centenas de milhares de pessoas choravam a morte de Getúlio Vargas. Ao contrário do que poderia pensar a oposição, o suicídio de Vargas não resolveu nenhum dos problemas, reais ou não, que eram atribuídos a ele, tampouco abriu caminho para a tomada de poder por parte dos militares conservadores ou da oposição liberal. A carta-testamento deixada pelo presidente foi sua última jogada política e provocou uma reação popular; manifestantes chegaram a destruir patrimônios e prédios públicos e privados, além de atacar os jornais da oposição e os prédios das Forças Armadas. Carlos Lacerda foi obrigado a se esconder na Embaixada dos Estados Unidos e, em seguida, foi transferido para um navio à beira-mar para não ser linchado na rua.

Com a morte de Vargas, assumiu o vice-presidente potiguar Café Filho (1899-1970). Além de ter sido jornalista, esteve envolvido em política desde a Revolução de 1930, atuando como chefe de polícia, inspetor do Ministério do Trabalho do primeiro Governo Vargas, membro da Assembleia Nacional Constituinte de 1934 e deputado federal. Filiado ao PSP de Ademar de Barros, tinha uma posição política mais conservadora do que a de seus correligionários.

Como vice, Café Filho tentou convencer Vargas a renunciar e, após o suicídio, sua posição foi tentar acalmar os partidos e garantir

---

8 Existem duas versões diferentes da carta e uma discussão interessante acerca do assunto e da importância da memória sobre Getúlio Vargas na história brasileira em Fausto (2006, p. 193-203).

as eleições parlamentares de 3 de outubro de 1954, além de afirmar manter "aos humildes a proteção que Vargas sempre lhes deu" (Skidmore, 2010, p. 180). O novo presidente compôs um ministério praticamente udenista, nomeando personalidades como o Brigadeiro Eduardo Gomes, o General Juarez Távora, Eugênio Gudin no Ministério da Fazenda e Prado Kelly no da Justiça. A UDN parecia governar sem nunca ter ganho efetivamente as eleições. Mas seu objetivo se definia claramente: ganhar a presidência no próximo pleito, quando, enfim, poderiam concorrer sem a presença de Getúlio Vargas.

No entanto, outra figura despontava no cenário nacional: Juscelino Kubitschek (1902-1976), jovem membro do PSD mineiro, ex-prefeito de Belo Horizonte e governador do estado. JK, como ficou conhecido, era associado aos getulistas pela imprensa de oposição e, de fato, foi o único governador que compareceu ao enterro do ex-presidente em 1954 (Fico, 2015). Com novas perspectivas de perder as eleições, portanto, os udenistas enviaram um projeto de emenda constitucional propondo que o pleito fosse vencido por maioria absoluta, mas foram derrotados no Senado; assim, a primeira grande crise da República Liberal não foi ocasionada somente pelo suicídio de Getúlio Vargas.

As eleições parlamentares de 1954 trouxeram ainda mais instabilidade ao contexto político nacional. Os trabalhistas passaram de 51 a 56 deputados na Câmara, os udenistas caíram de 84 para 74 e o PSD subiu de 112 para 114. Um ano depois, quando se preparavam as eleições presidenciais, o PSD lançou a candidatura de Juscelino Kubitschek, representando a nova geração do partido, ligada à ideia de modernidade e de desenvolvimento. A questão se complicou à medida que outras candidaturas foram se definindo, e Luiz Carlos Prestes, o líder dos comunistas, resolveu se manifestar a favor da candidatura de JK. Para coroar a tensão política, em 1955, João Goulart se apresentou como candidato à vice-presidência pelo PTB[9], o que indicava aos udenistas uma possível vitória da chapa Juscelino/Jango. Seria, para eles, a continuidade do pesadelo que temiam.

É importante analisar esse momento da história nacional, após dez anos de democracia constitucional. Na área econômica, as esperanças de acordos e de ajuda financeira vinda dos Estados Unidos se tornaram cada vez mais frustrantes. A América Latina não era o local privilegiado pelo governo norte-americano, o que acabou proporcionando a criação e o desenvolvimento de projetos político-econômicos nacionalistas no interior dos países latino-americanos; o Brasil optou por um projeto nacional-desenvolvimentista como a base do governo Vargas e dos seguintes.

Já com relação à política representativa, houve nos partidos a quase ausência de projetos políticos definidos e certa efemeridade em suas existências ou alianças políticas, realizadas de acordo com o momento político e o interesse particular de cada membro. Almeida Delgado (2013) destaca a existência, desde 1945, de uma crescente polarização entre a ala liberal, propulsionada pela onda liberal democrática do pós-Segunda Guerra, mas que no Brasil era bem definida em termos de classe (empresários, bacharéis, militares de alta patente e segmentos da intelectualidade comprometidos com princípios liberais), e uma ala com um projeto social getulista/trabalhista (como foram os queremistas).

Além disso, os três maiores partidos da época – PSD, PTB e UDN – na verdade se dividiram em dois grupos de oposição: getulistas e antigetulistas. O objetivo explícito da UDN era, em curto prazo, "romper com a cadeia de sustentação do Estado Novo e, a longo prazo,

---

9   Na época, as eleições para a presidência e a vice-presidência eram independentes.

eliminar da vida política nacional a força pragmática e mítica do getulismo e também do trabalhismo" (Delgado, 2013, p. 137). Já o PSD se configurou como o maior e mais importante partido e, ainda que fragmentado internamente, garantiu equilíbrio político até pelo menos os anos 1960. O PTB, por sua vez, foi o partido que mais cresceu ao longo da experiência democrática, e esse crescimento, além de sua relação direta com o legado varguista, fez dele o principal alvo da ala liberal conservadora.

Voltando ao contexto de 1955, as candidaturas à presidência se definiram e JK apareceu como o candidato do PSD; o General Juarez Távora foi o candidato da UDN (que insistiu na candidatura dos militares); e Ademar de Barros saiu como candidato do PSP. Ademais, para coroar a polarização, o antigo chefe dos integralistas, Plínio Salgado, saiu como candidato pelo PRP. Carlos Lacerda, em vista do contexto eleitoral, já reivindicava soluções radicais, como a necessidade de um regime de exceção para evitar a "demagogia", a "fraude" e a "corrupção" política.

Essa radicalização partiu também de alguns militares, como o General Canrobert Pereira da Costa, presidente do Clube Militar e chefe do Estado-Maior, que, em agosto de 1955, defendeu publicamente a intervenção militar com vistas ao restabelecimento da moralidade democrática (Ferreira, 2013b). Quanto à intervenção, a imprensa se dividiu e alguns órgãos passaram a condená-la. Empresários, estudantes e intelectuais também se manifestaram publicamente pela legitimidade democrática. Carlos Lacerda começou uma série de acusações graves contra João Goulart, seu alvo preferido após a morte de Vargas. O jornalista da UDN apresentava provas de que Goulart mantinha relações políticas com a Argentina peronista, incluindo tráfico de armas entre os dois países. Com a denúncia, o ministro da Guerra, o General Henrique Teixeira Lott, foi obrigado a instalar uma Comissão Militar de Inquérito (CMI) para avaliar o caso[10].

Enquanto isso, as eleições ocorreram, mesmo com protestos dos mais radicais, e Juscelino Kubitschek venceu o pleito com 36% dos votos válidos. Mas a grande surpresa foi a vitória de João Goulart, com 3.591.409 votos, mais do que os 3.077.411 do próprio presidente eleito.

Como era de se esperar, a UDN tentou todos os meios políticos necessários para invalidar a posse e quase conseguiu seu intento quando, no início do mês de novembro, o ainda presidente Café Filho teve de se afastar do cargo por motivos médicos. Em seu lugar, assumiu o presidente da Câmara, deputado do PSD, Carlos Luz, simpático às reivindicações golpistas da UDN e de alguns grupos militares. Dias depois de ter assumido, Carlos Luz demitiu Henrique Teixeira Lott do ministério, que era considerado por todos como o militar mais legalista do governo. Acreditando ser um golpe de Estado, Lott decidiu se adiantar na estratégia e revidar em uma ação que ficou conhecida como a "Novembrada de Lott".

O ex-ministro se certificou de ter apoio militar, colocou os tanques na rua e obrigou Carlos Luz a sair da presidência. O Congresso decidiu, então, pela posse do presidente do Senado, Nereu Ramos, que governou sob estado de sítio, garantindo que, em 31 de janeiro de 1956, Juscelino Kubitschek e João Goulart assumissem a presidência e a vice-presidência do país.

---

10 *O documento utilizado como prova das acusações contra Goulart foi conhecido como Carta Brandi, em referência ao deputado peronista Antonio Brandi, que seria o possível contato de Jango. Em outubro de 1955, o resultado final da CMI apontou uma falsificação grosseira na assinatura do tal deputado, invalidando a acusação.*

(3.3)
A UTOPIA BRASILEIRA

O Governo JK é bastante estudado pela historiografia contemporânea, já foi tema de filme e série de TV, serve de propaganda aos discursos de modernização do Brasil e é conhecido mundialmente por conta de Brasília, uma capital planejada, construída no Planalto Central do país, considerado por muitos à época como um grande deserto, terra de ninguém. Juscelino foi também um dos dois únicos presidentes a terminar seu mandato ao longo da chamada *experiência democrática* e pode ser considerado um hábil conciliador de extremos.

Contudo, o governo não foi 100% estável. Para além do episódio ligado à posse, já em fevereiro de 1956, dois oficiais da Aeronáutica, udenistas radicais, roubaram um avião de combate com armas e explosivos do Campo dos Afonsos, no Rio de Janeiro, e decolaram rumo a Jacareacanga, no Pará. Sua intenção era realizar um foco de resistência ao governo, dando início a uma guerra civil, porém, para sua infelicidade, 20 dias depois a revolta estava controlada e os revoltosos, prontos para a condenação que nunca veio. Juscelino os anistiou sem estardalhaço e passou a tentar resolver com conversa as desavenças que poderia ter com as Forças Armadas. Para isso, manteve Lott no Ministério da Guerra e tentou convencer os militares, assim como a população em geral, das boas intenções de seu megalomaníaco programa de modernização.

O papel político desempenhado por JK estava de acordo com o próprio contexto nacional. Segundo Bojunga (2010, p. 264), dos anos 1930 aos anos 1950, o Brasil passou da noção de '"país novo' – que ainda não pudera realizar-se, mas que se atribuía grandes possibilidades de progresso futuro – para a noção de 'país atrasado', atrofiado, subdesenvolvido". O presidente compreendia muito bem a importância da economia mundial e do investimento estrangeiro para o desenvolvimento do país. Apesar da aproximação com as esquerdas, principalmente por meio do PTB, era o político mais liberal entre os nacionalistas de herança pessedista/getulista. Seguindo essa lógica, JK solidificou a ideia de desenvolvimentismo no Brasil tentando articular capitais estrangeiro e nacional.

A base do governo era o chamado *Plano de Metas*, primeira grande iniciativa brasileira de planejamento econômico de longo prazo. Era um plano de modernização do país baseado nos bens de consumo duráveis e que procurava colocar em prática o lema de sua campanha presidencial: "Cinquenta anos em cinco". Parte do plano tinha suas bases no que a Comissão Mista Brasil-Estados Unidos tinha proposto já no começo dos anos 1950, mas também teve inspiração em dois organismos de ponta da teoria econômica latino-americana da época: de um lado, o Instituto Superior de Estudos Brasileiros (Iseb); de outro, a Comissão Econômica para a América Latina e o Caribe (Cepal), órgão da Organização das Nações Unidas (ONU) criado em 1948 e que visava elaborar propostas para a superação do subdesenvolvimento nos países latino-americanos.

Em termos de política internacional, o Governo JK coincidiu com a recuperação econômica europeia e com os investimentos do bloco comunista nos países do então chamado *Terceiro Mundo*. Uma vez que os projetos ambiciosos do presidente dependiam diretamente do capital estrangeiro, procurou tornar o país atrativo a esse capital no contexto internacional. Assim, a primeira metade do governo tendeu à abertura para o exterior e ao alinhamento com os EUA, atitude que foi se alterando à medida que o governo avançava, dando lugar novamente a um discurso mais nacionalista (Silva; Riediger, 2016).

O problema é que, mesmo com a recuperação europeia, a política externa norte-americana continuava a menosprezar o continente latino-americano, especialmente no que dizia respeito à industrialização e ao desenvolvimento, o que contribuiu para um antiamericanismo crescente no interior desses países, além de reforçar o próprio caráter nacionalista. O Plano de Metas de JK previa um importante incentivo à indústria automobilística, junto aos investimentos na rede de estradas, favorecendo o transporte rodoviário. Outras metas visavam ao aumento da potência energética brasileira e à duplicação da produção de aço em lingotes. Foi no Governo JK que se construiu, por exemplo, a Usina Hidrelétrica de Furnas, em Minas Gerais.

Mas o grande símbolo dos anos JK foi sem dúvida a inauguração de Brasília, em 1960. Como afirma Thomas Skidmore (2010, p. 206), Brasília "conferiu ao resto do programa econômico de Juscelino, cujos detalhes continuavam desconhecidos da maior parte do grande público, um símbolo de reconhecimento imediato". O projeto de construção da capital federal abrigou três vertentes fundamentais: o nacionalismo, o nacional-desenvolvimentismo e o modernismo urbano-arquitetônico. Junto aos arquitetos e aos engenheiros responsáveis pela construção de Brasília, Juscelino aliou a estética modernista ao plano de divulgação de um governo dinâmico e progressista. Desse modo, a nova capital pode ser vista como o principal símbolo dos "Cinquenta anos em cinco", além de um gigante monumento do Brasil dos anos 1950 e da ideologia nacional-desenvolvimentista (Bomeny, 2002, p. 204) e a maior representação do modernismo arquitetural brasileiro.

No entanto, os anos JK não foram conhecidos internacionalmente somente por conta de Brasília. Além do teatro moderno em plena ascensão, o cinema passou a ser vanguarda no Brasil. Ainda durante o Governo Café Filho, o jovem cineasta Nelson Pereira dos Santos lançou *Rio, 40 graus*, filme centrado na condição da população das favelas no Rio de Janeiro e que foi censurado quando de seu lançamento e liberado após a saída do presidente. A obra é considerada hoje como uma das bases de criação do Cinema Novo no país, que teria em Glauber Rocha seu maior representante, mas contava também com Cacá Diegues, Ruy Guerra, Arnaldo Jabor, o próprio Nelson Pereira dos Santos, entre outros. Apesar das influências internacionais, esse estilo de cinema foi considerado crítico, revolucionário e originalmente brasileiro.

Em termos musicais, o Brasil também não devia a ninguém. Os anos 1950 marcaram a exportação da Bossa Nova, estilo musical que tinha muito pouco da classe popular entre suas principais referências. A maior parte dos artistas integrava a classe média ou a elite e compunha melodias e acordes desafiadores para qualquer músico profissional, misturando *jazz* e samba tradicional. Sua expansão foi rápida e meteórica, entre 1958 e 1963, tendo como principais nomes João Gilberto, Tom Jobim e Vinicius de Moraes. O próprio JK foi apelidado de "presidente Bossa Nova".

**Presidente Bossa Nova,
música de Juca Chaves (1957)**

Bossa nova mesmo é ser presidente/Desta terra descoberta por Cabral/Para tanto basta ser tão simplesmente/Simpático, risonho, original./Depois desfrutar da maravilha/De ser o presidente do Brasil,/Voar da Velhacap pra Brasília,/Ver a alvorada e voar de volta ao Rio./Voar, voar, voar, voar,/Voar, voar pra bem distante, a/Té Versalhes onde duas mineirinhas valsinhas/ Dançam como debutante, interessante!/Mandar parente a jato pro dentista,/Almoçar com tenista campeão,/Também poder ser um bom artista exclusivista/Tomando com Dilermando umas aulinhas de violão./Isto é viver como se aprova,/É ser um presidente bossa nova./Bossa nova, muito nova,/Nova mesmo, ultra nova

---

Presidente Bossa Nova (Juca Chaves) – © 100% Fermata do Brasil

Política, economia, música, cinema, teatro... nada disso teria chegado nem teria o mesmo efeito na população, rica ou pobre, se não houvesse a ação de dois fatores. O primeiro foi um pequeno aparelho, símbolo de modernidade: o rádio. "Fenômeno de massa desde os anos 1930, base da expansão da rica cultura musical brasileira, a radiodifusão sofreu um grande processo de massificação a partir do final da Segunda Guerra Mundial", como afirma Marcos Napolitano (2014b, p. 13). Esse fenômeno de difusão cultural e política garantiu integração cada vez maior entre o imenso território brasileiro e o contexto internacional. Já o segundo fator de difusão, que se modernizou de modo surpreendente no Brasil da época, foram os jornais, transformados em suas técnicas de edição, impressão e distribuição (Barbosa, 2007). Foram introduzidas na época as ideias de neutralidade e objetividade jornalística, que serviram também à busca de uma autonomia do campo jornalístico em relação ao campo literário. Foi, ao mesmo tempo, o auge da crônica brasileira, praticamente obrigando os grandes autores a conservar sua coluna literária no maior número de jornais possível para ajudar na divulgação de seu próprio nome.

As diversas formas de leitura também auxiliaram na popularização dos jornais: em casa, em voz alta nas ruas, coletivamente nos bancos das praças, nas famílias. Mas não foi somente a leitura que encantou. As fotografias, coloridas e às vezes em tamanho real, provocaram polêmicas, discussões acaloradas, disputas e serviram como propaganda cada vez mais eficiente à sociedade de consumo. Viam-se a olhos nus a moda internacional, os aparelhos eletrodomésticos americanos, a Guerra Fria nos recantos da Coreia, os olhos azuis de James Dean.

A revista *O Cruzeiro*, a mais importante da época, era distribuída nos cantos mais longínquos do Brasil e chegou à marca de 700 mil impressões. O mundo se tornou cada vez mais próximo e cada brasileiro se sentia parte dele quando podia ver em suas páginas as marcas do progresso da propaganda juscelinista. Barbosa (2007) destaca dessa época a associação da imprensa à política, sendo o mito da neutralidade a garantia de sua força, tornando-a tão importante quanto um partido ou uma facção.

Na segunda metade do governo, em 1958, JK lançou mais uma proposta inovadora, o projeto da Operação Pan-Americana (OPA). Apresentado ao presidente norte-americano no mesmo ano, a OPA aparecia como uma tentativa de cooperação hemisférica com vistas ao desenvolvimento e à erradicação da miséria e sob o argumento de que seria uma maneira de evitar a penetração de ideologias "externas e antidemocráticas" (Silva; Riediger, 2016). Era um modo de combater o comunismo, mas com um argumento nacionalista que colocava em questão as diferenças econômicas mundiais como algo a ser superado para que o modelo democrático pudesse realmente funcionar.

O desenrolar da OPA coincidiu com a Revolução Cubana de 1959, ainda não totalmente aliada ao comunismo, perspectiva que foi se solidificando à medida que os Estados Unidos foram questionando a legitimidade da revolução. De todo modo, em 1960, o Presidente Dwight D. Eisenhower visitou o Brasil procurando facilitar os acordos de empréstimos com o Fundo Monetário Internacional (FMI), de modo a retomar a simpatia brasileira que tendia a se voltar para os países socialistas, como a Romênia, a Iugoslávia e a República Democrática Alemã (Silva; Riediger, 2016).

O período juscelinista foi por muito tempo definido como estável e até próspero, tendo a produção industrial crescido 80% ao fim dos cinco anos de governo, em um índice de crescimento real de 7% ao ano (Skidmore, 2010). Para Benevides (1991), JK manteve um sistema estável do ponto de vista do jogo político, mas instável do ponto de vista institucional, pois o Programa de Metas, o apoio da aliança PSD/

PTB, a mobilização pelo desenvolvimento e a cooptação dos militares esgotaram sua eficácia logo no fim do governo, contribuindo para a crise que veio em seguida.

Ainda assim, JK conseguiu entregar a faixa presidencial a seu sucessor, eleito democraticamente, e deixou o governo com a popularidade em alta, visando à sua candidatura nas eleições de 1965. Ele contava com essas eleições ainda mais porque sabia que seu sucessor seria praticamente obrigado a adotar uma política de estabilização monetária, uma vez que todas as realizações do Plano de Metas tinham provocado uma grave crise financeira no país, com a taxa de inflação tendo passado de 7% em 1957 para 39,4% em 1959 (Schwarcz; Starling, 2015).

No fim de 1959, as candidaturas à presidência começaram a se preparar. Ademar de Barros saiu novamente pelo PSP e o General Henrique Teixeira Lott pela coligação PSD/PTB, que investia novamente em João Goulart como vice-presidente. Lott acabou ganhando a antipatia da hierarquia militar ao se associar ao PTB (Martins Filho, 2013), partido que nos anos 1960 cresceu exponencialmente e era tido como cada vez mais ligado à esquerda do espectro político. No entanto, há uma década uma figura meteórica ascendia politicamente em São Paulo: Jânio Quadros. Membro de um pequeno partido, o Partido Trabalhista Nacional (PTN), Jânio era uma figura extremamente popular, que se afirmava acima das brigas partidárias, defensor do fim da corrupção e da crise financeira. O discurso da campanha janista era baseado nos valores da honestidade e da democracia, mas comprometido com o crescimento econômico que privilegiaria áreas esquecidas como a agricultura, a educação e a saúde pública. Seu símbolo principal de combate à corrupção era uma vassoura, nada mais simbólico em uma sociedade patriarcal do que pregar uma "limpeza na casa".

Jânio, apesar de sua personalidade um tanto excêntrica, foi apoiado pela UDN em uma tentativa desesperada de chegar ao poder.

E a estratégia funcionou. Jânio foi eleito presidente da República em outubro de 1960 com a maior votação da história da democracia brasileira até então em números absolutos: 48% dos votos válidos contra 28% para o General Henrique Teixeira Lott e 23% para Ademar de Barros. Jânio foi o primeiro presidente a receber o cargo na nova capital federal, Brasília, em 31 de janeiro de 1961 com o apoio de seus 5.636.623 de eleitores. Porém, para desgosto da UDN e dos setores mais conservadores da sociedade, ele governou ao lado de João Goulart, eleito vice-presidente com 4.547.010 de votos. Aqui cabe observar que, desde 1945, o eleitorado brasileiro tinha passado de 6 milhões para quase 12 milhões no que seria a última eleição democrática para presidente vivida pelos brasileiros até 1989.

O Governo Jânio Quadros foi o mais efêmero dessa fase da República brasileira. Como presidente, ficou conhecido pelos famosos bilhetinhos que entregava a funcionários, ministros e jornalistas exigindo tarefas, recriminando comportamentos, lembrando compromissos. Suas primeiras medidas no cargo trataram da proibição do lança-perfume, do biquíni e das brigas de galo (Fausto, 1995). Sua obsessão pelo controle era total. Em termos de política externa, a atuação de seu governo ficou conhecida como *Política Externa Independente* (PEI), que se concretizou pela necessidade brasileira de atrair novos mercados para além do continente americano, passando a uma perspectiva mundial. Propagando a autonomia, nesse caso, o Brasil procurou se voltar até mesmo para o mundo socialista e para os países africanos, defendendo a descolonização.

Para Vizentini (2013), haveria uma sequência entre o nacional-desenvolvimentismo de Vargas, o desenvolvimentismo-associado de JK e a PEI de Jânio – e de Jango, em seguida. Essa ligação entre os governos viria de uma decepção crescente com os EUA, já a partir do Governo Dutra, e seria uma tentativa de autonomia perante essa potência mundial. Entretanto, foi nos anos 1960 que a PEI atingiu seu auge. Jânio Quadros argumentava que o Brasil deveria formar uma frente contra o subdesenvolvimento, baseando-se no princípio da autodeterminação dos povos e da não intervenção. Foi então que o país se aproximou da política argentina e do continente africano, atuando a favor da integração dos países do Cone Sul e da descolonização africana, mediante a criação de grupos de trabalho com vistas a contribuir com o desenvolvimento das relações econômicas, comerciais e culturais com os novos países em formação. Foi também no Governo Quadros que se ensaiou a retomada das relações comerciais com a URSS, além da defesa da não intervenção no caso cubano, a "pedra no sapato" do governo norte-americano.

De todo modo, a PEI provocou a ira da UDN em sua ala mais conservadora e liberal. Jânio Quadros já tinha dado sinais de suas intenções quando foi a Cuba em 1960, mas em 19 de agosto de 1961 condecorou Che Guevara com a Ordem do Cruzeiro do Sul quando este visitava o Brasil. A intenção de Jânio não estava necessariamente ligada a um possível apoio aos comunistas, mas era uma manifestação de suas convicções em relação à independência que a América Latina deveria ter *vis-à-vis* à Guerra Fria.

Imediatamente depois de assumir o governo nacional, Jânio foi quase obrigado a adotar uma política ortodoxa em termos econômicos, com a contenção de gastos públicos, a desvalorização cambial, além da redução de subsídios a produtos básicos de consumo da população. Era, na verdade, o que se esperava de seu governo após o aumento da dívida e da inflação desde o começo dos anos 1950. No entanto, a situação no Congresso não era das melhores. Jânio não tinha o apoio da maioria e o partido que havia encampado grande parte de sua candidatura se voltava aos poucos contra ele – incluindo Carlos Lacerda. Em 25 de agosto, após uma grande polêmica com o jornalista, Jânio Quadros renunciou; João Goulart estava em missão na China, o que se revelava uma boa estratégia para a carta de renúncia. Para completar a fábula, Jânio escreveu uma carta que muito se assemelhava à do suicídio de Vargas, em agosto de 1954, principalmente no que se referia ao caráter conspiratório contra o presidente. Mas não houve suicídio, tampouco a mesma repercussão que teve Vargas à época de sua morte.

Jânio foi praticamente ignorado pelo Congresso e nem mesmo a possibilidade da ascensão de João Goulart à presidência fez com que os parlamentares implorassem a volta do ex-presidente. A renúncia de Jânio foi o estopim de uma grave crise nacional, marcada pela disputa das diversas facções políticas pelo poder, além do questionamento do direito à posse de Jango e do descontentamento dos setores militares. Seria impossível prever que, em menos de três anos, um golpe traria uma solução militar para a crise brasileira, mas é certo que vozes golpistas esparsas já soavam desde os anos 1950 e que elas se voltavam principalmente contra a tradição trabalhista brasileira, considerada a herança de Getúlio Vargas na política nacional e encarnada em João Goulart.

Todas as forças de oposição pareciam se juntar em torno desse inimigo comum, atribuindo a ele a origem dos males nacionais. Ao mesmo tempo, as alianças políticas entre civis e militares foram prática comum desde 1945 e reforçaram cada vez mais a imagem moralizante e idônea dessa instituição contra a imagem de corrupção e demagogia ligada ao sistema representativo.

(3.4)
O GOLPE DE 1964

De acordo com Delgado (2012), de todos os presidentes que governaram o Brasil entre 1945 e 1964, João Goulart parecia ser o menos estudado pela historiografia nacional até o começo do século XXI. Jango foi, contudo, um dos principais líderes trabalhistas brasileiros e orientou sua prática política nesse sentido desde pelo menos a época do Ministério do Trabalho, em 1953. Vários livros publicados a partir de 2006, marco dos 30 anos de sua morte, procuraram preencher essa lacuna (Ferreira, 2006; Gomes; Ferreira, 2007; Munteal; Ventapane; Freixo, 2006; Ferreira, 2011). Já para Fico (2008), as disputas de memória sobre o golpe de 1964, para além da figura de João Goulart, giram em torno da polêmica participação dos Estados Unidos no golpe. Esse assunto é o tema por excelência de um dos trabalhos mais significativos do autor, que logo se tornou um clássico da historiografia brasileira sobre o período.

De todo modo, o conturbado período que se estendeu de 1961 a 1964 é imprescindível para compreendermos a opção radical pelo golpe de Estado e as diversas forças em disputa ao longo do período. Nesta parte do capítulo, apresentaremos o complexo contexto do golpe e o modo como a historiografia problematizou o populismo. No capítulo seguinte, discutiremos a historiografia relativa a 1964 e à instauração da ditadura civil-militar brasileira.

Logo após a renúncia de Jânio Quadros e enquanto Goulart não retornava de viagem, o Deputado Ranieri Mazzilli, do PSD, presidente da Câmara, assumiu a presidência. Os ministros militares foram os primeiros a se posicionarem contra a posse de Goulart, ameaçando até mesmo prendê-lo. A intimidação não foi aceita pelo Congresso nem mesmo pela UDN (Schwarcz; Starling, 2015) e as próprias Forças Armadas estavam divididas internamente tanto entre oficiais e subalternos quanto entre os próprios oficiais.

No Rio Grande do Sul, o Governador Leonel Brizola, representante da corrente mais à esquerda do PTB e cunhado de Goulart, iniciou a campanha pela posse de Jango com um instrumento de mobilização popular muito eficaz: o rádio. Foi a chamada *rede da legalidade*. Em seguida, Brizola foi apoiado pelo governador de Goiás, pela União Nacional dos Estudantes (UNE), pela Ordem dos Advogados do Brasil (OAB) e por movimentos sociais. No caos da sucessão, o Congresso encontrou a solução paliativa perfeita: transformou o presidencialismo em parlamentarismo, procurando fortalecer o Legislativo, e Goulart foi convencido a aceitar o acordo para poder regressar a Brasília, ainda que governando de mãos atadas. O contexto brasileiro era peculiar. A crise econômica estava marcada pela inflação e pela necessidade urgente de pagamento da dívida externa, e múltiplos movimentos sociais se organizavam ao mesmo tempo desde o começo do período democrático. A crescente urbanização e a industrialização, a migração interna, as alterações na posse da terra provocadas pela expansão da agropecuária e do latifúndio e a possibilidade de participar politicamente por meio do voto motivaram diferentes setores a se organizarem, como a população rural (Fausto, 1995).

O movimento mais importante foi sem dúvida o das Ligas Camponesas, tendo como líder um advogado e político pernambucano chamado Francisco Julião. A organização das Ligas começou em 1955 na luta contra a expulsão dos camponeses da terra, a elevação dos preços dos arrendamentos e a semiescravidão em que vivia grande parte da população do campo. As Ligas se localizaram principalmente no Nordeste e procuraram apoio de setores progressistas, como o movimento dos estudantes, os movimentos operários e alguns intelectuais[11]. Atualmente, considera-se o papel pioneiro

---

11 Além das Ligas Camponesas, havia outros movimentos, como a União dos Lavradores e Trabalhadores Agrícolas (Ultab), controlada pelos comunistas, e a Igreja Católica, que visava ao auxílio à população rural e à sua sindicalização seguindo uma orientação reformista, ainda que não radical (Azevedo, 2006).

das Ligas na regulamentação da sindicalização rural e na extensão das leis trabalhistas à população do campo, além da pressão ao sistema representativo para introduzir a questão agrária no centro da agenda política nacional dos anos 1960 e do fato de terem sido um movimento politicamente independente do Estado, de partidos, da Igreja ou de sindicatos (Azevedo, 2006).

A organização dos estudantes, principalmente dos jovens que compunham o então chamado *grau científico* e de universitários em torno da UNE, fortaleceu-se desde o fim do Estado Novo nos anos 1940 e radicalizou-se em direção à esquerda nos anos 1960. Em paralelo a ela, a Juventude Universitária Católica (JUC) também adotou posições socialistas, chegando a entrar em conflito com a hierarquia mais conservadora da Igreja (Fausto, 1995). Ambas as organizações foram seriamente reprimidas após 1964.

Ao mesmo tempo, grande parte do movimento sindical vinha de uma longa tradição de ligação direta entre seus dirigentes e o governo federal desde o Estado Novo, no que se convencionou denominar de *peleguismo*. Com Jango na presidência, a barganha entre os dois setores poderia ser aventada e sua maior reivindicação eram as chamadas *reformas de base* – entre elas, a reforma agrária. À época, previa-se na Constituição a reforma a partir da desapropriação de terras mediante prévia indenização em dinheiro ou em títulos, medida que as forças mais à esquerda procuravam alterar. Até 1963, o conflito se agravou de modo crescente com a invasão e a ocupação de terras improdutivas, a impossibilidade do pagamento de indenizações por parte do Estado e o fim da crença na conciliação entre os partidos que representavam posseiros e proprietários no Congresso.

Nas cidades grandes, a crescente inflação, os salários desvalorizados e o aumento do custo de vida levaram à criação do Comando Geral dos Trabalhadores (CGT), em 1962, e à organização de constantes greves. No interior dos sindicatos, a tentativa de negociação com o intermédio do Estado perdia cada vez mais força, e a radicalização revolucionária tomava corpo.

Ainda durante o regime parlamentarista, Goulart tentou governar nomeando Tancredo Neves, membro moderado do PSD, como primeiro-ministro e procurando constituir um gabinete com os três maiores partidos da democracia – PSD, PTB e UDN. A estratégia era aprovar suas propostas de reforma sem um enfrentamento direto ou agressivo; no entanto, os próprios partidos estavam fragmentados em correntes mais à direita e mais à esquerda do espectro político, e a conciliação no Congresso se tornou algo improvável.

A polaridade política dominava também os setores civil e militar. Em estudo hoje clássico, René Armand Dreifuss (1981) afirma a importância da articulação da direita principalmente por meio do Instituto Brasileiro de Ação Democrática (Ibad)[12] e do Instituto de Pesquisas e Estudos Sociais (Ipes)[13], além da Escola Superior de Guerra (ESG)[14]. Segundo Fico (2015), os Estados Unidos financiaram atividades desses três órgãos, além de terem liberado empréstimos sem a intermediação do governo federal para governadores que faziam oposição a Goulart, como Carlos Lacerda, Magalhães Pinto e Ademar de Barros. O objetivo

---

12 Fundado em 1959 e com ligações diretas com a Central Intelligence Agency (CIA), o Ibad foi fechado por João Goulart em 1963, acusado de financiamento ilegal de candidaturas nas eleições para o Legislativo em 1962. O financiamento visava à eleição de deputados e senadores a favor de propostas liberais.

13 Fundado por empresários em 1961 e articulado a oficiais da Escola Superior de Guerra (ESG), disfarçado sob a condição de instituição de pesquisas sobre a sociedade brasileira, o Ipes financiava ciclos de palestras, livretos, propaganda, filmes e documentários de caráter anticomunista e antigovernista.

14 Fundada em 1949 pelo Alto-Comando das Forças Armadas, procurava elaborar propostas de desenvolvimento econômico e de segurança nacional para o país, extrapolando as funções exclusivamente militares.

dessa articulação ainda não era a conspiração por um golpe de Estado, mas um projeto amplo de desestabilização do Governo Goulart, até mesmo utilizando-se da imprensa.

Tancredo Neves renunciou em menos de um ano. Outros dois nomes chegaram a ser apresentados pelo presidente e foram recusados pela maioria na Câmara, chegando a vez do pessedista Francisco de Paula Brochado da Rocha, cuja primeira promessa foi a convocação de um plebiscito para decidir a continuidade ou não do regime parlamentarista. Brochado também renunciou. O plebiscito foi adiantado por Goulart e realizado em 6 de janeiro de 1963, e a opção presidencialista ganhou com mais de 80% dos votos.

Ainda segundo Fico (2015), a vitória do presidencialismo marcou a mudança da estratégia da oposição: passou-se da tentativa de desestabilização do Governo Goulart para a definitiva conspiração que culminou em março de 1964. O PTB e Goulart eram cada vez mais identificados com os comunistas, principalmente por conta da proposta de reforma agrária, enquanto a esquerda criticava Goulart por tentar fazer acordos com as elites. Assim, se pensarmos nas diversas representações que se fizeram sobre João Goulart, temos que:

> *Para a direita civil-militar que tomou o poder em 1964, Goulart era um demagogo, corrupto, inepto e influenciado por comunistas [...]. Para as esquerdas revolucionárias e a ortodoxia marxista-leninista, o presidente era um líder burguês de massa, uma liderança cuja origem de classe marcou seu comportamento dúbio e vacilante, com vocação inequívoca para trair a classe trabalhadora [...]. Além disso, segundo muitas interpretações, incluindo a de diversos historiadores, um consenso: tratava-se de um "populista".* (Ferreira, 2013c, p. 345)

Já os Estados Unidos, além de financiarem alguns governos estaduais e instituições contrárias a Goulart, redigiram um plano de contingência relativo ao Brasil, no qual afirmavam seu apoio à derrubada de João Goulart e determinavam que "os EUA deveriam intervir militarmente no Brasil caso houvesse confrontos e apoio de algum país comunista" (Fico, 2015, p. 52). A intervenção dos Estados Unidos, porém, só foi evidenciada pela historiografia em pleno século XXI, com o acesso de alguns pesquisadores a arquivos oficiais norte-americanos.

Em 1963, Brizola denunciou que um golpe estaria se formando à direita, e a direita denunciou uma tentativa de golpe por parte do presidente, de Brizola e do movimento operário[15]. Em outubro, Carlos Lacerda concedeu uma entrevista a um jornal dos Estados Unidos pregando o golpe de Estado; Goulart, em resposta, solicitou ao Congresso um decreto para impor o estado de sítio. O decreto foi negado. Neste ponto, é necessário destacar que as ações de Goulart entre a convocação do plebiscito e o pedido de estado de sítio são avaliadas na historiografia como sinais de uma possível tentativa de articulação de golpe; outros historiadores refutam essa presunção, argumentando que Goulart estava mais para pragmático do que para golpista e que as tendências mais autoritárias vinham da parte de Brizola[16].

Ao mesmo tempo, as Forças Armadas presenciavam uma divisão já há alguns anos, que se traduziu nos embates pela presidência do Clube Militar e em revoltas de subalternos. Toda a sociedade parecia fragmentada e polarizada. Os dois momentos mais representativos da gravidade da crise política, econômica, social e militar vivida no país ocorreram em duas datas marcantes. Em 13 de março, sexta-feira, João Goulart fez um comício na Central do Brasil para cerca de 200 mil pessoas afirmando o fim das tentativas de conciliação no Congresso e

---

15 Sobre a suspeita de haver golpes de direita e de esquerda, veja a análise crítica feita por Toledo (2004).
16 Para aprofundar esse debate, veja o artigo de Fico (2017, p. 7-36). O assunto será problematizado novamente em capítulos posteriores.

a necessidade de forçar a realização das reformas de base. Uma semana depois, uma multidão de cerca de 500 mil pessoas, em geral de classe média, saiu às ruas de São Paulo, na primeira Marcha da Família com Deus pela Liberdade, reivindicando a intervenção das Forças Armadas. Os dois momentos políticos marcaram também uma fratura de classe na sociedade brasileira e exprimiram a marca da desigualdade social no país.

Mas alguns episódios ainda seriam necessários para que as Forças Armadas decidissem sair às ruas. E estes vieram com a polêmica revolta dos marinheiros em fins de março de 1964. Os revoltados foram anistiados por Goulart sem nenhuma penalidade e a oficialidade considerou a atitude do presidente um grave incentivo à quebra da hierarquia, base da instituição militar. Os militares, principalmente aqueles ligados ao Ipes, já admitiam a necessidade do golpe, e suas ligações com os Estados Unidos garantiam uma força-tarefa naval norte-americana pronta para intervir caso fosse necessário; era a chamada *Operação Brother Sam* (Fico, 2008).

A atitude que marcou o início de um movimento golpista foi a saída da tropa da 4ª Região Militar, comandada pelo General Olympio Mourão Filho, de Juiz de Fora, Minas Gerais, em direção ao Rio de Janeiro, onde estava o presidente. Entrevistas realizadas com militares mostram como existiam diferentes grupos conspiratórios, todos marcados pelo mesmo sentimento de incerteza e de caos na sociedade, além do anticomunismo. O fato de Mourão Filho ter dado início ao golpe, no entanto, parece ter ocorrido sem estratégia mais ampla e antes da data prevista pelos oficiais envolvidos na conspiração (Soares; D'Araujo, 1994).

Quando soube da movimentação, em vez de resistir, procurar aliados ou pronunciar-se publicamente, Jango pegou um avião para Brasília e, em seguida, para o Rio Grande do Sul, eximindo-se da luta e exilando-se no Uruguai. A ocupação militar ocorreu em poucos dias e a resistência dos setores de esquerda ou do Congresso Nacional foi inútil, apesar da atuação de Brizola no Rio Grande do Sul. A impressão era que todos, talvez mesmo Goulart, aguardavam uma intervenção militar nos moldes dos anos anteriores (1945 e 1955), colocando ordem na casa e convocando novas eleições em seguida. Com a justificativa de ter Goulart longe de Brasília, mas ainda em território nacional, a presidência foi declarada vaga em 2 de abril de 1964 e diversos grupos políticos pareciam aguardar as campanhas eleitorais do ano seguinte. Por outro lado, vozes contestatórias também soaram nesse mesmo dia, denunciando a ilegalidade das decisões da Câmara.

(3.5)
Histórias da história

É possível perceber semelhanças entre o contexto democrático dos anos 1940-1960 e o contexto atual do Brasil. Poderíamos pensar nas polarizações partidárias, nas denúncias de corrupção envolvendo o Executivo, no conflito entre direita e esquerda, no caráter nacionalista de alguns projetos político-econômicos, na importância da figura do líder político, na aclamação de certos grupos pela intervenção militar, na importância dos movimentos populares e dos organismos religiosos, na força da bancada ruralista, na discussão polêmica sobre a questão das reformas de base no Brasil etc. Tudo isso faz parte de nossa história em uma perspectiva de longa duração e integra o significado da democracia produzida no Brasil. É imprescindível, portanto, que o conhecimento desse contexto sirva de matéria para a reflexão sobre nosso passado e nosso presente.

Com o fim da ditadura nos anos 1980, a historiografia brasileira tendeu, sobretudo, a se debruçar sobre períodos específicos: a ditadura do Estado Novo e, em seguida, a ditadura militar, de modo a compreender a recorrência da solução autoritária. Assim, o interesse pelo período democrático existente entre as duas ditaduras acabou se tornando um objeto de pesquisa mais disseminado na historiografia a partir dos anos 1990. Isso não quer dizer que outras áreas de pesquisa não estivessem interessadas naquele momento da história brasileira; pelo contrário, a sociologia e, especialmente, a sociologia política se ocuparam muito desse assunto, e essa produção até hoje é uma referência importante para os historiadores que visam estudar o período. Seus interesses principais foram o comportamento eleitoral e partidário, vindo daí a tendência a abordar a experiência democrática a partir de seus diferentes governos.

Entre as várias questões que poderiam ser problematizadas nesse sentido, optamos por destacar a discussão sobre a noção de populismo, que durante muito tempo serviu para explicar os diversos governos dos anos 1940 a 1960 e a falência da democracia brasileira em 1964. É como se o populismo servisse de justificativa para a série de golpes militares que marcaram a história latino-americana do século XX. No Brasil, por exemplo, estaria muitas vezes vinculado à prática trabalhista, o que legitimaria o golpe de 1964.

Muitas outras questões poderiam ser levantadas em relação a esse período de recente interesse na historiografia, até mesmo aspectos relativos à história cultural, com destaque para o Movimento Negro a partir dos anos 1940, para a história da Bossa Nova ou para a história do teatro moderno brasileiro.

Por necessidade de escolha, preferimos destacar o populismo como mote de discussão deste capítulo e a memória sobre o golpe e a ditadura civil-militar como motes de discussão dos próximos capítulos. Esperamos que você possa enriquecer essa abordagem com novas leituras sobre o período para ampliar as discussões aqui propostas sobre a democracia no Brasil.

O conceito de populismo será abordado com base no livro referencial organizado pelo historiador Jorge Ferreira, em 2001, com artigos de Maria Rolim Capelato, Ângela de Castro Gomes, Elina da Fonte Pessanha, Fernando Teixeira da Silva, Hélio da Costa, Lucília de Almeida Neves, Regina Lúcia Morel e Daniel Aarão Reis[17]. O trabalho desses autores está inserido no que podemos chamar de *nova historiografia brasileira*, marcada pela Nova História Política, pela História do Tempo Presente e por suas reflexões sobre cultura política, sujeito histórico, memória, "história vista de baixo" etc. Ao mesmo tempo, está também diretamente vinculada a uma revisão sobre o trabalhismo brasileiro. O importante é admitirmos que a historiografia, como todos os campos de pesquisa, é território em constante disputa, característica que determina sua riqueza e importância em qualquer democracia[18].

A ideia de *populismo* presente no senso comum e também na mídia, nas ruas e até nas salas de aula é aquela que se refere a um tipo de política empregada por um líder carismático e na maioria das vezes autoritário, capaz de manipular com seus dons pessoais a imensa massa trabalhadora, carente de líderes próprios, de consciência de classe e iludida pela propaganda do Estado. Não precisamos ir muito longe para perceber a utilização indiscriminada dessa definição ainda hoje quando se trata de governos de caráter popular.

---

17 *Para aprofundar a questão do populismo no Brasil, pode-se começar pela leitura do livro completo organizado por Ferreira (2001) e partir para o estudo dos teóricos ligados ao conceito, como Octavio Ianni, Alberto Guerreiro Ramos, Luiz Werneck Vianna e Francisco Weffort, e a historiografia contemporânea que discute o conceito.*

18 *Mencionamos como exemplo a crítica historiográfica marxista ao grupo de historiadores que utilizamos aqui como referência. Veja a discussão em Fico (2017).*

> **Entre o populismo e a liberdade**
>
> Estive no Panamá e assisti com atenção à Cúpula das Américas. Ficou claro que a América Latina vive uma dicotomia entre o populismo e a liberdade. Lamentavelmente, nos últimos anos, vimos o continente ser varrido por uma onda populista que mostra seus sinais de desgaste. No Brasil, na contramão, o governo insiste em dar sinais de autoritarismo e irresponsabilidade que a sociedade demonstra repudiar.

Fonte: Virgilio Neto, 2015.

No entanto, o conceito tem também fundamento teórico bem elaborado pela sociologia política e pela historiografia e, além disso, dialoga com argumentos difundidos pela mídia e os alimenta. O termo começou a se desenvolver teoricamente entre os anos 1950 e 1960, tendo como base principal a chamada *teoria da modernização*. De acordo com Ferreira (2001), essa teoria teve como principais representantes os sociólogos italianos radicados na Argentina Gino Germani e Torcuato di Tella. Os dois tentaram explicar a sucessão de golpes militares e as revoluções na América Latina da primeira metade do século XX como resultado da passagem rápida de uma sociedade tradicional para uma sociedade moderna com a grande leva de migração interna (rural/urbana) e externa (europeia), além da rápida industrialização e urbanização.

Para essas teorias, o campesinato que chegou à cidade em um movimento migratório forçado pela modernização foi a origem mais importante do fenômeno do populismo no mundo. Essa mudança abrupta teria provocado manifestações populares clamando por direitos básicos sem que houvesse canais institucionais que os garantissem. Nesse contexto, teriam surgido líderes políticos capazes de canalizar os interesses dessas massas. O sociólogo brasileiro Octávio Ianni, um dos principais teóricos do populismo na América Latina, afirma o descompasso do contexto latino-americano em comparação com o modelo ideal da democracia representativa europeia pós-guerra, panorama que teria levado ao surgimento em nosso continente do fenômeno da massa guiada pelo líder, "cujos vínculos são a demagogia e o carisma" (citado por Ferreira, 2001, p. 66).

Entretanto, se pensarmos nessas teorias que foram delineadas nos anos 1950 e que procuram fazer comparações continentais e mesmo mundiais, podemos considerar que "o termo [populismo] engloba muitas experiências, práticas e fenômenos distintos no tempo e no espaço. O principal efeito disso é tirar o teor explicativo do termo, já que dificilmente situações históricas tão distintas apresentam características semelhantes" (Torres, 2011, p. 207). Um exemplo importante de operacionalização desse conceito para contextos distintos foi a aproximação que se fez à época entre um suposto populismo varguista e um populismo peronista na Argentina. O objetivo da comparação era, sobretudo, a desmoralização das duas políticas.

Também nesse sentido, em outras formulações, como a do grupo de Itatiaia[19], ainda nos anos 1950, o alvo principal da definição de populismo era Getúlio Vargas. Nos anos 1950 e principalmente após o suicídio do presidente, essa aproximação teórica se transferiu para seus herdeiros: PTB, Leonel Brizola, João Goulart, Hugo Borghi. Já com o desenvolvimento da pós-graduação universitária no Brasil, o conceito ganhou uma grande amplitude nos anos 1960, uma vez que servia para explicar a fragilidade de articulação do movimento operário (de acordo com a lógica populista, um movimento alienado, manipulado) em face do golpe promovido pela direita civil-militar em 1964 (Ferreira, 2001). Foi o período chamado de *crise do populismo*.

---

19 Consulte os artigos de Ângela de Castro Gomes e Daniel Aarão Reis na mesma coleção.

O principal nome a discutir o conceito teoricamente no interior da universidade brasileira pode ser considerado o do sociólogo Francisco Weffort, que, apesar de caracterizar o populismo em grande parte com base na teoria da modernização dos anos 1950, afirmava a ação dos próprios trabalhadores no fortalecimento das relações de poder. Para Ferreira (2001), a análise de Weffort é por vezes ambígua, ora afirmando a interlocução entre o Estado e a classe trabalhadora, ora afirmando sua manipulação.

De acordo com Ferreira (2001), por um lado, essa historiografia, em grande parte marcada pelo marxismo, critica a teoria da modernização, trazendo em seu bojo a possibilidade de que a história não é somente estrutural ou predeterminada, mas pode ser mudada, transformada, de que existe a possibilidade da revolução e da resistência. Por outro lado, a historiografia marxista manteria alguns argumentos da definição clássica de *populismo*, principalmente no que tange à ênfase ao binômio repressão/persuasão, da qual os estudos sobre a repressão policial e a propaganda durante o Estado Novo serão os grandes exemplos.

> **Política de massas**
>
> O célebre *slogan* de Antonio Carlos em 1930 – "façamos a revolução antes que o povo a faça" – constitui a divisa de todo período histórico que se abre com aquele movimento e que se encerra com o golpe de estado de 1964. Por força da clássica antecipação das "elites", as massas populares permaneceram neste período (e permanecem ainda nos dias atuais) o parceiro-fantasma no jogo político.

Fonte: Weffort, 1980, p. 15.

Ao longo dos anos 1980 e 1990, a tão utilizada teoria da modernização, que era a base de explicação do fenômeno populista na América

Latina, foi perdendo força, principalmente porque tendia a colocar as diferentes sociedades mundiais em termos etapistas e evolutivos, criando países "atrasados" e países "desenvolvidos" democraticamente. No entanto, entre a formulação e a crítica, o conceito de populismo serviu muito bem ao imaginário político brasileiro entre 1945 e 1964, sendo amplamente utilizado pela imprensa brasileira para caracterizar tal e tal governo, ajudando na banalização do conceito.

Para termos uma ideia, governos tão diferentes como os de Getúlio Vargas, Juscelino Kubitschek, Jânio Quadros e João Goulart foram todos, em algum momento, classificados como populistas: às vezes no sentido de governo popular, às vezes no sentido de governo manipulador. De qualquer maneira, estava implícita nessa classificação a crença de que uma grande parte da população brasileira era manipulada, acéfala, sem consciência de classe e de uma obediência cega à figura do líder.

O que a História Cultural e a História Social da Cultura, correntes que se consolidaram na historiografia brasileira por volta dos anos 1990, trouxeram de positivo para esse debate, por meio de autores como Carlo Ginzburg, Roger Chartier, Peter Burke e Edward Palmer Thompson, foi a possibilidade de repensar o grau de autonomia da classe trabalhadora, além da discussão sobre a existência ou não da cultura popular, a questão da circularidade cultural e da resistência à dominação e a crítica à "ideologia dominante" como hegemônica e unívoca.

No tocante ao estudo do período da história brasileira aqui apresentado, podemos repensar o conceito por meio desses novos olhares, considerando, por exemplo, a relação entre o trabalhismo e os trabalhadores para além da questão da repressão, da propaganda, da manipulação. Até que ponto a classe trabalhadora se beneficiou da política trabalhista e utilizou a democracia a seu favor? Para Ferreira (2001), há de se pensar o Estado e a classe trabalhadora como sujeitos em relação, na qual as partes, mesmo que desequilibradas em termos de poder, são capazes de identificar interesses em comum. Essa abordagem começou a aparecer na historiografia em fins dos anos 1980 e começo dos anos 1990 e seus maiores representantes integram, não sem querer, a coletânea aqui citada e publicada em 2001[20]. Segundo Borges (2002), a intenção dos autores dessa coletânea é compreender as diversas possibilidades e potencialidades da história em cada momento, além da problematização de novos sujeitos históricos – os trabalhadores –, alternando o debate em relação às pesquisas que privilegiam apenas o estudo do Estado como agente histórico.

No debate historiográfico sobre os anos 1945 a1964, a desconstrução da ideia de populismo nos auxilia a pensar os múltiplos agentes políticos da democracia brasileira, sem limitá-los aos partidos políticos e ao sistema representativo, mas acrescentando o estudo sobre as organizações operárias, a mídia, as chamadas *classes populares* etc. De todo modo, o que parece estar em jogo na historiografia referente ao período, de modo geral, é a tentativa de entender como essa construção da democracia entrou em falência em menos de 20 anos e terminou por se diluir em um regime autoritário de mais de 20 anos.

Síntese

O presente capítulo apresentou de maneira sucinta os contextos político e econômico, além de características sociais e culturais do período entre 1945 e 1964, de modo a discutir os significados da democracia brasileira. Podemos perceber, nesse sentido, semelhanças e diferenças entre nosso atual contexto e aquele período.

---

20 É referência importantíssima na revisão do trabalhismo a tese hoje clássica de Ângela de Castro Gomes (1987).

Globalmente, a Guerra Fria desempenhou importante papel nas polarizações políticas que foram se desenhando no país após a guerra. Internamente, a ampliação da democracia trouxe novos atores para o espaço público, exigindo uma adaptação do sistema representativo.

Além disso, destacamos a força que o liberalismo ganhou ao longo do período e a crítica cada vez mais intensa ao trabalhismo brasileiro, encarnado na figura de Getúlio Vargas e de João Goulart, do PTB. A oposição a esse grupo político cresceu na medida em que cresceu o número de eleitores e correligionários no PTB e na medida em que estes se associaram a uma posição cada vez mais à esquerda do espectro político.

Do ponto de vista econômico, o nacional-desenvolvimentismo se tornou a prática comum à maior parte dos governos do período e foi pensado como alternativa à tradicional dependência dos países latino-americanos em relação às mais importantes economias mundiais, a estadunidense e a europeia. Culturalmente, o teatro, o cinema e a música ganharam reconhecimento mundial enquanto o Brasil tentava maior inserção internacional na nova ordem mundial do pós-guerra.

Por fim, procuramos colocar em evidência o debate historiográfico em torno do conceito de populismo de modo a questionar sua eficácia e sua utilização no senso comum e na historiografia. Esperamos que, após a leitura deste capítulo, você possa refletir sobre a originalidade e a criatividade política que marcaram a democracia brasileira, mas também sobre suas falhas e suas dificuldades.

Atividades de autoavaliação

1. Entre as características do período de 1945 a 1964, **não** podemos apontar:
   a) a opção pelo nacional-desenvolvimentismo como prática política adotada pela maior parte dos governos da época.
   b) o rompimento das relações diplomáticas com a União Soviética.
   c) o grande apoio financeiro e econômico dos Estados Unidos em toda a América Latina.
   d) a criação da Petrobras como empresa de monopólio nacional.

2. Quais dos seguintes presidentes cumpriram todo o seu mandato?
   a) Eurico Gaspar Dutra e Juscelino Kubitschek.
   b) Eurico Gaspar Dutra e Getúlio Dornelles Vargas.
   c) Juscelino Kubitschek e Jânio Quadros.
   d) Eurico Gaspar Dutra e João Goulart.

3. Acerca do segundo Governo Vargas (1951-1954), assinale as alternativas corretas:
   a) Vargas criou o Banco Nacional de Desenvolvimento Econômico (BNDE) e a Petrobras ao longo de seu mandato.
   b) O petebista João Goulart foi nomeado ministro do Trabalho no ano de 1953.
   c) Vargas manteve a imprensa sob o regime de censura e de coerção, utilizando-a como veículo de propaganda.
   d) A Consolidação das Leis do Trabalho (CLT) foi uma das principais iniciativas do governo.

4. Sobre as crises político-econômicas mais importantes do período de 1945 a 1964, é **incorreto** afirmar:
   a) Uma das maiores crises políticas já vistas no país teve como causa imediata o suicídio do Presidente Getúlio Vargas em agosto de 1954.
   b) O jornalista de oposição Carlos Lacerda foi assassinado pela guarda pessoal do presidente Vargas no caso conhecido como *Atentado da Rua Toneleros*.
   c) Em 1955, o general Henrique Teixeira Lott promoveu uma articulação militar conhecida como *Novembrada* ou *contragolpe*, com o objetivo de assegurar a posse do presidente eleito.
   d) O governo de Juscelino Kubitschek foi marcado por revoltas militares, como a de Jacareacanga e a de Aragarças.
   e) Jânio da Silva Quadros foi o presidente que menos tempo permaneceu no cargo durante toda a chamada *experiência democrática*.

5. Acerca dos principais fatores que contribuíram para ocorrência do golpe de 1964, assinale a alternativa **incorreta**:
   a) A polarização entre direita e esquerda agravou a crise política no período.
   b) A reforma agrária foi um dos debates mais polêmicos no Congresso à época.
   c) Desde a renúncia de Jânio Quadros, em 1961, o Congresso tinha o golpe como inevitável.
   d) Um dos principais argumentos para a legitimação do golpe de 1964 foi a necessidade de eliminar a política trabalhista brasileira.

Atividades de aprendizagem

Questões para reflexão

1. Em sua análise crítica do conceito de populismo, o historiador Jorge Ferreira afirma que "Populista é sempre o Outro, nunca o Mesmo" (Ferreira, 2001, p. 124). Qual é sua opinião sobre essa afirmação? Você concorda que o período entre 1945 e 1964 possa ser chamado de *República Populista*? Por quê?

2. A partir do que foi discutido no capítulo, podemos dizer que o período entre 1945 e 1964 pode ser considerado um período democrático no Brasil? Justifique.

Atividades aplicadas: prática

1. Acesse o *site* da Hemeroteca Digital da Fundação Biblioteca Nacional (http://bndigital.bn.gov.br/hemeroteca-digital) e escolha um artigo publicado logo após o suicídio do Presidente Getúlio Vargas (privilegie aqueles do dia 25 de agosto de 1954). Perceba o modo como a tragédia é narrada, além da menção à carta-testamento, e tente compreender a posição do jornal em relação à figura do ex-presidente.

2. Acesse o *Dicionário histórico-biográfico brasileiro* (http://cpdoc.fgv.br/acervo/dhbb), publicado pelo Centro de Pesquisa e Documentação de História Contemporânea do Brasil (CPDOC). Escolha alguns dos personagens importantes do período de 1945 a 1964 e identifique a posição deles quando ocorreu o golpe de 1964.

Capítulo 4
1964-1979:
golpe ou revolução?

A disputa de memórias é uma característica sempre presente na historiografia. Alguns períodos, no entanto, apresentam disputas mais acirradas dependendo do momento no qual são evocados. Os anos entre 1964 e 1985 cabem nessa definição não só pelo fato de serem um período recente de nossa história e por terem terminado de maneira ambígua, ainda com a participação dos militares, mas também pelas categorias políticas que foram operacionalizadas durante e após o período, com conceitos como democracia, ditadura e revolução.

Quando tratamos do golpe de 1964, explicamos nossa opção pela denominação **golpe civil-militar** por reconhecermos a participação de inúmeros movimentos civis (imprensa, empresariado, Igreja) no movimento de desestabilização do governo João Goulart e a favor da intervenção militar. Da mesma maneira, ao tratarmos do regime de Estado que deu sequência a esse movimento, optaremos pela denominação **ditadura civil-militar** por nos vincularmos a uma posição historiográfica que percebe esse período como um período ditatorial no qual quem detém o poder sobre o Estado é o Alto-Comando das Forças Armadas, mas com acentuada participação de civis e, especialmente, da burguesia nacional no funcionamento do Estado entre 1964 e 1979, além da acomodação e da cumplicidade de grande parte da população.

Entretanto, essa nomenclatura é recente e explicita uma posição historiográfica específica, discutida com mais ênfase, por exemplo, por Fico (2017). Se os setores que apoiaram o regime tendem a negar a palavra *ditadura*, parte da esquerda também condena chamar de *ditadura civil-militar*, preferindo *ditadura militar*, pois defende a ideia de que o Estado estava sob domínio das Forças Armadas, tendo os militares ocupado postos de empresas estatais e privadas, bem como ampliado e militarizado os mecanismos de segurança nacional.

No intuito de possibilitarmos uma melhor compreensão desse período complexo da história brasileira, pretendemos construir reflexões. Para isso, relataremos os eventos que consideramos mais importantes até o governo do Presidente Ernesto Beckmann Geisel, de modo a discutirmos os mecanismos políticos e sociais da instauração, da permanência e da tentativa de construção da legitimidade por parte dos agentes da ditadura.

Ao fim do capítulo, examinaremos alguns dos campos historiográficos contemporâneos que procuram compreender a ocorrência do golpe de 1964 e a falência da democracia declarada em 1945. Esperamos, assim, complexificar o tema de modo que você, leitor, possa criar argumentos para formar sua própria opinião.

(4.1)
A CONSTRUÇÃO DE UMA DITADURA

Em termos teóricos, podemos começar nossa discussão refletindo sobre as definições da palavra *revolução*. A mais conhecida delas está ligada ao contexto da Revolução Francesa e é caracterizada, em termos gerais, pela "tentativa, acompanhada do uso da violência, de derrubar as autoridades políticas existentes e de as substituir, a fim de efetuar profundas mudanças nas relações políticas, no ordenamento jurídico-constitucional e na esfera socioeconômica" (Pasquino, 1998, p. 1121).

A revolução se diferencia de uma simples rebelião ou revolta na medida em que estas são normalmente circunscritas a uma área geográfica específica e podem ser acalmadas muitas vezes com a substituição de algumas personalidades políticas ou por meio de concessões econômicas. Ao mesmo tempo, a revolução também implica algo mais complexo do que um simples golpe de Estado que vise simplesmente substituir as autoridades políticas existentes sem mudar significativamente os mecanismos políticos e socioeconômicos. No entanto, a revolução pode utilizar um golpe de Estado para iniciar seu longo caminho.

Para refletirmos sobre o regime civil-militar e sobre sua definição como revolução (argumento da historiografia militar, por exemplo) ou como golpe transformado em ditadura (argumento da maior parte da historiografia civil, principalmente de esquerda), devemos ter em mente a questão da mudança. É preciso pensar se houve, de fato, profundas alterações nos sistemas político, social e econômico do país nos 21 anos em que cinco militares e uma junta governativa estiveram no poder.

Ao mesmo tempo, é importante considerar que a instituição militar, ainda que valorizasse a unidade e a coesão internas, foi marcada por diferentes visões e projetos de nação ligados à formação do militar, à sua geração, aos seus ideais pessoais. Os governos de Humberto de Alencar Castelo Branco (1964-1967), de Artur da Costa e Silva (1967-1969), da Junta Governativa (1969), de Emílio Garrastazu Médici (1969-1974), de Ernesto Geisel (1974-1979) e de João Batista Figueiredo (1979-1985) foram específicos em seus projetos para o país e tiveram de lidar com contextos diferentes a cada momento da história. Ainda que nossa abordagem neste capítulo seja eminentemente temática, procuramos ter em mente esses diferentes contextos.

Além disso, é preciso lembrar que o tema dos golpes e dos regimes militares é pertinente não só ao Brasil, mas à historiografia latino-americana contemporânea de modo geral, uma vez que o fenômeno atingiu de diversas maneiras todo o continente em uma época aproximada. Essa historiografia se preocupa cada vez mais em analisar as representações políticas mobilizadas pelos grupos de oposição às ditaduras militares, além das fissuras entre as correntes de esquerda, da construção da memória da época por diferentes atores sociais envolvidos, da experiência do exílio etc. (Prado; Pellegrino, 2014).

Segundo a historiadora Lucileide Costa Cardoso (2011, p. 118), o primeiro documento internacional a reconhecer o 31 de Março de 1964 como uma "legítima revolução do povo" foi publicado na revista norte-americana *Reader's Digest* em maio daquele ano. O movimento ocorrido no sul do continente era exaltado como um exemplo do que o "mundo livre" deveria fazer para evitar o "domínio comunista total". Nesse discurso, o papel dos militares foi minimizado, pois teoricamente estavam apenas cumprindo o apelo da sociedade brasileira.

O historiador norte-americano James Maylor Green (2009, p. 64), ao mencionar essa mesma reportagem, complementa que o artigo especial de capa, com 27 páginas de conteúdo, "levava a aproximadamente 15 milhões de leitores norte-americanos uma avaliação entusiástica da 'revolução brasileira'"; além disso, a revista era considerada de direita. Ainda que não possamos dizer se houve qualquer tipo de financiamento do Estado norte-americano para a publicação, o fato é que ela dialogava com os argumentos mais conservadores da cultura durante a Guerra Fria (Green, 2009).

Em 1969, um dos momentos mais tensos do regime militar, em que este perdia apoio da opinião pública, a Presidência da República publicou a coletânea *O processo revolucionário brasileiro*, que contava com artigos de eminentes intelectuais, como Gilberto Freyre – apoiando o movimento com base na natureza pacífica da sociedade brasileira – e Gustavo Corção – defendendo o General Castelo Branco como aquele que realizou a democratização do Brasil (Cardoso, 2011). Neste último artigo, a Igreja Católica "progressista" foi condenada, assim como o comunismo e o governo de João Goulart.

Mesmo que desde os anos 1960 já se questionasse a dimensão revolucionária do 31 de Março, foi a partir da década de 1970 que o discurso militar começou a se manifestar "ressentido e queixoso" contra os discursos historiográficos e as memórias de militantes de esquerda que "manchavam a imagem dos militares e de sua obra" (Cardoso, 2011, p. 122). Ao mesmo tempo, na transição entre essas duas décadas, uma parte do discurso militar começou a defender que a revolução de 1964 não se limitava ao caso isolado da eliminação de um presidente, movimento ou partido, mas envolvia a retomada da revolução democrática brasileira, teoricamente começada em 1930 e interrompida em 1937.

Certo discurso militar operacionalizava o conceito de revolução (tempo longo, profundas mudanças, necessidade de violência) para explicar o que vinha acontecendo no país desde 1964. Em seus termos, o regime integrava-se a um processo de média duração capitaneado desde o começo pelos militares com vistas a construir o "verdadeiro" Brasil democrático. Daí a necessidade da permanência deles no poder por mais tempo do que o esperado.

As comemorações do 31 de Março, assim como a versão crítica que o definia simplesmente como golpe de 64, criaram embates e disputas de memórias ao longo de todo o regime, após seu fim e até hoje. Por isso, torna-se interessante notar que, somente na *Ordem do Dia* de 31 de março de 2004 (40 anos depois), o Comandante do Exército não tenha utilizado – pela primeira vez até então – a expressão *Revolução de 1964*, ainda que por isso tenha sofrido várias críticas da comunidade militar (Toledo, 2004).

Essa posição mais precavida com relação à definição da famosa data como revolução demonstrava consciência do comandante em relação ao debate em torno do termo e das diferentes versões do ocorrido, apontando para um possível diálogo entre posições até então antagônicas. No entanto, 2004 já vai longe e o que acabamos vendo após essa data foi o acirramento das polarizações entre as diferentes memórias sobre o regime ou ditadura (civil) militar.

Para além dessa disputa, a historiografia contemporânea tende a concordar que o golpe de Estado em si não se impôs necessariamente com intenções de durar longo tempo. Ao contrário, grande parte dos atores envolvidos, inclusive militares, acreditava em uma retomada, em curto prazo, da democracia civil. No dia mesmo do golpe, chuvas de papel picado podiam ser vistas nas ruas de Copacabana, saudando os militares, além dos que aplaudiam de pé o incêndio provocado no prédio da União Nacional dos Estudantes (UNE) no Bairro do Flamengo e a invasão da Universidade de Brasília (UnB) dias depois do golpe. A conhecida escritora Rachel de Queiroz, que estava no interior do Ceará em 31 de março, publicou em crônica na famosa revista *O Cruzeiro* sua felicidade com a concretização do movimento, que ela acompanhou pelo rádio:

> *Mas como por milagre, naquela confusão sem sentido de discurseira e bombos, pega-se [a estação de rádio d'] o Rio: e se escuta a voz clara de Sandra Cavalcante, a soar no alto-falante como um sino de prata: Jango fugiu pra Brasília, o Guanabara está salvo! O General Castelo Branco mandou os tanques na hora. Agora deixa haver discurso. Louvado seja Deus.* (Queiroz, 1964b, p. 130)

Assim como Rachel de Queiroz, outros intelectuais apoiaram entusiasmados o fim do Governo João Goulart e a "volta à ordem". Em seguida à posse do presidente da Câmara dos Deputados, Ranieri Mazzilli, na Presidência, o General Artur da Costa e Silva, membro mais antigo do Alto-Comando do Exército e um dos articuladores dos generais que aderiram ao movimento iniciado em 31 de março, criou o Comando Supremo da Revolução ao lado do Almirante Augusto Rademaker e do Brigadeiro Francisco Correia de Melo. A primeira medida do Comando, já no dia 9 de abril, foi um ato institucional, hoje conhecido com AI-1, uma vez que vieram outros. O dito ato determinava a eleição indireta para presidente e vice-presidente, além de aumentar consideravelmente os poderes do Executivo, mas mantinha a previsão das eleições diretas para outubro do ano seguinte.

Como previsto pelo AI-1, dias depois o então chefe do Estado-Maior do Exército, o General Humberto de Alencar Castelo Branco, sendo candidato único, foi eleito indiretamente presidente da República. Castelo Branco era conhecido por ter atuado com destaque na conquista de Monte Castelo, em fevereiro de 1945, batalha símbolo da participação brasileira na Segunda Guerra Mundial. Sua aproximação com a política também começou em 1940, quando foi chefe de gabinete do ministro da Guerra, General Eurico Gaspar Dutra.

Com o fim do Estado Novo, Castelo Branco se envolveu nas eleições do Clube Militar de 1950, ao lado de militares conservadores como Osvaldo Cordeiro de Farias, Jurandir Mamede e Sizeno Sarmento. Esse grupo entrava na disputa pela presidência do Clube encarnando uma corrente liberal a favor da participação de capital estrangeiro na economia. Perdendo as eleições do Clube Militar naquele ano, Castelo apoiou o movimento da Cruzada Democrática, grupo voltado para o combate ao comunismo no meio militar e que ganhou as eleições para o Clube em 1952 e 1954. No mesmo ano, Castelo Branco assinou, com mais 30 militares, o documento a favor da renúncia de Getúlio Vargas à presidência, no movimento que culminou com o suicídio do presidente em agosto de 1954.

Na segunda metade da década de 1950, prevendo a crise política, Castelo Branco, que comandava a Escola de Comando e Estado-Maior do Exército (Eceme), manteve um forte discurso de que os militares não deveriam intervir nas questões políticas nacionais. Porém, no evento de 11 de novembro de 1954, apoiou Henrique Teixeira Lott na manobra militar que garantiu a posse de Juscelino Kubitschek na presidência, o que reforçou sua fama de democrata dentro dos quadros do Exército.

No entanto, por divergências com Lott logo em seguida, acabou pedindo demissão da Eceme em 1956, ocupando no mesmo ano o comando do Departamento de Estudos da Escola Superior de Guerra (ESG). Foi no comando da ESG que Castelo Branco ampliou sua atuação, sendo um dos principais responsáveis pela doutrina, de inspiração norte-americana, aplicada na instituição.

Com a aproximação cada vez maior de Lott e outros militares das correntes trabalhistas e de esquerda, Castelo Branco se opôs publicamente ao grupo. Em 1958, foi novamente candidato à presidência do Clube Militar, perdendo as eleições para a Chapa Amarela, de caráter nacionalista e pró-Lott. Em 1962, foi condecorado com a quarta estrela do generalato, assumindo em seguida a chefia do IV Exército em Recife, no lugar do General Artur da Costa e Silva. Desde cedo, portanto, era tido como um militar de caráter conservador, com tendência liberal e democrata. Além disso, sua adesão ao golpe de 1964 foi tardia, não tendo participado da conspiração, ainda que praticamente todos os militares conspiradores fossem próximos a ele e pedissem sua colaboração[1].

Por conta de sua trajetória, acabou garantindo certa aparência de legalidade no primeiro momento do regime militar, até porque o AI-1 determinava a manutenção das eleições diretas para a presidência em 1965. Não foi à toa que os principais interessados no pleito (Carlos Lacerda, Magalhães Pinto, Juscelino Kubitschek) sustentaram a eleição indireta de Castelo Branco à presidência. Os amplos poderes concedidos ao Executivo pelo AI-1 incluíam a possibilidade de declaração de estado de sítio sem a necessária aprovação do Congresso, além da

---

[1] Para uma introdução aos perfis de militares e políticos apresentados, consulte o Dicionário histórico biográfico-brasileiro, *publicado pelo Centro de Pesquisa e Documentação de História Contemporânea do Brasil (CPDOC). Disponível em: <https:// cpdoc.fgv.br/acervo/dhbb>. Acesso em: 16 jan. 2019.*

liberdade para cassar mandatos eletivos e suspender direitos políticos. O discurso dos militares para usar e abusar de tais práticas era, principalmente, a necessidade de "expurgar os comunistas do país". No espectro da política da época, os comunistas eram identificados principalmente entre os trabalhistas e os sindicalistas, os primeiros alvos da série de inquéritos policiais-militares (IPMs) responsáveis por cassações e prisões no primeiro governo militar. Além disso, as garantias de estabilidade do serviço público foram suspensas por seis meses, permitindo a denúncia e a demissão de inúmeros funcionários (Fausto, 1995). Esse primeiro movimento de expurgo dos elementos políticos indesejáveis teve apoio do vice-presidente da Ordem dos Advogados do Brasil (OAB), de bispos participantes da Conferência Nacional dos Bispos do Brasil (CNBB) e de inúmeros jornais, além de parlamentares e de instituições como o Conselho Superior das Classes Produtoras (Conclap), a Sociedade Rural Brasileira (SRB) e a Campanha da Mulher pela Democracia (Ferreira; Gomes, 2014). Começava a "caça às bruxas", chamada de *punições revolucionárias*.

A historiografia e a literatura especializadas brasileiras tendem a dividir os governos militares em dois grupos diferentes. O primeiro deles seria composto por aqueles ligados a Castelo Branco, como Ernesto Geisel e Golbery do Couto e Silva, chamados de *castelistas* ou *grupo da Sorbonne*. No segundo grupo estariam os militares da chamada *linha dura*, representada principalmente pelos generais Artur da Costa e Silva e Sylvio Frota, marcados pela crença no saneamento profundo da sociedade brasileira, com vistas a erradicar o comunismo e o varguismo do Brasil nem que para isso fossem necessários um longo tempo no poder e o recurso da censura e da violência, entendido como mal necessário (Reis Filho, 2014).

Entretanto, muito desse argumento polarizador serviu para minimizar o papel de Castelo Branco como ditador, mantendo a versão de que sua principal intenção seria preparar o Brasil para a volta à democracia. Um dos mitos mais difundidos em relação ao Governo Castelo Branco, por exemplo, foi a ausência de casos de tortura durante seu governo. Hoje, a historiografia prova a existência desse procedimento desde os primeiros momentos após o golpe e da conivência de Castelo Branco, que só procurou instaurar um inquérito depois de as acusações terem saído na imprensa (Fico, 2004).

Além disso, é muito comum na memória liberal sobre o regime a referência ao governo de Castelo como "ditabranda" (Napolitano, 2014a); e mesmo o jornalista Elio Gaspari, em sua notável coleção sobre o regime militar, repete a definição desse período como "ditadura envergonhada". Outra imagem característica de Castelo Branco, que serviu para opô-lo a Costa e Silva, foi sua formação intelectual mais refinada, mais propensa ao diálogo e ao respeito às normas legais (Fico, 2004). Contudo, desde o começo do Governo Castelo Branco, além do saneamento político, da repressão e das denúncias de tortura, notou-se "uma política voltada para a acumulação de capital que exigia ações autocráticas de longo prazo" (Napolitano, 2014a, p. 67). Percebe-se uma intenção de permanência de um controle autoritário com vistas a um ideal, principalmente econômico, em relação ao Brasil.

Foi ao longo de seu governo que as atividades políticas de estudantes foram proibidas, militares radicais assumiram cargos políticos importantes, a Lei de Segurança Nacional foi assinada instituindo a noção de "guerra interna", o Congresso Nacional foi fechado e uma lei de imprensa restritiva foi promulgada. As mudanças começaram em julho de 1964, quando o mandato de Castelo Branco foi prorrogado até 1967 e os possíveis candidatos à presidência viram seus sonhos irem por água abaixo. No entanto, em março e outubro de 1965, as eleições municipais e estaduais, respectivamente, mostraram-se desfavoráveis ao governo nos principais estados e capitais, como a prefeitura de São Paulo e o governo do Estado da Guanabara[2] e de Minas Gerais.

Ainda em outubro de 1965, Castelo Branco lançou o segundo ato institucional, que aumentou os poderes do Executivo, permitindo-lhe até mesmo fechar o Congresso, as Assembleias Estaduais e as Câmaras de Vereadores, declarou eleições indiretas para presidente e extinguiu os tradicionais partidos políticos, criando em seu lugar a Aliança Renovadora Nacional (Arena), em partido do governo, e o Movimento Democrático Brasileiro (MDB), da oposição.

É interessante notar que a Arena se constituiu principalmente dos políticos ligados à antiga União Democrática Nacional (UDN) e ao Partido Social Democrático (PSD), enquanto o MDB congregava os sobreviventes do antigo Partido Trabalhista Brasileiro (PTB) e uma minoria do PSD, entre outros. Em resposta às eleições regionais, o presidente lançou, em fevereiro de 1966, um novo ato institucional, estendendo as eleições indiretas para governadores, prefeitos das capitais dos estados e vereadores de alguns municípios. A partir do momento em que os candidatos em potencial para a presidência da República viram seus sonhos serem postergados para um futuro cada vez mais distante, procuraram se aliar entre si. Carlos Lacerda, um dos líderes civis do golpe, foi um dos políticos que começou a divergir do governo militar.

A historiografia que reafirma o autoritarismo ditatorial já no Governo Castelo Branco destaca que desde 1964 houve perseguição política policial a todo um grupo de intelectuais, políticos, funcionários públicos, sindicalistas, trabalhadores, artistas e até militares, identificados como vinculados ao projeto reformista que se apresentara ao longo da primeira metade dos anos 1960. Além disso, sabe-se da prática

---

2   Após a transferência da capital federal para Brasília, o Estado do Rio de Janeiro manteve sua capital em Niterói, diferenciando-se da cidade então destituída, que passou a se chamar Estado da Guanabara.

da tortura desde aquele período, além do fechamento progressivo do sistema político em torno do Executivo. Apesar de todas essas medidas de fechamento do sistema e como ainda prevalecia a Constituição de 1946, alguns direitos como a liberdade de imprensa, de manifestação e de expressão, além do *habeas corpus*, permaneceram mais ou menos válidos. Não foi à toa, portanto, que expressivas manifestações artísticas críticas ao regime tenham acontecido no teatro e no cinema na época.

Em termos de política externa, o primeiro governo militar marcou o encerramento da Política Externa Independente (PEI) e a utilização da Doutrina de Segurança Nacional (DSN) como argumento-base para suas ações no plano internacional. A doutrina vinha sendo elaborada pela ESG desde o fim dos anos 1940, com base no binômio segurança/desenvolvimento, diretamente inspirada pelo National War College norte-americano (Silva; Riediger, 2016).

O alinhamento com os Estados Unidos foi, assim, uma prioridade do Governo Castelo Branco, com a esperança de retorno por meio de apoio financeiro. No entanto, ao longo dos demais governos militares, essa cooperação se revelou mais voltada para o setor estratégico militar do que para o plano econômico comercial, levando o Brasil a manter relações econômicas extra-hemisféricas inclusive com os países socialistas (Silva; Riediger, 2016). Castelo Branco lançou no começo de seu governo o Plano de Ação Econômica do Governo (Paeg), que visava ao combate ao déficit público, com proibição da emissão de títulos estaduais sem prévia autorização, aumento do preço do trigo, aumento dos impostos; à normalização do crédito, com implantação da indexação na economia, modelo que duraria até 1994; e a uma política salarial baseada no arrocho, com diminuição dos salários no setor público e livre negociação entre patrões e empregados no setor privado. Segundo Fico (2015), o Brasil ainda se beneficiou do programa Aliança para o Progresso.

Inspirado na Operação Pan-Americana de JK, o programa havia sido lançado pelo presidente John Kennedy em 1961 como uma aliança cooperativa voltada para a segurança interna e o combate à pobreza nos países do continente. Porém a Aliança era uma medida que visava também aumentar a influência dos Estados Unidos sobre a América Latina, sobretudo após a revolução cubana e seu progressivo alinhamento com a União Soviética, cujo ápice fora a crise dos mísseis em 1962. Para termos uma ideia, o Brasil foi o maior beneficiário do continente e recebeu mais de 2 bilhões de dólares do programa entre 1961 e 1971 (Fico, 2015).

Com promessas de avanço econômico, o começo do primeiro governo militar conseguiu manter certo apoio da sociedade civil ao mesmo tempo que realizava suas primeiras "limpezas" no nível político. Em um balanço desse governo em relação aos demais governos militares, Schwarcz e Starling (2015, p. 449) afirmam:

> *A posse do general Castelo Branco era o prelúdio de uma completa mudança no sistema político, moldada através da colaboração ativa entre militares e setores civis interessados em implantar um projeto de modernização impulsionado pela industrialização e pelo crescimento econômico, e sustentado por um formato abertamente ditatorial. A interferência na estrutura do Estado foi profunda. Exigiu a configuração de um arcabouço jurídico, a implantação de desenvolvimento econômico, a montagem de um aparato de informação e repressão política, e a utilização da censura como ferramenta de desmobilização e supressão do dissenso.*

A principal característica do Governo de Castelo Branco, portanto, foi sua capacidade de criar uma perspectiva de equilíbrio nas contas do Estado e atuar em prol da legitimação da ditadura, pois nos primeiros anos do regime os militares estariam mais interessados "na blindagem do Estado diante das pressões da sociedade civil e na despolitização dos setores populares do que em impedir completamente a manifestação da opinião pública ou silenciar as manifestações culturais de esquerda" (Napolitano, 2014a, p. 72). A última medida desse governo veio em janeiro de 1967, quando foi promulgada uma nova Constituição, aprovada após a reabertura do Congresso pelo AI-4 em dezembro do ano anterior. A Constituição incorporou muitos dos princípios presentes nos atos institucionais, mas foi "emendada" em menos de três anos, além da dezena de novos atos institucionais utilizados para modificá-la ao longo de toda a ditadura.

É interessante perceber, como aponta o historiador Marcos Napolitano (2014a), a necessidade de os militares proclamarem um total de 17 atos institucionais e 104 atos complementares ao longo do regime, quando seria mais fácil simplesmente assumir o poder com base no auxílio das Forças Armadas para executá-lo. Para o historiador, essa opção, contudo, ocasionaria um conflito entre as várias lideranças militares e a consequente perda de controle sobre as tropas. Além disso, os atos consolidaram um processo de "normatização autoritária" e garantiram certa rotina nas decisões autocráticas em exercício, além da impressão de legalidade, uma vez que passavam por um processo jurídico (Napolitano, 2014a, p. 79).

Ao terminar seu mandato, Castelo Branco deixou um governo com ilusórias perspectivas de melhoria no setor econômico por meio de uma política de austeridade e da diminuição da inflação. Ilusórias porque o investimento externo não correspondeu ao esperado. Além disso, a inflação baixara de 86% em 1964 para 40% em 1966, o que, apesar de positivo, ainda constituía um alto índice, prejudicando principalmente a massa trabalhadora, que já se via pressionada pelo arrocho salarial sem poder se organizar ou reivindicar seus direitos por conta da repressão (Reis Filho, 2014).

Ainda com relação à economia, Castelo Branco se projetava como um liberal conservador e procurava aplicar certos princípios de um liberalismo internacionalista. Por outro lado, seu governo também criou instituições e legislações que reforçavam o intervencionismo estatal, como o Banco Central, o Estatuto da Terra, o Fundo de Garantia do Tempo de Serviço (FGTS) e o Instituto Nacional de Previdência Social (INPS). Para o historiador Daniel Aarão Reis Filho (2014, p. 43), "fora mais fácil depor um presidente e cassar lideranças do que transformar estruturas ancoradas na tradição", referindo-se à questão da intervenção estatal. No espectro do conflito interno nas Forças Armadas, no entanto, os castelistas perdiam cada vez mais espaço com a radicalização do "processo revolucionário". Com a vitória do General Artur da Costa e Silva nas eleições indiretas para a presidência, em 1967, o governo anterior foi criticado como interessado somente em números e cifras, e não na sociedade.

Com relação à opinião pública, o governo também perdeu o apoio de uma parte da comunidade intelectual e da classe média, que percebeu a intenção de alguns militares em permanecer no poder por tempo indeterminado, além de começar a sentir os efeitos do aumento do custo de vida. Do ponto de vista representativo, tínhamos um Congresso desmantelado, que contava com uma oposição impotente perante os desmandos do Executivo e o partido da situação. As eleições diretas para presidente tinham se revelado uma ilusão, e protestos de caráter político agora só se tornariam possíveis nas ruas ou junto à opinião pública.

Humberto de Alencar Castelo Branco deixou o poder em março de 1967 e, quatro meses depois, morreu em um acidente de avião no interior do Ceará. Sua morte foi por muito tempo suspeita de atentado, uma vez que o conflito interno ao Alto-Comando militar não era segredo. Ainda que a hipótese de atentado seja bastante improvável[3], o fato é que Costa e Silva representava uma ruptura com o grupo castelista e a radicalização que os militares batizaram de *processo revolucionário*.

(4.2)
REPRESSÃO E RESISTÊNCIA

Como mencionado antes, denúncias de tortura começaram a sair na imprensa desde o começo de 1964. Em maio, um deputado do PSD da Bahia denunciou no *Correio da Manhã* que o Ato Institucional (o primeiro) "tem sido usado como instrumento de tortura pelos supostos donos da revolução e como instrumento aproveitado por aqueles que pretendem tirar vinganças pessoais, estabelecer vingança mesquinha através de denúncias raramente confirmadas" (Câmara..., 1964, p. 2). O jornal foi de fato um dos veículos que mais divulgaram casos de violência e de tortura cometidos durante o Governo Castelo Branco, o que o obrigou a investigar as denúncias. A ação ficou sob responsabilidade do então chefe da Casa Militar, General Ernesto Geisel, e terminou arquivada por falta de provas (Fausto, 1995).

Aliás, é importante mencionar que a censura à imprensa apresentou diversas fases no regime militar. De acordo com Barbosa (2007), devemos pensar não só nos instrumentos institucionais de censura à imprensa, mas também nas "acomodações" de órgãos e de agentes da imprensa à repressão, realizando eles mesmos a censura prévia ou a autocensura.

---

3   Veja o testemunho da escritora Rachel de Queiroz em crônica de 19 de agosto de 1967 para a revista O Cruzeiro, edição n. 47, na página 130, intitulada "A morte provisória". Disponível em: <http://memoria.bn.br/DocReader/docreader.aspx?bib=003581&pasta=ano%20196&pesq=A%20morte%20provis%C3%B3ria>. Acesso em: 2 fev. 2019.

> **Exército prende jornalistas para fugir à denúncia**
>
> Para não serem fotografados enquanto transportavam mais de 300 pessoas que haviam saído dos cinemas Metro-Copacabana e Art-Palácio, oficiais e soldados do Forte de Copacabana prenderam na madrugada de ontem, na esquina da Avenida Atlântica com Joaquim Nabuco, um repórter do CORREIO DA MANHÃ, um motorista e quatro repórteres do Jornal do Brasil, levando-os para o Forte, dentro da camioneta.
>
> Depois de esperarem mais de três horas, os repórteres foram levados à presença do major Coelho que, cercado de militares, tentou impedir que "vocês escrevam contra ação do nosso pessoal". A ação dos militares, que o major Coelho tentava impedir de ser documentada, foi a prisão de mais de 300 pessoas que saíam dos cinemas Metro-Copacabana e Art-Palácio, onde o marechal Costa e Silva apareceu num documentário, e foi vaiado pelos telespectadores.

Fonte: Exército..., 1968, p. 3.

Desde a instauração do regime, em 1964, houve a estruturação de centros de informação. Em junho, por exemplo, Castelo Branco criou o Serviço Nacional de Informação (SNI), idealizado pelo General Golbery do Couto e Silva e voltado para a segurança nacional e o combate à subversão interna. Esta seria uma das instituições mais importantes da ditadura no tocante à identificação dos elementos ditos *subversivos*. Com relação à imprensa no período imediatamente após o golpe, o controle da informação era feito principalmente por meio de telefonemas às redações proibindo a divulgação de notícias. Já em 1968, em seguida à posse de Costa e Silva, havia notícias de jornais invadidos por censores e colocados sob censura prévia, além de empastelamentos (Barbosa, 2007).

Para o Executivo, os meios de comunicação deveriam não só informar mas também, e acima de tudo, orientar a população na direção das ações do governo, o que significava não criticá-lo. Foi, portanto, ao longo dos primeiros cinco anos da ditadura civil-militar que a imprensa, que em sua maioria apoiou o golpe de 1964, divorciou-se do Executivo e passou a ser vista com desconfiança (Barbosa, 2007). Para além da censura progressiva à imprensa e das torturas denunciadas já em 1964, somente no primeiro ano do regime foram demitidos 49 juízes e cassados 50 parlamentares, além das 1,4 mil pessoas afastadas da burocracia civil e 1,2 mil das Forças Armadas (Fausto, 1995).

Em março de 1967, Artur da Costa e Silva assumiu a presidência, tendo como vice o antigo civil membro da UDN Pedro Aleixo. Costa e Silva representava uma ala militar descontente com o governo castelista tanto política quanto economicamente. Suas marcas seriam o ufanismo e a crença na necessidade da continuidade do processo revolucionário com mudanças radicais na sociedade brasileira. Ao assumir a presidência, não conservou nenhum dos ministros do antigo governo e, por mais contraditório que pareça, incentivou a formação de sindicatos e de lideranças sindicais, desde que fossem "confiáveis" (Fausto, 1995). A verdade é que o desmantelamento da lógica sindical fundada ainda com o Estado Novo não se concretizou e, ao se perseguirem milhares de líderes sindicais, outros assumiram seus lugares no cotidiano operário. Ao mesmo tempo, instrumentos de controle como o AI-2 não estavam mais em voga quando Costa e Silva assumiu, e a oposição ao regime encontrava certos espaços de articulação.

Ao falarmos em oposição aos governos militares, devemos começar pela figura polêmica de Carlos Lacerda. Sua primeira divergência com o governo militar se deu, como dito, por conta da prorrogação do mandato de Castelo Branco, ainda em 1964, medida que contava com apoio de amplos setores da UDN e que Lacerda questionava publicamente como sendo a "liquidação da democracia no Brasil". Em seguida, foi a vez da discordância em relação à política econômica castelista, considerada por Lacerda como antirrevolucionária em sua essência...

reacionária em seus objetivos, e desumana em seus métodos". Em 1965, Lacerda já havia formado um grupo político de oposição ao governo federal no interior da UDN, mas teve seu espaço de atuação neutralizado com a instauração do AI-2 e a reorganização partidária. Em setembro de 1966, a imprensa começou a anunciar a formação da Frente Ampla, um movimento de oposição independente capitaneado por Lacerda, que procurara apoio de diferentes grupos, como o ex-presidente Juscelino Kubitschek, cassado politicamente e exilado em Lisboa; a ala mais à esquerda do MDB; membros do Partido Comunista do Brasil (PCB) atuantes na clandestinidade; e até o ex-presidente João Goulart, exilado no Uruguai. A Frente Ampla passou por diversas fases até se voltar para a adesão popular, aproximando-se de operários e de estudantes e realizando dois grandes comícios, em dezembro de 1967 e abril de 1968, este último reunindo cerca de 15 mil pessoas. Ainda em abril, a Frente Ampla foi proibida pelo Ministério da Justiça de atuar e, logo após a promulgação do quinto ato institucional pelo Marechal Costa e Silva, em dezembro, Lacerda ficou preso durante uma semana no Regimento Marechal Caetano de Farias, no Estado da Guanabara. Em 30 de dezembro, teve seus direitos políticos cassados por dez anos, encerrando para sempre sua carreira na política nacional[4].

Já a oposição ao governo fora dos quadros parlamentares começou a se rearticular a partir de 1966, contando com quadros progressistas da Igreja, estudantes, artistas e intelectuais. Além disso, críticas e reclamações aumentavam a cada dia nos meios teatrais, entre cartunistas, músicos e cineastas. Como exemplo, podemos citar a caricatura de Laerte Coutinho (Figura 4.1) que apresenta uma

---

4 Todas as citações referentes a Carlos Lacerda foram retiradas do verbete escrito por Vilma Keller para o Dicionário histórico-biográfico brasileiro. Disponível em: <http://www.fgv.br/cpdoc/acervo/dicionarios/verbete-biografico/lacerda-jose-carlos>. Acesso em: 16 jan. 2019.

pessoa sendo torturada, obrigada a confessar que o "rei estava vestido", em uma referência irônica à fábula de Hans Christian Andersen intitulada *A roupa nova do rei*.

Figura 4.1 – Caricatura de Laerte Coutinho, vencedora do concurso do Salão de Humor de Piracicaba em 1974

O ano de 1968 foi especialmente marcante na história mundial, com manifestações estudantis em Paris (França), protestos contra a Guerra do Vietnã nos Estados Unidos, luta pela democracia em Praga. No Brasil, o contexto de exceção e militarização parecia exigir a mesma postura por parte daqueles conectados ao mundo em efervescência política. Em março de 1968, estudantes do Rio de Janeiro organizaram uma passeata para protestar contra o mau funcionamento do restaurante estudantil Calabouço, no centro da cidade. A organização foi interrompida pela polícia e a intervenção acabou com a morte do estudante secundarista Edson Luís de Lima Souto. O corpo do estudante foi levado para a Assembleia Legislativa e a imprensa deu grande cobertura ao acontecimento, incentivando a reunião de milhares de pessoas para o enterro do jovem no dia seguinte (Fico, 2015). A partir daí, as passeatas de protesto se tornaram constantes em todo o país, culminando com a Passeata dos Cem Mil, em junho, no Rio de Janeiro.

No mesmo contexto do começo de 1968, 16 mil trabalhadores da cidade de Contagem, em Minas Gerais, entraram em greve exigindo aumento salarial. Dessa vez, a manifestação não se deu em piquetes, com a formação de grandes assembleias ou em nome de lideranças sindicais; ela foi organizada por pequenos grupos semiclandestinos que atuavam em rede dentro das fábricas (Schwarcz; Starling, 2015). Apesar da ocupação da cidade por tropas militares e da prisão de operários, a greve durou 15 dias e terminou vitoriosa, com um abono de 10%. Três meses depois, 10 mil operários da cidade paulista de Osasco pararam suas atividades na esperança de obter resultados parecidos e manifestar seu descontentamento com a política econômica do governo militar. Porém, a Polícia Militar invadiu a fábrica "com metralhadoras e dois blindados com armamentos de combate", ocuparam a cidade de Osasco e prenderam 400 trabalhadores. O episódio foi traumático e 10 anos se passaram até que o movimento operário tivesse novamente a mesma força (Schwarcz; Starling, 2015, p. 452).

O historiador Daniel Aarão Reis Filho apresenta outro tipo de oposição, de caráter mais intelectual, desenvolvida nos primeiros cinco anos do regime. Segundo o pesquisador, as oposições pareciam não compreender o que estava acontecendo; diagnosticavam contradições e impasses no governo que, segundo elas, não poderia durar muito tempo: "A obtusidade daqueles *gorilas* seria incapaz de dirigir por muito tempo um país complexo como o Brasil", pensariam elas

(Reis Filho, 2014, p. 40, grifo do original). Ou os militares recuariam ou toda aquela situação explodiria como um barril de pólvora, obrigando a sociedade às reformas de estrutura, pensava essa classe intelectual. É o que Reis Filho chama de "utopia do impasse", presente não só no Brasil mas também na América Latina de modo geral, em que Cuba se tornou o grande exemplo do que aconteceria uma hora ou outra no continente.

Esse tipo de formulação intelectual e utópica é muito interessante, pois ganhou força entre os intelectuais mais sofisticados dos anos 1960, ainda que presa ao contexto do imediato pré-1964, sem se dar conta da força do conservadorismo de grande parte da sociedade brasileira. Assim, a ideia acabou penetrando inúmeras organizações e partidos clandestinos que se formavam, dando origem à dita *esquerda revolucionária*, para quem o sucesso da revolução seria apenas uma questão de tempo.

É importante frisar também a posição do PCB – ou do que restara dele. O partido apoiava, na medida do possível, a oposição encarnada pelo MDB no Congresso, um partido de oposição consentida que visava ao restabelecimento da democracia sem discussão violenta ou recurso à força. Nesse sentido, é conhecida a resistência do PCB a integrar e apoiar grupos revolucionários, o que acabou gerando cisões e o abandono de quadros do partido.

Oposições ao regime apareceram desde o primeiro governo militar também no interior da Igreja, em que uma minoria denunciava os efeitos negativos da política econômica e as violações aos direitos humanos e democráticos (Reis Filho, 2014). Ordens como a Dominicana chegaram a abrigar e proteger membros das correntes radicais de oposição e por isso também tiveram membros perseguidos e torturados.

Assim, a oposição de fins da década de 1960 parecia se organizar em três eixos diferentes em sua radicalidade: de um lado, havia a oposição em torno da Frente Ampla e do MDB, apostando na resistência por meio do próprio sistema político. De outro, havia o movimento estudantil, que conseguia organizar grandes massas em manifestações de rua com caráter democrático e em reuniões clandestinas com o objetivo de discutir a situação do país. Já em um espectro mais radical, havia o grupo que acreditava na solução revolucionária contra o problema da ditadura e da repressão e controlava muitas entidades estudantis, que participavam das passeatas, mas não representavam o todo do movimento estudantil. "De resto, não desejavam apenas se livrar da ditadura, queriam também destruir o sistema capitalista, abrindo a via para a construção de um sistema alternativo, socialista" (Reis Filho, 2014, p. 46).

Com as repressões policiais às passeatas e às reuniões estudantis, o movimento começou a recuar já em meados de 1968. O marco dessa repressão foram as centenas de prisões realizadas em Ibiúna, interior de São Paulo, durante o XXX Congresso da UNE, organizado clandestinamente. Em 13 de dezembro do mesmo ano, Costa e Silva lançou o Ato Institucional n. 5, fechando o Congresso e reinstaurando o estado de sítio, repetindo a farsa da legalidade jurídica das ações radicais militares desde o AI-1. O AI-5 suspendia a concessão de *habeas corpus*, de liberdade de expressão e de reunião, permitia demissões sumárias e cassações, além de determinar o julgamento de crimes políticos pelos tribunais militares. Além disso, o AI-5 não tinha prazo de vigência. Esse momento de extrema repressão no nível da política representativa, nos jornais e nos movimentos artísticos, nos movimento estudantil foi o pretexto para a atuação mais efetiva das organizações armadas.

Todavia, organizações de esquerda revolucionária, apresentadas como alternativa à orientação política do PCB, existiam desde pelo menos 1961, com a criação da Organização Revolucionária

Marxista – Política Operária (ORM-Polop). Até 1979, o projeto Brasil: Nunca Mais[5] registrou cerca de 50 organizações nessa direção; a maior parte delas se inspirava nos princípios marxistas-leninistas e era composta por um grupo de elite que se considerava a vanguarda à frente do processo revolucionário e acreditava mais na ação do que na discussão teórica.

A luta armada também coincidiu com a política cubana de "exportação da revolução", cuja chave mestra seria o chamado *foco guerrilheiro*, um grupo mínimo de guerrilheiros de vanguarda capazes de "subverter a ordem e reorientar os rumos do país" (Rollemberg, 2007, p. 60). Daí a participação de muitos membros das organizações de esquerda em treinamentos militares na ilha. Aliás, Cuba já apoiara movimentos no Brasil, como as Ligas Camponesas no começo dos anos 1960 e Leonel Brizola e seu grupo de resistência instalado no Uruguai, o Movimento Nacionalista Revolucionário (MNR), por isso os encontros entre Che Guevara e membros desse grupo (Rollemberg, 2007).

Os nomes mais importantes desses movimentos de resistência foram Carlos Marighella, ex-membro do PCB que rompeu com o partido em 1967 e fundou a Ação Libertadora Nacional (ALN), a organização mais importante da luta armada; e Carlos Lamarca, ex-capitão do Exército que integrou a luta armada em 1969 e fez parte do grupo que de origem à Vanguarda Popular Revolucionária (VPR). A ALN e outras ações de guerrilha urbana agiam principalmente por meio da

---

5   *Para saber mais, consulte: BNM DIGITAL. Disponível em: <http://bnmdigital.mpf.mp.br/pt-br/>. Acesso em: 16 jan. 2019. Todas as informações fornecidas pelo projeto e aqui reproduzidas foram retiradas da terceira parte do livro* Brasil: nunca mais.

expropriação[6] de armas e de dinheiro; executavam representantes do regime e realizavam ataques surpresa a quartéis e a postos policiais, além de propaganda armada.

Ao longo de 1969 e 1970, grupos começaram a realizar capturas de embaixadores e cônsules estrangeiros, normalmente exigindo a libertação de presos políticos em troca dos diplomatas. Essas ações tiveram forte apelo popular por conta de sua divulgação na mídia. Carlos Lamarca, por exemplo, atuou em vários assaltos a banco, além do sequestro do embaixador suíço Giovanni Enrico Bucher, em 1970, responsável pela liberação de dezenas de presos políticos em troca da vida do diplomata.

O historiador Daniel Aarão Reis Filho, então membro do MR-8, que esteve envolvido em setembro de 1969 (durante o governo da Junta Militar) na captura do embaixador estadunidense Charles Burke Elbrick, afirma:

> *Em troca de sua vida a ditadura foi obrigada a ler em cadeia de rádio e televisão e a publicar nos principais jornais do país um violento manifesto com denúncia dos crimes cometidos pelo governo, entre os quais a tortura sistemática dos presos políticos, um balanço das ações da guerrilha urbana até então desfechadas e uma declaração de guerra ao regime – uma guerra revolucionária – anunciado-se já para o ano seguinte o desencadeamento da guerrilha rural. Exigia-se ainda a libertação imediata de quinze prisioneiros políticos de diversas organizações de esquerda...* (Reis Filho, 2014, p. 51)

---

6   Nas descrições das ações da luta armada, utiliza-se normalmente o termo expropriação, associado ao objetivo de acumular dinheiro e armamentos para a luta. No entanto, essas ações foram classificadas pelo regime como assaltos a mão armada ou ações terroristas, crimes pelos quais seus executores poderiam ser acusados, julgados e presos. A própria nomenclatura aplicada às ações envolve uma disputa de memória.

No interior do país, entre São Paulo e Bahia, Carlos Lamarca tentou organizar um campo de preparação de guerrilha entre 1970 e 1971, quando foi capturado e morto. Também o Partido Comunista do Brasil (PCdoB), dissidência do PCB, procurou formar um foco guerrilheiro na região do Araguaia, entre o Pará e o atual Tocantins. O movimento durou mais de dois anos; os guerrilheiros e outros camponeses foram dizimados, entre torturas e degolas, além de ter havido o desaparecimento de seus corpos.

O projeto Brasil: Nunca Mais revelou que, entre 1964 e 1979, 7.367 pessoas foram levadas ao banco dos réus em processos políticos da Justiça Militar, sendo 88% homens e 22% mulheres, a maior parte de classe média e universitários. Acredita-se que 4.841 pessoas tenham sido cassadas, aposentadas, demitidas ou perdido seus direitos políticos nesse intervalo de tempo. Os períodos de maior repressão teriam sido os anos entre 1964 e 1966 e, em seguida ao AI-5, entre 1969 e 1974. Além disso, 38,9% dos acusados eram menores de 25 anos e muitos outros eram menores de idade. A maioria tinha nascido no interior do país, mas no momento da prisão residiam em grandes capitais, o que demonstra o caráter urbano da maior parte dos grupos de oposição.

No entanto, cabe mencionar aqui uma crítica feita pelo historiador Carlos Fico (2017, p. 41) à tendência da historiografia referente à ditadura civil-militar em reduzir o complexo contexto do período ao conflito entre repressão e luta armada:

Ainda que tenham tido consequências dramáticas para os envolvidos e para o próprio processo de saída da ditadura, as ações armadas foram poucas e sua fase verdadeiramente ofensiva ou revolucionária muitíssimo breve porque, diante da óbvia superioridade e truculência da repressão, elas se tornaram meramente defensivas.

A instituição que mais prendeu presos políticos nesse intervalo de tempo foi o Exército e o Destacamento de Operações de Informação – Centro de Operações de Defesa Interna (DOI-Codi), comandados por oficiais dessa corporação. As acusações contra os presos, em sua maioria, eram relativas à participação em organização partidária proibida; em seguida, vinha a questão da participação em ação violenta ou armada. Em 18 casos, houve acusação de manifestação de ideias subversivas por meios artísticos e, em cerca de 450 casos, o motivo teria sido a participação em diferentes postos do governo deposto em 1964. Denúncias de tortura durante a prisão foram feitas por quase 2 mil depoentes ao longo de seus processos judiciais, a maioria durante o terceiro governo militar, o de Garrastazu Médici.

Segundo Fico (2015, p. 62), o que diferencia o primeiro do segundo e do terceiro governos militares em relação à violência e à repressão é o fato de, embora podermos falar em violência desde os primeiros dias da ditadura civil-militar, foi a partir de 1968 que houve a criação de uma sistema repressivo bem organizado e amplo que incluía aparatos institucionalizados de repressão com "um sistema nacional de espionagem, uma polícia política, um departamento de propaganda e outro de censura política, além de um tribunal de exceção para o julgamento de pessoas supostamente implicadas em corrupção". Esse aparelho só foi desmontado no fim dos anos 1970.

Já Mendonça e Fontes (2006) afirmam que o aparelho repressivo começou a tomar corpo com os inquéritos policiais militares (IPMs) instalados no governo de Castelo Branco, na medida em que este concedeu poderes de exceção a todo um grupo de agentes militares. Entretanto, só com o AI-5 esses poderes se ampliaram sem data para terminar, auxiliados pelo controle dos meios de comunicação, da supressão das liberdades civis e reforçados por atos complementares que declaravam a possibilidade de banimento de presos políticos e a pena de morte.

Em 1969, o AI-5 se tornou uma emenda constitucional, institucionalizando "a inobservância à própria Constituição, já que possuía, exatamente, o sentido de negação da ordem legal. Consagrava-se o arbítrio, dando ao Executivo a possibilidade de atuar 'legal' ou 'excepcionalmente', sem nenhuma previsão" (Mendonça; Fontes, 2006, p. 47-48). Em agosto de 1969, Costa e Silva foi afastado do poder por problemas médicos e faleceu quatro meses depois. Para que seu vice, o civil Pedro Aleixo, não assumisse o poder, foi estabelecida uma junta governativa formada pelo Almirante Rademaker (presente no governo desde o Comando Supremo da Revolução, estabelecido em 1964), pelo General Aurélio de Lira Tavares e por Márcio de Sousa Melo, ministro da Aeronáutica dos dois governos anteriores. A Junta governou até outubro, quando constatou a impossibilidade da volta de Costa e Silva. Em seu lugar, assumiu Emílio Garrastazu Médici, general do Exército, tendo como vice dessa vez um militar: Augusto Rademaker.

O Governo Médici foi considerado o mais violento do regime. O militar gaúcho tinha longa carreira, com participação na Revolução de 1930 ao lado de Getúlio Vargas e na Revolução Constitucionalista também a favor do governo federal. Em finais dos anos 1950, estabeleceu importantes laços de amizade com seu superior, Artur da Costa e Silva. Quando do golpe militar de 1964, Médici era o comandante da Academia das Agulhas Negras (Aman) e aderiu ao movimento "revolucionário" capitaneado em um primeiro momento por Olímpio Mourão Filho.

Como amigo próximo de Costa e Silva, Médici esteve a seu lado desde que Costa e Silva assumiu a presidência. Em março de 1967, foi nomeado chefe do SNI no lugar de Golbery do Couto e Silva e ali permaneceu até abril de 1969, quando foi nomeado comandante do III Exército com sede em Porto Alegre. Em outubro, acabou sendo escolhido para presidente pela Junta Governativa em meio a outros nomes importantes, prevendo-se uma continuidade em relação à política anterior.

Em seu primeiro pronunciamento na televisão, afirmou: "Sei o que sente e pensa o povo, em todas as camadas sociais, com relação ao fato de que o Brasil continua longe de ser uma nação desenvolvida, vivendo sob um regime que não podemos considerar plenamente democrático. Não pretendo negar esta realidade" (Dicionário Histórico-Biográfico Brasileiro, c2009b).

De fato, ao longo dos anos 1969 e 1970, institucionalizou-se a repressão. Datam dessa época as operações em larga escala, muitas vezes desproporcionais aos alvos pretendidos, além da criação de órgãos especializados: os DOI-Codis, o Centro de Informações da Marinha (Cenimar) e o Centro de Informações da Aeronáutica (Cisa). Da imagem de defesa externa, até então associada às Forças Armadas no Brasil, começou a predominar o imaginário da repressão e da tortura. Seus quartéis e suas dependências passaram a ser conhecidos como *porões da ditadura*.

Vários projetos encampados pela sociedade civil e pelos governos subsequentes ao regime militar procuraram preservar documentos, denunciar casos de tortura e conscientizar a população sobre a violência aplicada e mascarada na época. Em um momento em que o mundo era dividido entre amigos e inimigos, em que subversivos e comunistas eram tomados como indesejáveis e todo o sistema educacional foi controlado pela instituição militar (por mais de 20 anos), é possível entender a opinião de parcela da população ao se omitir em face dos casos de tortura ou aprovar essa prática, além daqueles que se aproveitaram do sistema para denunciar colegas de trabalho, vizinhos ou inimigos pessoais.

O primeiro projeto de grande escopo para denunciar a repressão foi o Brasil: Nunca Mais!, que se originou em 1980 no seio da sociedade civil, capitaneado a princípio pelo Conselho Municipal de Igrejas e pela Arquidiocese de São Paulo. Seus objetivos eram evitar que os processos judiciais por crimes políticos fossem destruídos com o fim da ditadura civil-militar, obter e divulgar informações sobre torturas praticadas pela repressão política e estimular políticas educacionais voltadas para os direitos humanos. Sua primeira publicação com um condensado dos resultados data de 1985 e apresenta depoimentos e descrições dos mecanismos de tortura, do funcionamento do aparelho repressivo e das organizações de esquerda, além de uma lista de desaparecidos e outros documentos importantes. O projeto pode ser acessado pela internet, assim como fotografias, depoimentos, quadros, tabelas, processos judiciais etc.

Com essa série de arquivos, foi possível revelar à sociedade brasileira não só casos de prisão e de tortura mas também a prática das aulas de tortura, em que presos políticos eram apresentados diante de plateias de militares, policiais civis e alunos de colégios militares para aulas de métodos de tortura. Esse tipo de aprendizado foi exportado pelo Brasil a outras ditaduras da América Latina na mesma época.

A estudante Dulce Chaves Pandolfi, hoje uma das mais respeitadas historiadoras do país, foi presa e torturada, aos 24 anos de idade, pela Polícia do Exército:

> Na Polícia do Exército, a supte. foi submetica a espancamento inteiramente despida, bem como a choques elétricos e outros suplícios, com o "pau-de-arara". Depois de conduzida à cela, onde foi assistida por médico, a supte. foi, após algum tempo, novamente seviciada com requintes de crueldade numa demonstração de como deveria ser feita a tortura [...]. Em seu depoimento na Justiça Militar, Dulce reitera a denúncia... que no dia 14 de outubro foi retirada da cela e levada onde estavam presentes mais de vinte oficiais e fizeram demonstração de tortura com a depoente [...]. (Arns, 1985, p. 32)

Outra iniciativa que merece destaque foi a criação da Comissão Nacional da Verdade (CNV), um projeto governamental idealizado desde os anos 1990, mas posto em prática a partir de 2009[7]. Foi lançado em 2012, com base na Lei n. 12.528, de 18 de novembro de 2011 (Brasil, 2011), pela presidente Dilma Rousseff com a presença dos ex-presidentes Luiz Inácio Lula da Silva, Fernando Henrique Cardoso, Fernando Collor de Mello e José Sarney. O objetivo estratégico do grupo era promover a apuração e o esclarecimento público das graves violações de direitos humanos praticadas no Brasil entre 18 de setembro de 1946 e 5 de outubro de 1988, além de incentivar a "reconciliação nacional". O relatório da CNV foi entregue em dezembro de 2014 em três volumes, constituídos com base na coleta de mais de mil depoimentos. Seu objetivo foi mais descritivo do que analítico e apresentou no terceiro volume a história de 484 mortos e desaparecidos políticos. Todas as informações relativas ao relatório e aos resultados do trabalho podem ser acessadas gratuitamente pela internet, inclusive em vídeo[8].

(4.3)
Cultura e política

Os anos 1960 a 1980 não devem ser reduzidos à ditadura civil-militar, pois também foram anos de intensa produção artística de qualidade incomparável à de períodos anteriores. Em virtude da situação política que marcou todo o período, seria lógico que uma parte da

---

7   Cumpre citar também o projeto Memórias Reveladas, criado pela Casa Civil da Presidência da República em 2009, que abriga arquivos referentes à ditadura de 1964-1985 sob a administração do Arquivo Nacional.
8   Consulte o artigo assinado pela CNV e publicado no jornal Folha de S.Paulo em 10 de dezembro de 2014, disponível também em: <http://www.cnv.gov.br/institucional-acesso-informacao/verdade-e-reconcilia%C3%A7%C3%A3o.html>. Acesso em: 16 jan. 2019.

discussão cultural se voltasse para o debate entre arte engajada, de um lado, e arte pela arte, de outro.

Um marco na tentativa de criar uma arte engajada com um compromisso entre classes sociais começou a se desenhar no início dos anos 1960 no interior da UNE por meio do pelo projeto político-cultural do Centro Popular de Cultura (CPC). Nem todos os membros do CPC estavam diretamente relacionados com o PCB, mas este exercia grande influência sobre seus dirigentes. Além disso, Oduvaldo Vianna Filho, o Vianinha, uma das figuras mais importantes do grupo, saiu do Teatro de Arena de São Paulo e levou sua formação de esquerda ao CPC. A peça *A mais-valia vai acabar, seu Edgar* foi a estreia do CPC em 1960, buscando ferramentas inovadoras à época, como projeção de *slides*, cartazes, canções, humor, técnicas circenses e de teatro de revista (Betti, 2013).

A perseguição política e a censura do regime militar geraram a dispersão e o fim do CPC, mas alguns de seus membros acabaram integrando o primeiro trabalho teatral de resistência ao regime autoritário que se instalou em 1964. Vianinha, Armando Costa, Paulo Pontes e Augusto Boal organizaram com o Teatro de Arena de São Paulo o musical *Opinião*, que estreou em 11 de dezembro de 1964 e foi gravado em LP com recorde de vendas no ano seguinte:

> O Show caracterizou-se pela intercalação de música brasileira de gêneros variados (sambas, marchinhas carnavalescas, canções de protesto etc.) a relatos autobiográficos de três cantores, provenientes de diferentes classes sociais e regiões do país: um sambista dos morros da zona norte carioca (Zé Kéti), um compositor maranhense (João do Vale) e uma jovem cantora ligada à bossa nova e à intelectualidade de classe média do Rio de Janeiro (Nara Leão). Alternando depoimentos e canções, o show enunciava, por meio de alusões de estratégico duplo sentido,

a convicção, compartilhada pelo público que a ele afluiu, de inequívoco repúdio ao quadro político instaurado com a tomada do poder pelos militares. (Betti, 2013, p. 195)

O Teatro de Arena também se mobilizou na resistência ao regime por meio da *Arena conta...*, uma série de espetáculos estreados em 1965. Em uma manobra para driblar uma possível censura, o grupo se valeu de episódios clássicos da história brasileira para evocar relações com o contexto de repressão dos anos 1960, contemplando, por exemplo, as histórias de Zumbi e de Tiradentes. À medida que a censura foi se aprofundando e se fechando no fim dos anos 1960, espectadores, estudantes e artistas começaram a agir como seguranças nas entradas dos teatros, bloqueando a invasão de militares e de paramilitares e a agressão a artistas, assegurando a continuidade das apresentações (Betti, 2013). Um ponto culminante dessa agressão se deu por conta do espetáculo musical *Roda viva*, de Chico Buarque, que sofreu depredações de cenário em São Paulo e em Porto Alegre, em 1968.

Após esses anos, com o recrudescimento e a organização dos órgãos de repressão, as peças começaram a sofrer cada vez mais censura prévia, além de contar com a presença de censores ao longo dos espetáculos, inibindo manifestações políticas por parte dos artistas. O fim dos anos 1970 marcou a volta das peças combativas, dessa vez tocando nos temas da tortura, do exílio e do desaparecimento de presos políticos[9].

Para Napolitano (2014a), ao lado dos espetáculos de teatro como o *Opinião*, é preciso destacar o cinema, como o filme *O desafio*, de Paulo Cesar Saraceni, estreado em 1966, que conta a história de um jornalista

---

9 *Infelizmente, não é possível abordar aqui o teatro de resistência desenvolvido por grupos formados nas periferias das grandes cidades brasileiras, que se contrapunham ao teatro comercial e à cultura internacionalizada, à exploração econômica e à distribuição desigual de riquezas. Para saber mais sobre o tema, consulte Betti (2013, p. 209-215).*

de esquerda que se vê deprimido após o golpe de 1964. A obra expressa pela primeira vez uma autocrítica ao pensamento ideológico e estético que predominou no Cinema Novo entre 1955 e 1964, fundado com base nos valores do nacional-popular e da aliança de classes; no filme, estes aparecem como valores perdidos e sem retorno. O ápice dessa crítica veio com *Terra em transe*, filme de Glauber Rocha, de 1967, "ao narrar as desventuras políticas e existenciais de Paulo, poeta e político de esquerda, em crise por perceber, tardiamente, que sempre havia servido a políticos traidores e oportunistas" (Napolitano, 2014a, p. 54).

Enquanto o cinema engajado tendia à autocrítica, ao pessimismo e à desesperança, o campo musical parecia se voltar para uma vertente nacionalista engajada de apelo popular. Para Napolitano (2014a), isso se deu em grande parte pela dificuldade do Cinema Novo em se popularizar para chegar ao grande público consumidor de cultura, como acontecia de certa forma com o teatro e a música. No entanto, é preciso lembrar que a obra sobre a vida de Roberto Carlos foi campeã de bilheteria em 1968, além de filmes de terror e pornochanchadas, censuradas e sem financiamento estatal, mas de grande apelo popular. É importante também destacar que, à medida que a ditadura avançava, a censura também avançava em suas estratégias de vigilância e de controle. Segundo Fico (2017), a televisão e o cinema eram as mídias mais vigiadas, em razão de seu alcance popular. Ao mesmo tempo, o governo se preocupava com a produção cinematográfica nacional e chegou a financiar 140 filmes desde a criação da Empresa Brasileira de Filmes Sociedade Anônima (Embrafilme), em 1969, tendo apenas quatro sido censurados por razões políticas e nove por razões políticas e morais.

As novelas começavam a se tornar moda na televisão, o que aumentava gradativamente o número de aparelhos (Reis Filho, 2014). A televisão também acabou popularizando os *shows* de variedades, e o público mais simples se reunia em torno de um aparelho do bairro para assistir à ascensão de uma nova vedete, uma modelo do subúrbio, um participante no jogo de perguntas e respostas, um programa humorístico e os famosos Festivais da Canção. Assim, os anos 1960 e 1970 marcaram não só a popularização da televisão, cuja venda aumentou 24,1% entre 1967 e 1979, em grande parte graças à política expansionista de crédito, mas também a popularização da programação televisiva.

Os festivais transmitidos pela TV Tupi foram, em grande parte, os responsáveis pela divulgação do movimento tropicalista, o movimento musical mais importante dessa época da história brasileira. Ele teve suas origens ainda em 1967, mas foi fundado oficialmente em 1968, com o artigo "A cruzada tropicalista", publicado por Nelson Motta no jornal *Última Hora*. Segundo Napolitano (2014b), suas canções mais expressivas foram *Alegria, alegria*, de Caetano Veloso, e *Domingo no parque*, de Gilberto Gil. No teatro, foi encampado pelo Teatro Oficina com a montagem de *O rei da vela*, de Oswald de Andrade, e *Roda viva*, de Chico Buarque.

No cinema, a maior expressão foi *Terra em transe*, de Glauber Rocha, mencionado anteriormente, e, nas artes plásticas, as obras de Hélio Oiticica: "No geral, a Tropicália pode ser vista como uma resposta a uma crise das propostas de engajamento cultural, baseadas na cultura 'nacional-popular' e que se via cada vez mais absorvida pela indústria cultural e isolada do contato direto com as massas, após o golpe de 1964" (Napolitano, 2014b, p. 64). Em vez de pregar a superação de nosso subdesenvolvimento, conservadorismo etc., os tropicalistas colocavam nossos arcaísmos em evidência, o Brasil visto como um "alegre absurdo, sem saída, condenado a repetir os seus erros e males de origem" (Napolitano, 2014b, p. 65).

Ao mesmo tempo, a Jovem Guarda, que estreou um programa homônimo na televisão, perdia cada vez mais público, ainda mais com a saída de Roberto Carlos, em 1968. Para Napolitano (2014b), isso revela uma mudança no comportamento dos jovens do fim dos anos 1960, afastados da ingenuidade e do romantismo das músicas voltadas para a paquera, o automóvel do ano, o namoro escondido e à procura de uma posição mais crítica, relacionada à sexualidade, ao comportamento, à revolução. Nesse sentido, os festivais de música foram lugares privilegiados para essas discussões.

(4.4)
Milagres que duram pouco

Com a imprensa censurada em seus temas políticos desde o fim dos anos 1960, poucas eram as notícias de caráter nacional a serem publicadas, a não ser cultura, música e literatura. Aliás, cabe lembrar novamente que a censura à imprensa foi operada de várias maneiras. Após o AI-5, ocorreram com mais frequência invasões de jornais, agressão e prisão de jornalistas, apreensão de edições e censura prévia, com agentes presentes nas redações para vetar conteúdos ou com a autocensura feita pelos próprios editores para evitar a intervenção do governo ou por convicção própria (Barbosa, 2007).

A despolitização dos jornais significou também a emergência de outro assunto, preferido pelos governos militares:

Depois, quando fui trabalhar no Globo, a política – é uma coisa curiosa – ficava lá pela 13ª, 15ª página. As páginas 2 e 3 vinham com notícias de Cedae, engarrafamento de trânsito. Foi uma época que marcou o sepultamento da política. Era mais importante o engarrafamento do que uma matéria de âmbito nacional, uma medida do presidente da República, um discurso no Congresso. As medidas econômicas não, essas eram sempre muito divulgadas, muito badaladas. A economia tinha um peso muito significativo naquela época.[10] (citado por Barbosa, 2007, p. 175)

Para Mendonça e Fontes (2006, p. 5), as bases do chamado "milagre econômico brasileiro", situado entre 1967 e 1973, foram o favorecimento de grandes empresas e o arrocho salarial justificado como combate à inflação. O processo de contenção teria se iniciado ainda no Governo Castelo Branco, como resposta à crise que se instalara no começo dos anos 1960, havendo um melhoramento do desempenho econômico brasileiro já em 1968, mas em benefício principalmente das empresas oligopolistas, nacionais e estrangeiras (Mendonça; Fontes, 2006).

Schwarcz e Starling (2015) também destacam essa característica dos governos militares, isto é, a associação com o mundo empresarial, especialmente por meio do Ministério do Planejamento e do Ministério da Fazenda, presididos por civis durante o regime e civis oriundos do Instituto de Pesquisas e Estudos Sociais (Ipes): "No fundo, existia um canal absolutamente aberto entre o governo e o setor empresarial", afirmou o ministro mais importante da época, Antônio Delfim Netto (citado por Schwarcz; Starling, 2015, p. 451). Já para as classes populares, as palavras de ordem eram austeridade, aumento do custo de vida e salários congelados.

Para além da política liberal, da austeridade, do arrocho salarial e da repressão aos trabalhadores, o governo militar em sua primeira fase ousou avançar sobre um assunto tabu na sociedade brasileira: a estrutura agrária, vista pelos liberais castelistas como um entrave ao desenvolvimento capitalista. Para esse grupo, "independentemente de qualquer compaixão pela miséria histórica do camponês brasileiro,

---

10 BRANCO, Paulo. Depoimento ao CPDOC. *Rio de Janeiro: CPDOC/Alerj, 1998.*

resolver o problema do latifúndio improdutivo era fundamental para produzir mais alimentos, gerenciar o ritmo do êxodo rural e inserir a terra no sistema capitalista moderno" (Napolitano, 2014a, p. 76).

A proposta de Castelo Branco em fins de 1964 foi o polêmico Estatuto da Terra, que previa um imposto progressivo relativo ao tamanho da propriedade, a desapropriação com indenização e a ocupação das terras ociosas. Com protestos da UDN, de entidades ruralistas e da imprensa ligada aos setores agrários tradicionais, o texto original foi modificado e pouco aplicado, mas revelava o conflito de visões entre os principais atores da proclamada "revolução" em curso (Napolitano, 2014a).

No segundo governo militar, o Ministério da Fazenda coube a Delfim Netto, que permaneceu no cargo até 1974. Sua política privilegiou a queda dos juros e a ampliação do crédito e dos incentivos a investimentos e a exportações. Em 1967, o Brasil registrou um crescimento de 4,8% e, no ano seguinte, de 9,3%, chegando a 14% em 1973, com taxas inflacionárias que chegaram a 16%, menos da metade do período anterior. Era um reflexo das políticas econômicas que começaram no governo anterior, mas que, entre 1967 e 1973, beneficiaram-se do surto de crescimento mundial (Reis Filho, 2014). O Brasil já tinha vivido um surto econômico importante entre 1946 e 1960, com taxa média anual de crescimento em torno dos 6%, decaindo pela metade entre 1963 e 1967 e retomando o crescimento a partir daquele ano (Prado; Earp, 2007). No imediato pré-1964, duas importantes propostas econômicas, a princípio antagônicas, disputavam poder no Executivo.

De um lado, economistas ligados à Comissão Econômica para a América Latina (Cepal) influenciaram diretamente as propostas de caráter econômico contidas nas reformas de base do Governo Goulart. Com o golpe militar, venceu a outra opção, sustentada por liberais radicais como Eugênio Gudin e Octávio de Bulhões. Castelo

Branco "nomeou notáveis liberais para a direção da política econômica. O novo governo garantiu o poder político necessário para a realização de reformas conservadoras e de um plano de estabilização econômica que criaria as bases de um novo modelo de crescimento no Brasil" (Prado; Earp, 2007, p. 213).

O que mudou no Governo Costa e Silva e seguintes foi a necessidade de responder economicamente às pressões políticas internas, pois o novo governo assumiu em um quadro recessivo provocado pela política anti-inflacionária de Castelo Branco. Mas foi o governo Médici, ainda com Delfim Netto no ministério, que lançou o I Plano Nacional de Desenvolvimento (PND), em 1971:

O PND foi publicado em dezembro de 1971 e prometia transformar o Brasil em "nação desenvolvida" dentro de uma geração. Pretendia elevar a taxa de investimento bruto para 19% ao ano, dando prioridade a grandes programas de investimento: siderúrgico, petroquímico, corretores de transporte, construção naval, energia elétrica, inclusive nuclear, comunicações e mineração. Para viabilizar estes programas, são fundamentais tanto as grandes empresas estatais quanto os créditos da rede de bancos oficiais e o conjunto de incentivos coordenados pelo Conselho de Desenvolvimento Industrial. (Prado; Earp, 2007, p. 221)

A economia brasileira durante os governos militares repetia de certo modo o modelo de economia mista implantado por JK nos anos 1950, abrigando empresas privadas nacionais e estrangeiras, além das estatais. A diferença era que o Estado passava a ter um papel mais empreendedor. Graças às políticas governamentais, o Brasil se tornava um país extremamente atraente para as multinacionais tanto pelo fato de ter matéria-prima e indústria de base como pela mão de obra barata e controlada pela repressão, além de um governo forte apoiado pelos Estados Unidos.

As empresas privadas brasileiras se concentravam em setores que apresentavam fraca demanda de capital e forte demanda de mão de obra, como as indústrias têxteis e de produção de alimentos. A soja apareceu como importante produto de exportação e a agricultura alcançou novos patamares de modernização (Fico, 2015). Já as empresas multinacionais direcionavam suas atividades para o setor inverso, como a indústria automobilística e as indústrias de produção de máquinas e de eletrodomésticos. Ao Estado cabiam as indústrias pesadas, de telecomunicações e energia. Nesses dois setores se concentrava a maior parte do patrimônio líquido das empresas brasileiras, o que gerava descontentamentos por parte das empresas privadas nacionais, que exigiam maior controle sobre as multinacionais (Mendonça; Fontes, 2006).

O mercado consumidor de classe média também cresceu, ainda mais com as facilidades de crédito que permitiam o parcelamento de casas, automóveis e eletrodomésticos. Enquanto isso, os trabalhadores com salários mais baixos sofriam mais diretamente a pressão do arrocho salarial. Ao longo de 20 anos, a classe média pôde educar seus filhos em boas escolas para chegar ao nível universitário e, assim, seguir a lógica da família. Daí vem a afirmação de que o regime militar acabou por aumentar a desigualdade social do país. Da mesma maneira, as empresas de construção foram beneficiadas tanto pelo Banco Nacional da Habitação (BNH) quanto pelas grandes obras de infraestrutura do governo, como a Rodovia Transamazônica e a Ponte Rio-Niterói. Não é possível esquecer que muito dos investimentos do Estado brasileiro se davam graças a empréstimos consideráveis, o que aumentou a dívida externa brasileira de 4,5 bilhões de dólares em 1966 para 12,6 bilhões em 1973 (Prado; Earp, 2007).

Ao mesmo tempo, a estratégia do governo se voltava para a propaganda dos feitos econômicos e a proibição de notícias sobre os casos de repressão e tortura, o que conferiu grande popularidade ao Governo Médici. Na televisão e nos jornais, a propaganda utilizava frases de efeito: "Nunca fomos tão felizes", "Brasil: ame-o ou deixe-o", "Pra frente, Brasil". Além disso, o clima de otimismo invadiu o país com a conquista do tricampeonato mundial de futebol, em 1970, após oito anos do último título conquistado.

Schwarcz e Starling (2015, p. 452) argumentam que o crescimento econômico da virada dos anos 1960 não teve nada de milagre; ao contrário, poderia ser explicado concretamente:

> Misturava, com a repressão aos opositores, a censura aos jornais e demais meios de comunicação, de modo a impedir a veiculação de críticas à política econômica, e acrescentava os ingredientes da pauta dessa política: subsídio governamental e diversificação das exportações, desnacionalização da economia com a entrada crescente de empresas estrangeiras no mercado, controle do reajuste de preços e fixação centralizada dos reajustes de salários.

Milagre ou não, já em meados de 1974 começou a dar sinais de esgotamento. Para Mendonça e Fontes (2006), a crise desse milagre teria sido caracterizada por duas peculiaridades: uma crise de endividamento e uma crise de fim de fôlego do Estado na manutenção do ritmo de crescimento, pois este se constituíra como agenciador da lucratividade das empresas oligopolistas. Aliada a isso, a conjuntura de recessão internacional provocada pela crise do petróleo em outubro e novembro de 1973 agravou a situação brasileira, encarecendo as importações e desvalorizando nossa moeda[11].

---

11 *Essa crise pode ser sinteticamente explicada pelos conflitos árabe-israelenses que incitaram os países árabes produtores de petróleo a, por meio da Organização dos Países Exportadores de Petróleo (Opep), aumentar o preço da matéria-prima, de modo a pressionar países ocidentais a retirar seu apoio a Israel.*

Quando o General Ernesto Beckmann Geisel assumiu o governo, em março de 1974, a crise já estava instalada. Sua política econômica consistiu na restrição do crédito, diminuindo o poder de compra da classe média. Ao mesmo tempo, o ditador procurou reforçar as estatais produtivas em vez da indústria de bens de consumo duráveis, mas manteve a demanda por empréstimo estrangeiro na tentativa de proteger alguns setores da economia. "A bolha da dívida externa explodiria com o segundo choque do petróleo em 1979 e a crise financeira internacional de 1982. Assim, os anos finais do regime foram marcados pela recessão, pelo desemprego e pela inflação altíssima", afirma o historiador Marcos Napolitano (2014a, p. 151).

Ernesto Geisel representou a volta do grupo castelista ao poder e, respeitando a memória "democrática" de seu mentor, procurou colocar em prática o discurso da abertura política, desde que fosse "lenta, gradual e segura"; de fato, demorou mais de dez anos para se concretizar de acordo com seus planos. Mas, para além da crise econômica, o Governo Geisel enfrentou uma crise política provocada pelo desgaste do regime.

A repressão tinha eliminado praticamente todos os grupos de resistência, a economia entrava em crise e os militares continuavam a eleger militares indiretamente. Por fim, as décadas de 1970 e 1980 foram marcadas por intensos movimentos pela redemocratização em toda a América Latina, governada por uma série de regimes militares presentes em todo o continente sul-americano – com exceção da Venezuela e da Colômbia. Ao mesmo tempo, nos Estados Unidos de 1976, Jimmy Carter assumiu a presidência e procurou manter ações no plano internacional a favor dos direitos humanos, e a opinião pública norte-americana passou a prestar mais atenção aos regimes de exceção dos colegas continentais.

A crise do regime militar brasileiro apresentou causas relativas à pressão externa e aos condicionamentos da economia mundial e, no plano interno, à crise econômica provocada pelo esgotamento do modelo adotado, além da crise política refletida no aumento considerável da força da oposição emedebista no Congresso. Disso veio a tentativa de Ernesto Geisel, ao longo de seu governo, de controlar da melhor maneira possível um processo que parecia inevitável.

(4.5)
Histórias da história

É possível perceber hoje que grande parte da historiografia brasileira contemporânea se dedica ao estudo específico sobre o golpe de 1964 para tentar compreender o fim do processo democrático iniciado em 1945 e o início do que podemos chamar de "nossa História do Tempo Presente", marcada pela ditadura militar (Badaró, 2008, p. 246). Trabalhos acadêmicos foram publicados desde o fim dos anos 1970, principalmente a partir do governo de Ernesto Geisel e da abertura do regime militar, na tentativa de construir uma nova democracia.

Algumas correntes historiográficas mais tradicionais, em parte ligadas ao marxismo, procuraram refletir sobre 1964 a partir de referenciais estruturais e concluíram pela inevitabilidade do golpe, que teria como causas fundamentais a industrialização tardia do Brasil, a incompatibilidade do desenvolvimentismo com o movimento agrário exportador tradicional e a crescente concentração de renda que gerou inúmeras manifestações sociais (Delgado, 2012). Essas correntes tendiam a explicar o golpe também pela crise do populismo no país (Badaró, 2008)[12].

---

12 O maior representante dessa corrente seria o trabalho de Octavio Ianni intitulado O colapso do populismo no Brasil, de 1978.

Historiadores que publicaram entre os anos 1980 e 1990 consideraram o golpe como uma resposta preventiva de setores conservadores da sociedade brasileira em face das propostas de reforma apresentadas nos anos 1960, além de uma rejeição à crescente e autônoma organização da sociedade civil (Delgado, 2012). Ao mesmo tempo, esses autores afirmam a incompetência de João Goulart para levar em frente as reformas, ainda que lhe custassem o enfrentamento com os ditos *setores conservadores*.

Uma terceira corrente, com publicações que remontam aos anos 1970, mas que se repetem ainda hoje, enfatiza o caráter conspiratório do golpe, que teria sido formulado por setores anticomunistas das Forças Armadas, parte do empresariado nacional, latifundiários, segmentos conservadores da Igreja Católica, membros de partidos políticos (principalmente da UDN) e pelo capital estrangeiro interessado no Brasil (Delgado, 2012) – tudo isso com ajuda da imprensa liberal e de instituições como a Central Intelligence Agency (CIA), o Instituto Brasileiro de Ação Democrática (Ibad) e o Ipes[13].

Marcelo Badaró (2008) destaca nos anos 1990 um grupo de historiadores ligados ao Centro de Pesquisa e Documentação de História Contemporânea (CPDOC), da Fundação Getulio Vargas (FGV), que publicou o resultado de suas pesquisas quando dos 30 anos do golpe. Uma característica que marca esses resultados é a utilização de fontes orais em formato de entrevistas com militares que participaram do movimento e serviram, portanto, para contrapor as versões acadêmicas tradicionais. Segundo esses militares, as principais razões para o golpe seriam a instabilidade do governo Goulart, a constante ameaça à hierarquia militar, o perigo comunista, a corrupção, o medo de uma

---

13   Um exemplo seria a obra 1964: a conquista do Estado, de René Dreifuss (1981).

república sindical e o pedido da sociedade civil por uma intervenção militar (Fico, 2004).

É interessante perceber que esses testemunhos narram o golpe como um conjunto de ações dispersas e isoladas marcadas pelo mesmo sentimento de incerteza e de caos. Ao mesmo tempo, é possível notar a existência de polos golpistas diferentes e, por fim, a maior parte dos depoentes concorda que não havia um projeto de governo concordante entre os vencedores (Badaró, 2008)[14].

Um último grupo, que publicou a partir da segunda metade dos anos 1990, procura evitar as interpretações estruturais e focar a conjuntura específica dos anos 1960 (Figueiredo, 1993; Gaspari, 2002; Ferreira, 2013c; Konder, 2004; Aggio et al., 2002), em uma tentativa de compreender o golpe em seu contexto imediato, acentuando a ideia de que até o último momento poderia ter sido evitado. O enfoque dessas interpretações é o abandono do compromisso democrático tanto pela direita vencedora em 1964 quanto pela esquerda reformista. Além disso, essa leitura acaba por colocar em questão a crença na inevitabilidade dos golpes e na ideia de que esses eventos estivessem conectados na cultura brasileira pelo fenômeno do populismo.

Esta última corrente acabou por ser criticada pela historiografia marxista contemporânea, pois esquerdas e direitas não estariam em igualdades de condição em 1964 – em termos de motivações, recursos materiais ou simbólicos (Toledo, 2004). Além disso, uma versão que afirma a existência de um projeto golpista de esquerda não considera o conflito de classes presente estruturalmente na

---

14 *Para saber mais, consulte a obra* 21 anos de regime militar: balanços e perspectivas, *organizada por Gláucio Ary Dillon Soares e Maria Celina D'Araujo (1994). A Biblioteca do Exército (BIBLIEx) também publicou, em 2003, uma coleção de 15 tomos com entrevistas com militares sobre o 31 de Março de 1964, até hoje pouco trabalhada pela historiografia fora do próprio Exército.*

história brasileira e os grupos de resistência à implantação de uma ditadura e "contribui para legitimar a ação golpista vitoriosa ou, na melhor das hipóteses, atenua as responsabilidades dos militares e da direita civil pela supressão da democracia política em 1964" (Toledo, 2004, p. 44-45).

O historiador Carlos Fico (2017), citando e concordando com a historiadora Denise Rollemberg, destaca um ponto muito importante nessa discussão. A partir do momento em que a historiografia se preocupa em discutir quem seria menos democrático no momento do golpe – esquerdas ou direitas? –, está, na verdade, sendo anacrônica em sua análise. Isso porque, no contexto dos anos 1960, a discussão em pauta era a revolução, e não necessariamente a democracia como passamos a pensá-la a partir dos anos 1980. De todo modo, essa complexidade só serve para compreendermos que a narrativa histórica responde ao seu próprio presente.

Delgado (2012) argumenta que, a partir de 2004, quando das discussões em torno dos 40 anos do golpe, e 2006, com a lembrança dos 30 anos da morte de João Goulart, novos elementos surgiram na historiografia sobre o período. Parte dessa renovação está ligada à Nova História Política[15] e incentiva diferentes abordagens e a utilização de novas fontes, como literatura, caricaturas e fontes orais.

Marcelo Badaró (2008), ao falar desse período historiográfico, cita o livro organizado por Marieta de Moraes Ferreira, publicado em 2004, chamado *João Goulart: entre a memória e a história*. Para além dos artigos com temas diferentes, Badaró destaca a conclusão do texto de apresentação de Ferreira, em que se constata que, para os setores conservadores, o golpe de 1964 não foi apenas uma quartelada

---

15   Uma referência básica para a historiografia brasileira foi a coletânea organizada por René Rémond na França, em 1988, intitulada Por uma história política.

militar, mas uma "revolução de todas as classes". Estes associavam as reformas de base com a tentativa de implementação do comunismo no Brasil, o que não se justifica, uma vez que vários pontos polêmicos da reforma foram aplicados durante o regime militar ou na redemocratização.

No entanto, elementos radicais, como Leonel Brizola e Francisco Julião, além das revoltas dos subalternos das Forças Armadas e do próprio cenário de radicalização da Guerra Fria, auxiliaram na banalização do chamado "perigo comunista". Essa generalização foi utilizada pela imprensa e acabou provocando a sensação de uma revolução comunista iminente, encarnada nos sujeitos mais diversos.

Um dos trabalhos considerados mais inovadores na discussão sobre o golpe de 1964 foi o livro *Além do golpe: versões e controvérsias sobre 1964 e a ditadura militar*, do historiador Carlos Fico, publicado em 2004. No texto, Fico faz uma revisão bibliográfica do que foi publicado até então relativo ao período, fazendo breve apreciação de cada um dos textos, seja daqueles publicados no interior da historiografia, seja das memórias sobre o regime, seja de textos de jornalistas e não especialistas.

Um ponto interessante da análise de Fico é a constatação da ausência de trabalhos sobre a participação do governo norte-americano no golpe, tema que ele enfoca no livro *O grande irmão*, de 2008. Para Delgado (2012), Fico contribui de modo original com a historiografia contemporânea ao colocar em questão as teses conspiratórias, ainda que não negue a articulação de setores importantes da sociedade contra o governo de João Goulart. Entretanto, essa articulação não seria necessariamente em prol de um movimento golpista, mas da tentativa de desestabilização do Governo Goulart em um primeiro momento. Fico diagnostica a existência de um acordo informal entre vários setores das sociedades civil e militar – inclusive a imprensa – para desestabilização do Governo Goulart, tendo o golpe surgido como opção concreta após o plebiscito que mostrou a escolha pelo presidencialismo em 1963.

De todo modo, as diversas interpretações relativas ao golpe de 1964, baseadas nas estruturas e nas contradições da sociedade brasileira, na conspiração de setores conservadores, no contexto imediato ao golpe ou ainda na instabilidade do Governo Goulart, trazem questões diretamente relacionadas com nosso presente. Isso se torna ainda mais evidente quando, a 30 anos da promulgação de nossa última Constituição, presenciamos novamente atitudes autoritárias, discursos conspiratórios, aclamações por intervenção militar, debates sem fim entre direitas e esquerdas, além da quase esquecida "sombra do comunismo".

O que essa revisão de um momento de crise, como foram os anos entre 1961 e 1964, traz de reflexão para nosso contexto atual? Em que nossa política se repete e em que ela pode inovar ou mudar? Qual é o papel da imensa desigualdade social de nosso país na repetição das crises e das soluções autoritárias?

Síntese

No presente capítulo, procuramos apresentar o contexto de instauração de um regime ditatorial no Brasil a partir de 1964. Destacamos como esse projeto foi se solidificando aos poucos, frustrando políticos, intelectuais e mesmo militares que acreditavam na intervenção das Forças Armadas para, em seguida, voltar-se à democracia.

Todo o período que vai até o governo de Ernesto Geisel é um período de disputa também no interior das facções golpistas e conhece, portanto, diferentes momentos econômicos, políticos, culturais e sociais. Da mesma maneira, a resistência à instauração do regime de exceção passa por diversas fases até a eliminação dos grupos armados e a mudança na estratégia de luta entre intelectuais, classe artística, movimentos sociais e outros grupos contrários ao regime.

Ao analisarmos os quatro primeiros governos militares, também discutimos a definição da ditadura civil-militar como *revolução*, palavra constantemente empregada por seus apoiadores. Nesse contexto, é preciso retomar o conceito e questionar se as mudanças e as medidas econômicas, políticas e sociais tomadas durante o governo foram, realmente, tão diferentes de medidas adotadas em momentos anteriores no Brasil e se, de fato, a sociedade brasileira teria mudado estruturalmente após os governos militares.

Por fim, apresentamos um resumo das principais discussões historiográficas acerca do golpe civil-militar de 1964, que envolvem uma disputa de memórias sobre o Governo Goulart, sobre a democracia brasileira, sobre direitas e esquerdas no Brasil. No próximo capítulo, nosso objetivo é discutir a historiografia referente à ditadura como um todo. Esperamos, com isso, fornecer os argumentos necessários a um aprofundamento da discussão, vinculando-a a nosso contexto atual.

Atividades de autoavaliação

1. A palavra *revolução* tem sua própria história e pode ser reivindicada por múltiplos lados de um mesmo movimento político. Considerando o a definição do *Dicionário de política* de Norberto Bobbio, Nicola Matteucci e Gianfranco Pasquino (1998), esse termo pode significar:
   a) Movimento popular circunscrito a uma área geográfica precisa, responsável por mudanças significativas do ponto de vista socioeconômico.
   b) Substituição de um governante ou partido político que não responde mais às necessidades populares por outro representante ou grupo político mais competente.

c) Sublevação popular de grande amplitude responsável por derrubar o poder oficial, substituindo-o por representantes do povo.

d) Movimento que geralmente faz uso da violência com o objetivo de substituir as autoridades políticas existentes a fim de concretizar mudanças profundas nas relações políticas, no ordenamento jurídico-constitucional e na esfera socioeconômica de um dado território. .

2. Marque a alternativa correta com relação ao primeiro governo do regime militar:

   a) O General Artur da Costa e Silva fundou, junto ao Almirante Augusto Rademaker e ao Brigadeiro Francisco Correia de Melo, a Comissão Suprema da Revolução, que governou o país durante o ano de 1964.

   b) O primeiro ato institucional foi assinado pelo Marechal Humberto de Alencar Castelo Branco e suspendeu a concessão de *habeas corpus*, de liberdade de expressão e reunião, permitiu demissões sumárias e cassações, além de determinar o julgamento de crimes políticos pelos tribunais militares

   c) Carlos Lacerda, João Goulart e Juscelino Kubitschek tiveram seus direitos políticos cassados por dez anos ainda durante o governo de Castelo Branco.

   d) Praticaram-se atos de censura e tortura já nos primeiros anos do regime militar no Brasil, como demonstram entrevistas e documentos depositados nos arquivos do projeto Brasil: Nunca Mais!.

3. Com relação às políticas econômicas dos governos militares entre 1964 e 1979, indique se as afirmações a seguir são verdadeiras (V) ou falsas (F)

( ) O primeiro presidente militar eleito diretamente lançou o Plano de Ação Econômica do Governo (Paeg) que visava ao combate ao déficit público, à normalização do crédito e a uma política salarial baseada no arrocho.

( ) O Marechal Artur da Costa e Silva manteve a política econômica do governo anterior, conservando os ministros da Fazenda e do Planejamento.

( ) O ministro da Fazenda entre 1967 e 1974, Delfim Netto, foi o grande articulador da política econômica no período conhecido como o "milagre econônomico brasileiro".

( ) O Governo Médici lançou, em 1971, o primeiro Programa Nacional de Desenvolvimento (PND), que prometia transformar o Brasil em "nação desenvolvida" dentro de uma geração. Para isso, prometia elevar a taxa de investimento bruto para 19% ao ano, dando prioridade a grandes programas de investimento: siderúrgico, petroquímico, corretores de transporte, construção naval, energia elétrica.

Agora, assinale a alternativa que indica a sequência correta:

a) F, F, F, V.
b) F, V, F, V.
c) F, F, V, V.
d) V, F, F, V.

4. Sobre a censura e a repressão durante o regime militar, marque a alternativa correta:

   a) O Governo Castelo Branco, apesar das demissões e das cassações, não chegou a registrar casos de tortura.

   b) Durante o regime militar, até mesmo algumas ordens da Igreja Católica sofreram repressão violenta do governo ao proteger e esconder perseguidos políticos.

   c) A primeira iniciativa política com vistas ao esclarecimento da população quanto aos casos de tortura durante o regime militar só foi realizada em 2012, com o lançamento da Comissão Nacional da Verdade (CNV).

   d) Foram registrados, entre 1964 e 1985, cerca de 7 mil casos de tortura em dependências das Forças Armadas.

5. Qual das manifestações artísticas listadas a seguir **não** aconteceu durante o regime militar, entre 1964 a 1985?

   a) *Show Opinião*.

   b) *Arena conta...* .

   c) *Roda viva*.

   d) *A mais-valia vai acabar, seu Edgar*.

Atividades de aprendizagem

Questões para reflexão

1. Em maio de 1964, a escritora Rachel de Queiroz, defensora veemente do golpe, publicou uma crônica em que afirmava: "Um dos aspectos mais importantes e tranquilizadores desta revolução que veio tirar o Brasil do charco janguista, é que ela não se arreceia de ser revolução mesmo. Dá a seus chefes o título de comando revolucionário, proclama-se revolução sem medo da palavra e, com o Ato Institucional, como que

materializou, documentou o fato concreto e assumiu todas as responsabilidades do movimento armado de libertação nacional" (Queiroz, 1964a). Tendo essa referência como base, você concorda com a afirmação de que o período entre 1964 e 1985 pode ser chamado de *revolução*? Por quê?

2. O Coronel Paulo Magalhães, ex-agente do Centro de Informações do Exército (CIE), deu um dos testemunhos mais polêmicos registrados pela Comissão Nacional da Verdade (CNV), em março de 2014, ao confirmar, listar e exemplificar ações de prisão, tortura e ocultamento de corpos durante a ditadura civil-militar. Sabendo que a escrita da história é marcada por uma disputa de memórias, procure notícias de jornal e fatos recentes da história do Brasil que exemplifiquem, como o documento citado, a atualidade do debate sobre a ditadura civil-militar brasileira.

Atividades aplicadas: prática

1. Proponha um tribunal em sala de aula no intuito de discutir teoricamente o conceito de revolução. Uma parte dos alunos pode apresentar o regime militar com argumentos favoráveis à interpretação desse contexto como revolução e outra parte pode apresentar argumentos contrários a essa visão. O objetivo dessa prática pedagógica é a compreensão da multiplicidade de perspectivas que um fato histórico pode suscitar sem que, no entanto, se perca de vista a busca pela verdade.

2. Acesse o *site* dopProjeto Brasil: Nunca Mais (http://www.torturanuncamais-rj.org.br/brasil-nunca-mais) e o *site* da Comissão Nacional da Verdade (http://cnv.memoriasreveladas.gov.br) e analise os depoimentos relativos ao período estudado neste capítulo.

Capítulo 5
1979-1995:
a volta à democracia

Este capítulo tem o objetivo de problematizar o desenrolar do governo de Ernesto Geisel, a Lei da Anistia de 1979, a promulgação da Constituição de 1988 e os governos que se seguiram até 1995, fim do governo do presidente civil Itamar Augusto Cautiero Franco. Para além de procurar descrever cada ação de cada governo, nosso interesse principal é compreender o processo de redemocratização após a ditadura.

Para inaugurar a discussão, seria interessante apresentar rapidamente o debate historiográfico em torno da periodização da ditadura civil-militar. Todavia, é preciso adiantar que discutiremos ao fim do capítulo a questão da denominação dada ao regime que se inaugurou em 1964, limitando-nos nesta breve introdução a mencionar três hipóteses de periodização. Para isso, baseamo-nos na discussão apresentada pelo historiador Carlos Fico em artigo recente, de 2017, segundo o qual dois outros importantes historiadores do período, Marco Antonio Villa e Daniel Aarão Reis Filho, propuseram repensar as datas em que se deveria encaixar a ditadura.

De modo simplificado, Villa defende que teríamos vivido uma ditadura somente após a assinatura do AI-5, em 1968, quando o Executivo se autoatribuiu plenos poderes exercidos de forma ditatorial. Já para Reis Filho, a maior preocupação não é definir o começo da ditadura, mas seu fim, por isso aponta o ano de 1979, ano da promulgação da Lei da Anistia, como o momento em que se faz um compromisso de restauração da democracia. Depois de apresentar ambas as propostas, Fico (2017) as refuta uma a uma, considerando, por exemplo, medidas de exceção aplicadas antes de 1968 e depois de 1979. Em seguida, estabelece longa argumentação para defender uma periodização que se baseia no fato de o Poder Executivo ter sido exercido por um militar, o que acaba por voltar à tradicional datação de 1964 a 1985.

Percebemos que a discussão é recente, uma vez que os textos mencionados foram publicados a partir de 2014 (50 anos do golpe), e não parece próxima do fim. Não cabe a nós, neste livro, resolvê-la, mas apresentá-la, ressaltando que é preciso observar seu desenrolar na evolução da própria historiografia contemporânea.

(5.1) ABERTURA LENTA, GRADUAL E SEGURA

Segundo uma declaração consagrada feita pelo jornalista Elio Gaspari (2002, p. 35), quando Ernesto Geisel assumiu o governo, "havia uma ditadura sem um ditador. No fim do seu governo, havia um ditador sem ditadura". O historiador Marcos Napolitano também parte dessa frase para explicar a complexidade e as ambiguidades do Governo Geisel. Como grande parte dos militares que assumiram a presidência no Brasil ao longo do século XX, Ernesto Geisel era gaúcho e vinha de uma família de militares exemplares. Durante a ditadura, iniciada em 1964, seu irmão Orlando Geisel foi ministro do Exército do Governo Médici, por exemplo.

Ernesto Geisel lutou na Revolução Constitucionalista junto ao governo federal e teve cargos políticos em governos estaduais já nos anos 1930. Também participou de formações nos Estados Unidos durante a Segunda Guerra Mundial e, nos anos 1950, passou a integrar a Escola Superior de Guerra (ESG), de onde vinha sua identificação com os chamados *castelistas*.

Durante a crise provocada pela renúncia de Jânio Quadros, em 1961, Geisel assumiu um cargo no Gabinete Militar do então presidente provisório, Ranieri Mazzilli. Já sua atuação durante o golpe de 1964 começou com a conspiração para a remoção de Goulart do poder e, após essa realização, Geisel ajudou a convencer a oficialidade do Exército a apoiar o nome de Castelo Branco para a presidência do Brasil.

Como consequência, tornou-se chefe do Gabinete Militar do Governo Castelo Branco e foi o responsável pelo relatório feito com base na investigação sobre as denúncias de tortura durante esse governo. Ao fim do Governo Castelo Branco, Geisel se opôs à candidatura de Costa e Silva, deixando o Gabinete Militar e passando a ministro do Superior Tribunal Militar (STM), que julgou inúmeros processos de crimes políticos enquadrados na Lei de Segurança Nacional. Já no Governo Médici, assumiu a presidência da Petrobras e, em 1973, apareceu como candidato oficial à sucessão presidencial[1].

Geisel ficou conhecido na historiografia tradicional como o ditador do regime militar que iniciou a abertura do sistema político, ainda que esta só tenha se concretizado pela via eleitoral mais de dez anos depois de sua posse e que sua personalidade fosse marcada pelo autoritarismo. Napolitano (2014b, p. 231) assim resume as contradições do Governo Geisel:

Anticomunista convicto, foi o primeiro a reconhecer o governo comunista de Angola, em 1975. Mandatário de um regime acusado de ser braço do imperialismo estadunidense, entrou em conflito com o "grande irmão do Norte" por conta do acordo nuclear com a Alemanha e por causa dos direitos humanos. Abusou da censura para controlar a oposição, mas patrocinou uma política cultural que beneficiou muitos artistas que eram notoriamente contra o regime. Essas políticas, longe de serem expressões de um governo hesitante ou indefinido, inscrevem-se em uma estratégia clara de reforçar a autoridade do Estado e, consequentemente, dotar o regime e o governo de instrumentos para conduzir a transição para o governo civil com mão de ferro.

---

1   *Para mais informações sobre a trajetória de Ernesto Geisel, consulte o verbete escrito por Amélia Coutinho e Maria Cristina Guido para o* Dicionário histórico-biográfico brasileiro. *Disponível em: <http://www.fgv.br/cpdoc/acervo/dicionarios/verbete-biografico/geisel-ernesto>. Acesso em: 16 jan. 2019.*

De fato, se podemos dizer que, nos primeiros governos militares, "a preocupação em revestir a ditadura de caráter legal, amplamente discutida pela historiografia, constituiu-se em uma das particularidades da ditadura brasileira" (Cardoso, 2011, p. 130), o Governo Geisel, observando esse aspecto, foi o responsável por garantir a permanência dos militares até 1985, garantindo uma transição conservadora em direção à democracia.

Ao comentar a memória sobre a luta armada que começou a ser publicada em fins do Governo Geisel, a historiadora Denise Rollemberg (2007, p. 46) relembra o sentimento de frustração presente na oposição à medida que a ditadura dava sinais de abertura. Isso porque o processo mostrara-se lento, "sem que em nenhum momento os militares e civis comprometidos com ele [o regime] perdessem o seu controle".

Com relação à política externa, o momento era de crise aguda nos países ocidentais, provocada pela alta do preço do petróleo em 1973, que foi agravada com o choque do petróleo de 1979. O governo privilegiou o pragmatismo, procurando aproximar-se da Europa e do Japão como alternativa à extrema dependência que havia contraído com os Estados Unidos. Além disso, foram formuladas políticas para a China, a África e o Oriente Médio (Silva; Riediger, 2016).

Fez parte dessa reorientação o Acordo de Cooperação Nuclear com a Alemanha, uma vez que os Estados Unidos haviam decidido suspender sua cooperação em 1974. Esse acordo gerou polêmicas com o governo de Jimmy Carter, gerando crises diplomáticas entre os três países e inúmeras pressões sobre o governo brasileiro. Além disso, a partir de 1976, o governo norte-americano começou a exigir um relatório sobre os direitos humanos aos países a que oferecia ajuda militar (Silva; Riediger, 2016).

Aliás, em termos militares, o maior desafio do Governo Geisel foi, sem dúvida, a distensão do sistema, principalmente com relação às mudanças no sistema de segurança, situação que deu origem à famosa afirmação de que a transição democrática deveria ser "lenta, gradual e segura". Isso tudo em um momento em que acabara de se instalar a ditadura no Chile e Juan Perón voltava à presidência da Argentina em um governo que terminou com novo golpe militar, em 1976. Para ajudá-lo na empreitada, Geisel confiou a chefia da Casa Civil a seu amigo de longa data, o General Golbery do Couto e Silva, ex-integrante do Instituto de Pesquisas e Estudos Sociais (Ipes), além de idealizador e fundador do Serviço Nacional de Informações (SNI).

Contudo, a resistência ao desmonte do regime militar veio com mais força no plano interno, do interior dos próprios aparelhos de segurança, que temiam seu enfraquecimento e uma possível punição pelos atos de violência e tortura praticados desde 1964. Acreditavam que a abertura seria o fim do processo revolucionário em curso e estavam prontos para lutar por sua manutenção. Reis Filho (2014, p. 70) destaca a importância da oposição pela via legalista representada pelo Movimento Democrático Brasileiro (MDB), além das esquerdas dispersas em "exílios sem fim, ou meio perdidos no país, nas margens, mas que incomodavam, especialmente no exterior, com campanhas permanentes de denúncias da ditadura, de seu modelo econômico, concentrador e produtor de desigualdades sociais crescentes".

Em outubro de 1975, o jornalista Vladimir Herzog foi chamado para depor no Destacamento de Operações de Informação – Centro de Operações de Defesa Interna (DOI-Codi) de São Paulo e nunca mais voltou. A morte de Herzog teve de ser explicada em virtude das pressões políticas por parte da família e de colegas de profissão, já que a versão da polícia era que Herzog tinha se suicidado em sua cela. Casos como esse e o da morte do operário Manoel Fiel Filho provocaram imediata reação da opinião pública e do próprio governo, que insistia em sua posição contra a tortura. O contexto gerou a demissão de Ednardo D'Avila de Mello, general da linha dura, considerado culpado pelas mortes.

O confronto com a ala radical dos militares se aprofundou ainda mais em 1977, quando começaram as discussões sobre a sucessão presidencial e Geisel teve de enfrentar a oposição a seu candidato, João Baptista Figueiredo. A oposição era comandada pelo General Sylvio Frota, então ministro do Exército e um nome forte para o cargo do Executivo. O resultado foi sua demissão. Frota enviou aos quartéis, como forma de protesto, um manifesto acusando Geisel de favorecer a infiltração comunista no país.

Tendo combatido a linha dura em seus máximos representantes, Geisel modificou a Lei de Segurança Nacional e revogou o Ato Institucional n. 5 (AI-5) em 1979. No entanto, o governo apresentou para o futuro do país um longo calendário de mudanças que permitissem as eleições diretas para presidente somente em 1989, garantindo governos militares ou simpatizantes. Com o objetivo de assegurar essa sucessão, Geisel apresentou propostas de reforma constitucional ao Congresso que acabaram emperradas justamente pela oposição do MDB, mais forte do que nunca após importantes conquistas eleitorais no pleito estadual em 1974.

Não podendo entrar em acordo com a oposição, Geisel mostrou suas garras e fechou o Congresso em 1977 ainda com base no AI-5, lançando o chamado *Pacote de Abril*, que determinava já para o ano de 1978 a volta das eleições indiretas para governador, a ampliação do mandato do presidente de cinco anos para seis anos e o restabelecimento das sublegendas partidárias. Além disso, previram-se eleições indiretas para o Senado e mudança do quórum para reformas constitucionais de dois terços para maioria absoluta (Reis Filho,

2014). Todas essas reformas, evidentemente, acabaram favorecendo a Aliança Renovadora Nacional (Arena), o partido do governo, que ganhou praticamente todas as eleições regionais em 1978. Ao mesmo tempo, Geisel conseguiu aprovar a candidatura de seu sucessor, o General João Baptista Figueiredo, que já passara pelo SNI e pela Casa Civil, mas era alguém com pouca expressão política até então. Ele foi o responsável por concluir a transição idealizada por Geisel até o fim, auxiliado por Golbery do Couto e Silva, um dos principais articuladores da ditadura e da transição democrática.

(5.2)
REDEMOCRATIZAÇÃO

A principal questão dos últimos governos militares parecia girar em torno de como preservar a própria imagem com a redemocratização em curso. O que fazer caso "tentativas de vingança" se instalassem após a instauração da democracia? A solução parecia ter sido encontrada em 1978, com o projeto de anistia. A lei foi aprovada em 1979 e celebrada como um marco na transição do regime.

Como é possível prever, a Lei da Anistia não foi apenas resultado de uma iniciativa governamental. A Campanha pela Anistia já vinha se configurando desde o começo da década com o protesto dos familiares dos desaparecidos e presos na ditadura. Em 1975, surgiu o Movimento Feminino pela Anistia e, em 1977, os protestos estudantis anexaram a anistia à agenda de protestos contra as mortes e torturas de prisioneiros políticos. Em 1978, formou-se no Rio de Janeiro o Comitê Brasileiro pela Anistia, que, em sua expansão pelo Brasil, acabou por afirmar o princípio da anistia "ampla, geral e irrestrita".

> **A anistia em julgamento**
>
> Uma pequena lição de filologia tem sido apregoada com interessada insistência nas últimas semanas por um heterogêneo corpo docente de juristas, advogados, políticos, clérigos, jornalistas, militares e cidadãos de atividades menos notórias: esquecimento, em grego, se diz anistia. A lembrança, é claro, não tem objetivos propriamente acadêmicos. No ano em que deverá levantar âncora a nau das reformas políticas anunciadas pelo presidente Ernesto Geisel em dezembro último, embora mal se conheça sua rota e não se saiba quando ela chegará ao porto seguro da plenitude democrática com reconciliação nacional, multiplicam suas aparições aqueles que desejam equipar a embarcação reformista com um instrumento de navegação: a reparação das injustiças que teriam sido cometidas nas punições baixadas pelos governos revolucionários.

Fonte: A anistia..., 1978, p. 34

Desde aquela época a solução para o problema não era vista da mesma maneira por todos, tornando-se sempre polêmica a questão da anistia política em relação aos militares e aos civis responsáveis pela repressão. Carlos Fico (2014) afirma que personalidades importantes da Campanha, como a dirigente da seção gaúcha do Movimento Feminino pela Anistia, Mila Cauduro, além de deputados do MDB, como Pedro Simon, e militares como o General Pery Bevilaqua, defendiam a anistia de ambas as partes, ao contrário do que manifestava a presidente do Comitê Brasileiro pela Anistia, Eny Raimundo Moreira, que considerava ser impossível anistiar crimes que nunca tinham sido punidos, como era o caso da prática da tortura no Brasil.

Também é importante lembrar que, ao mesmo tempo que grupos sociais se organizavam pela anistia no Brasil e no exterior, o país viveu o chamado "terrorismo de direita" em uma série de atentados da parte de militares e de civis contrários ao processo de abertura. Na verdade, medidas extremas da direita militar e civil ocorreram ainda no Governo Costa e Silva, antes mesmo do AI-5. Para termos uma ideia, entre a Passeata dos Cem Mil, manifesto de oposição ao regime ocorrido em junho de 1968, e a homologação do AI-5 em 13 de dezembro,

houve a depredação do teatro onde se encenava Roda Viva *(17/7), o atentado à bomba contra a ABI (22/7), a invasão da Universidade de Brasília (29/8), a invasão da Universidade Federal de Minas Gerais (29/9), a invasão da Universidade de São Paulo (2/10), o sequestro e espancamento da atriz Norma Benguell (8/10), isso sem falar na abortada tentativa de se utilizar uma unidade de paraquedistas das Forças Aéreas para eliminar oposicionistas e fazer atentados à bomba.* (Fico, 2017, p. 51)

Já em 1976, as sedes da Associação Brasileira de Imprensa (ABI) e da Ordem dos Advogados do Brasil (OAB) foram atingidas por bombas. Ao longo do governo Figueiredo, registraram-se casos de bombas depositadas em bancas que veiculavam jornais de oposição.

Mas o ato terrorista mais representativo desse momento e que marcou seu fim aconteceu em abril de 1981, quando duas bombas explodiram no prédio do Riocentro, onde acontecia um grande festival de música. Uma das bombas atingiu a central de energia e outra acabou acionada ainda nas mãos dos terroristas. Um sargento e um oficial foram identificados no carro que transportava a munição, e o escândalo acabou revelando à opinião pública mais uma face sinistra da ditadura: a luta por sua permanência.

A Campanha e a Lei da Anistia acabaram se tornando coisas bem diferentes. A lei, aprovada em agosto de 1979 sob protestos e manifestações de rua, perdoava os crimes políticos ou crimes conexos, isto é, crimes de qualquer natureza relacionados ou motivados politicamente, o que abria excedente para os crimes de tortura. Além disso, o projeto do presidente não incluía a anistia para os chamados "terroristas", aqueles que haviam cometido crimes de terrorismo, assalto, sequestro e atentado pessoal (Brasil, 1979). A Lei da Anistia não se revelara, portanto, ampla, geral, irrestrita ou recíproca, anistiando torturadores sem anistiar vítimas, como no caso dos presos que passaram a sair da prisão pela redução das penas de acordo com a nova Lei de Segurança Nacional, e não com o perdão de suas acusações. Além disso, ignorou os militares de baixa patente expulsos da instituição durante o regime.

Para coroar a crise política, a perspectiva de eleições diretas para presidente era uma constante frustração, e a política educacional existente durante quase 20 anos insistia em uma história da sociedade brasileira feita de heróis e grandes feitos, um golpe transformado em revolução, um povo brasileiro pacífico e ordeiro sem projetos sociais conflitantes nem excludentes, ameaçados por subversivos e pelo terror (Rollemberg, 2007). Não é possível esquecer que o último governo militar foi marcado também pela crise econômica que vinha desde 1973 e se aprofundou com o chamado *segundo choque do petróleo* e o aumento do barril em consequência da paralisação da produção iraniana. Como o Brasil configurava extrema dependência econômica em relação ao capital externo, a crise afetou diretamente os investimentos no país. O medo internacional da instabilidade econômica brasileira foi agravado pela moratória declarada pelo México em 1982, uma vez que se temia que o Brasil pudesse seguir seu exemplo.

Além da dívida externa, a inflação – que nunca sumiu, mas vinha diminuindo desde o fim dos anos 1960 – explodiu nos índices econômicos. No começo dos anos 1980, a economia brasileira estava estagnada e inflacionada, e a imensa desigualdade social parecia inviabilizar uma política rígida de recessão. Em combinação com esse modelo havia o acordo entre o Estado e as empresas privadas para a construção das obras faraônicas do período. Os que mais lucraram com essa política foram as empresas privadas, enquanto as empresas estatais perderam em eficiência, em qualidade e em recursos. Delfim Netto, que encarnava o milagre econômico, foi responsável pela tentativa de recuperação do país, o que fez concedendo incentivos fiscais e estimulando exportações. Com a imensa crise, no entanto, todo dinheiro que entrava saía diretamente para o pagamento dos juros da dívida externa.

Foi no contexto de crise econômica que o movimento operário, principalmente em São Paulo, começou a se organizar novamente. Com salários defasados e sentindo-se enganados pela propaganda econômica do governo, operários de uma fábrica em São Bernardo organizaram uma greve exigindo "20% de reajuste salarial; papel higiênico nos banheiros, quinze minutos para tomar cafezinho; revogação da exigência de marcar no relógio de pontos eventuais idas ao banheiro" (Reis Filho, 2014, p. 82).

A greve que começou no setor de ferramentaria da fábrica da Scania-Vabis se espalhou rapidamente por todo o complexo industrial, reunindo 50 mil operários. O movimento se definia como exclusivamente sindical, sem partidos ou políticos por trás, e entre os operários um merecia destaque por ter iniciado o movimento: Luiz Inácio Lula da Silva. Esse processo que se iniciou em fins dos anos 1970 marcou o chamado *novo sindicalismo*, ligado especialmente à região do ABC paulista. Contudo, abrigou também a sindicalização de outros setores ligados à classe média, como profissionais liberais, funcionários públicos, professores e bancários.

Na segunda metade dos anos 1980, esses sindicatos participaram ativamente dos debates políticos e, em decorrência dos embates internos, acabaram criando a Central Única dos Trabalhadores (CUT), em 1983, de tom marcadamente socialista, e a Central Geral dos Trabalhadores (CGT), em 1986, de tom mais conciliador com o governo e o processo de abertura política (Mendonça; Fontes, 2006). Foi nesse contexto de crise aguda nos domínios político, social e econômico que o Congresso também começou a se reorganizar a partir da reforma partidária. Enquanto a Arena passou a ser apresentada como Partido Democrático Social (PDS), o MDB conseguiu se manter coeso em torno do Partido do Movimento Democrático Brasileiro (PMDB). Naquele momento, Ulysses Guimarães se tornou a figura mais representativa da oposição, que contava cada vez mais com a simpatia da opinião pública.

Ainda no contexto das reformas partidárias, surgiram outros grupos menores, como o PTB, que recuperara a sigla do antigo Partido Trabalhista Brasileiro, e o Partido Democrático Trabalhista (PDT), de Leonel Brizola. É preciso mencionar a disputa entre Brizola e membros da família de Getúlio Vargas pela sigla do PTB, justamente pela carga histórica que carregava em um momento de volta à democracia. Além desses partidos, foi fundado o Partidos dos Trabalhadores (PT), que representava o novo sindicalismo e girava em torno de Lula.

As eleições estaduais de 1982, de retorno ao voto direto, marcaram a vitória massiva do PMDB em quase todos os estados mais populosos, com exceção do Rio de Janeiro, que recebeu triunfalmente Leonel Brizola (PDT) como seu governador. Além de ver Brizola na administração de um dos mais importantes estados do país, o Presidente Figueiredo, com a saúde debilitada, foi obrigado a presenciar a maior manifestação de massa da história brasileira: as Diretas já!

As manifestações em prol do voto direto para presidente começaram a partir do projeto apresentado pelo Deputado Dante de Oliveira ao Congresso ainda em 1983, mas ganharam força no ano seguinte, reunindo líderes políticos e sindicais, personalidades midiáticas, intelectuais, artistas com apoio garantido do PT (um de seus mais importantes articuladores), do PDT e do PMDB. A emenda constitucional deveria ser votada em abril de 1984 e já era conhecida como *Emenda Dante de Oliveira*. Uma vez que o governo detinha a maioria do Congresso, o movimento passou a apelar para a pressão popular de modo a convencer os deputados a agir em nome da sociedade, e não com vistas a agradar aos militares.

À medida que o movimento foi se ampliando, passou a ganhar cobertura da maior rede midiática da época, a Rede Globo, que até então se mantivera praticamente omissa sobre o movimento. Schwarcz e Starling (2015) destacam que a primeira manifestação foi registrada em Belo Horizonte, com 300 mil pessoas; a segunda no Rio de Janeiro, com 1 milhão de pessoas; e a terceira em São Paulo, alcançando o marco de 1,5 milhão de pessoas nas ruas. Nos palanques, era possível ver e ouvir Ulysses Guimarães, Leonel Brizola, Tancredo Neves, Luiz Inácio Lula da Silva, Fernando Henrique Cardoso, Franco Montoro, entre outros.

Como sabemos, a campanha foi uma das maiores decepções dos movimentos populares até hoje, vencida em 26 de abril de 1984 por uma diferença de 22 votos no Congresso: "ou seja, nem mesmo a maior manifestação de massas que já houve no Brasil foi capaz de alterar o projeto de transição controlado pelo Colégio Eleitoral. O primeiro presidente civil seria escolhido pelo Colégio Eleitoral" (Fico, 2015, p. 102).

(5.3)
A VOLTA DOS CIVIS

A transição do regime militar para um regime civil funcionou como o planejado por Ernesto Geisel ainda nos anos 1970, e eleições diretas para presidente só ocorreram após a promulgação da Constituição de 1988. O Colégio Eleitoral, no entanto, foi o responsável pelas eleições do primeiro presidente civil após mais de 20 anos de ditadura.

As eleições indiretas colocaram Tancredo Neves na presidência, membro moderado do PMDB com atuação política importante desde os anos 1950, quando foi ministro de Vargas e, em seguida, primeiro-ministro durante o parlamentarismo dos anos 1960. Tancredo nunca foi cassado pela ditadura civil-militar, tendo ocupado cargos de deputado federal, senador e governador de Minas Gerais. Acima de tudo, era aceito pelo General Figueiredo, ao contrário do que ocorria com Ulysses Guimarães, provável candidato do PMDB caso as eleições tivessem sido diretas. Da parte do PDS, o candidato fora Paulo Maluf, ligado demais ao regime para ter sua candidatura aceita pela maioria do Congresso naquele momento.

Tancredo, por sua vez, pregava um governo de conciliação, anunciando em carta pública que não faria perguntas às Forças Armadas sobre o passado da ditadura e formando uma aliança, a Aliança Democrática, com o PDT, o PTB e até o Partido Comunista Brasileiro (PCB). Com relação ao programa político, sua plataforma era garantir as eleições diretas em todos os níveis, a convocação de uma Assembleia Nacional Constituinte e a promulgação de uma nova Constituição. Foi também o próprio Tancredo quem chamou José Sarney, até então membro do PDS e ex-membro da Arena, para ser seu vice (Schwarcz; Starling, 2015).

Para Fico (2017, p. 66), a "Aliança Democrática e a Nova República foram o coroamento da distensão lenta, gradativa e segura" de Geisel. Completando a melancólica história da transição democrática brasileira, Tancredo Neves, então com 75 anos e doente há algum tempo, foi internado em estado de urgência e morreu antes de ser empossado no cargo. Em seu lugar, o primeiro presidente civil da Nova República foi José Sarney de Araújo Costa:

> *Como outros políticos brasileiros, Sarney encarnava um novo tipo de coronel, que, se já não vive no velho sistema da Primeira República, conserva algumas de suas práticas: inadaptação às regras democráticas, convicção de estar acima da lei, incapacidade de distinguir o público do privado, e uso do poder para conseguir empregos, contratos, subsídios e outros favores para enriquecimento próprio e da parentela.* (Schwarcz; Starling, 2015, p. 487)

Todos sabiam que um dos maiores desafios do governo, ao lado da questão da redemocratização, seria resolver ou ao menos minimizar os impactos da crise econômica, relacionada em termos internacionais às crises do petróleo que vinham desde a década de 1970, ao crescente endividamento externo brasileiro e a uma prática política protecionista questionada internacionalmente com a ascensão de um modelo econômico chamado de *neoliberal* por parte de países desenvolvidos, como a Inglaterra e os Estados Unidos (Silva; Riediger, 2016).

O debate neoliberal crescia ao mesmo tempo que a Guerra Fria terminava. Reformas empreendidas na União Soviética por Mikhail Gorbatchev a partir de 1985, as chamadas *perestroika* (reestruturação) e *glasnost* (transparência), revelavam certa crítica ao modelo estatal que era marca do Estado soviético. Até a União Soviética parecia entrar na corrente da abertura ao modelo liberal (Reis Filho, 2014).

No plano interno, os anos 1980 ficaram conhecidos pelas denúncias de corrupão, pela inflação em constante ascensão, pela instabilidade da atividade econômica e pelos baixos índices de crescimento, esgotando-se o modelo nacional desenvolvimentista baseado na substituição de importações que predominara até então. Infelizmente, o período também ficou marcado pelas tentativas frustradas de planos de estabilização por parte do Governo Sarney, como os planos Cruzado (1986), Bresser (1987) e Verão (1989).

O primeiro deles surgiu como solução para o contexto do fim da ditadura civil-militar. A perspectiva era catastrofista com a hiperinflação, a possibilidade de moratória e a ruptura do mercado financeiro internacional, o que provocou pouquíssima margem de manobra na área externa, obrigando o país a passar pelo aval do Fundo Monetário Internacional (FMI) para obter qualquer financiamento ano a ano. O arrocho salarial, constantemente praticado no começo da ditadura, voltou a ser corrente, frustrando as utopias reformistas do começo dos anos 1980:

> Assim, o debate econômico permaneceu polarizado entre a perspectiva conservadora, muito desmoralizada após anos de política de ajuste sem qualquer efeito sobre a taxa de inflação (e um enorme sacrifício econômico e social), e as alternativas de frontal oposição, pautadas pelo repudio à opção recessiva e à submissão ao FMI ("âncora" institucional do conservadorismo), a despeito de suas notórias divergências. Surgem nessa conjuntura, com um apelo crescente, as propostas de choque heterodoxo e reforma monetária para combater uma inflação tornada inercial. (Macarini, 2009, p. 11)

No começo do governo, ainda seguindo as diretivas anunciadas por Tancredo Neves durante a campanha e na composição de seu ministério, Sarney e seu ministro da Fazenda, Francisco Dornelles, aplicaram medidas de austeridade fiscal e de contenção dos preços e das tarifas do setor público. O principal objetivo era o controle da inflação, que, após uma ligeira melhora, voltou a aumentar, colocando a solução conservadora em xeque já no começo de 1986. Sarney optou, assim, por alocar o empresário e então presidente do Banco Central, Dílson Domingos Funaro, no Ministério da Fazenda, o que significava a incorporação a seu governo dos "quadros responsáveis pela elaboração do programa econômico do PMDB" da época (Macarini, 2009, p. 14). Funaro permaneceu na pasta entre agosto de 1985 e abril de 1987, lançou o Plano Cruzado e foi responsável pela moratória da dívida externa, declarada dois meses antes de seu pedido de demissão, em 29 de abril.

O economista José Pedro Macarini define o então lançado Plano Cruzado de Funaro como uma solução econômica heterodoxa de centro-esquerda. Seu lançamento foi visto positivamente como o rompimento de Sarney com a política econômica continuísta que tinha prevalecido no discurso de Tancredo Neves (Macarini, 2009). Ainda segundo o autor, o plano incluía uma reforma monetária, com corte de zeros que cumpriria um papel psicológico na busca da estabilidade; congelamento de preços, provocando com o tempo especulações e crise de abastecimento; congelamento de preços e de tarifas de empresas estatais; conversão de salários para o valor real médio dos últimos seis meses com um abono de 8% a 15%, visando a um plano de estabilização com distribuição de renda; contratos financeiros e limitação da indexação; e certo controle da taxa de câmbio.

O primeiro resultado surpreendente, após algumas semanas do programa, foi a alta expansão no consumo. No entanto, o investimento congelado no setor público e a contínua desconfiança do grande capital em financiar novos projetos acabaram enfraquecendo o movimento e inibindo o ciclo expansivo. A manutenção do Plano Cruzado, para Macarini (2009), foi muito mais resultado de uma decisão política do que de uma avaliação técnica da economia da época. Para o então ministro Dílson Funaro, parecia ser mais importante manter a confiança e a crença da população de que a situação havia melhorado do que mudar a estratégia rapidamente.

De fato, essa talvez tenha sido a consequência mais importante do Plano Cruzado, que, em razão de sua popularidade, ainda em 1986 se tornou argumento fundamental para as eleições do fim do ano. No pleito, o PMDB conseguiu eleger os governadores dos principais estados, além da maioria na Câmara, no Senado e nas Assembleias Legislativas estaduais. Foi o triunfo e a consolidação do partido no cenário nacional da volta democrática.

Sarney lançou em julho de 1986 o chamado "Cruzadinho", incidindo sobre a compra de carros e de passagens aéreas ao exterior, e, em novembro, logo após as eleições, o Plano Cruzado II, insistindo no congelamento de preços. Em 1987, já era fato que o plano de Funaro não tinha funcionado como pretendido e o contexto acabou levando-o a pedir demissão. Da mesma maneira, os planos seguintes do Governo Sarney (Bresser e Verão) não conseguiram controlar a inflação nem regularizar as contas públicas, prejudicando a imagem final do governo ao menos do ponto de vista econômico.

Do ponto de vista político, cumpria ainda ao presidente levar em frente o projeto apresentado nas campanhas de Tancredo Neves e resolver a questão da transição democrática, garantindo-a com uma nova Constituição. Foi essa Constituição, chamada depois de *Constituição Cidadã*, que institucionalizou a volta da democracia no Brasil. A opinião pública parecia girar entre estas duas causas nacionais: a volta da democracia e a estabilização econômica – pontos que até hoje parecem estar em discussão.

A Assembleia Constituinte começou seus trabalhos em fevereiro de 1987, presidida por Ulysses Guimarães, e terminou em 5 de outubro de 1988, sendo a mais extensa de nossas Constituições. Personagens políticos importantes do contexto atual brasileiro estiveram presentes em sua formulação, como Lula, José Serra, Fernando Henrique Cardoso e Itamar Franco. O trabalho era hercúleo e, para começar a desenvolvê-lo, organizaram-se 8 comissões temáticas e 24 subtemáticas, que apresentaram suas conclusões a uma grande comissão de sistematização.

É interessante notar, como faz Reis Filho (2014), que a redação da Constituição também implicou um debate acirrado entre liberais, que encarnavam o espírito do momento no âmbito internacional, e a antiga tradição nacional-estatista brasileira, que ironicamente prevaleceu na formulação de nossa atual Constituição. Das 20.791 emendas, 122 tinham origem em iniciativas populares:

A essa altura, o Congresso tornara-se objeto de pressões e contrapressões em que se disputavam os votos dos parlamentares. Segundo o presidente da Assembleia, citando dados de sua secretaria, cerca de 10 mil pessoas, diariamente, percorriam corredores e salas lutando por seus interesses, assediando, persuadindo, barganhando, cabalando votos. Havia ali "de um tudo": grupos de pressão (os chamados lobbies) *de distinta natureza, agindo em nome dos trabalhadores e das grandes corporações privadas, nacionais e estrangeiras; representantes das agências estatais, de funcionários públicos civil e militares; de organizações femininas e estudantis; de entidades de defesa do meio ambiente e das nações indígenas.* (Reis Filho, 2014, p. 108)

Alguns grupos que haviam se organizado ainda nos anos 1960 e 1970 conseguiram certo espaço quando dos debates da Assembleia Constituinte. Devemos destacar, nesse sentido, dois deles: os movimentos feministas e os movimentos negros. Desde o início da década de 1970, grupos de reflexão sobre a questão feminina, com temas ligados às relações familiares, ao divórcio, ao aborto, à violência contra a mulher, ao corpo e à sexualidade, estabeleceram-se no Rio de Janeiro e em São Paulo sob grande influência do que vinha acontecendo na França e nos Estados Unidos: "as conversas se iniciavam com as experiências vividas pelas mulheres. Nenhum aspecto da existência era deixado sem discussão. O pressuposto era de que o pessoal era político, ou seja, de que a vida pessoal de cada uma era politicamente estruturada com lutas viscerais de poder" (Pedro, 2007, p. 170).

Em 1975, foi fundado o Centro da Mulher Brasileira, no Rio de Janeiro, e foi lançado o periódico *Brasil Mulher*, que durou até 1980. Apesar do nome, não se vinculava a princípio às lutas feministas, mas à discussão sobre a anistia – a grande questão do momento. Ao longo dos anos 1970 e 1980, diversos grupos feministas foram se formando nos jornais, nas universidades e de forma independente delas, além dos grupos voltados para as mulheres, mas sem vinculação ideológica precisa. Não podemos esquecer que houve, desde meados dos anos 1960, a possibilidade de compra de anticoncepcionais, ainda que com forte resistência de grupos conservadores, como a Igreja Católica. Essa opção colocou em jogo na sociedade brasileira a separação entre sexualidade e reprodução, além de revelar uma preocupação do Estado com o controle de uma taxa de fertilidade que chegava a seis filhos por mulher.

Para a Assembleia Constituinte, iniciada em 1987, foram eleitas 26 mulheres, 5,7% do total, a maioria sem vínculos com movimentos feministas. Entretanto, esses grupos atuaram como grupos de pressão no Congresso, enviando propostas para o debate, como no caso da Carta das Mulheres Brasileiras aos Constituintes, documento no qual os assinantes reivindicavam a igualdade de condições no interior da família, a extensão da licença-maternidade, o fim da diferença salarial baseada no sexo, a criação da licença-paternidade e a integração das trabalhadoras domésticas à Previdência Social. As medidas tiveram respaldo na Constituição de 1988 e eram complementadas e reguladas pelo Código Civil de 2002 (Pedro, 2007).

No que tange às relações entre a Constituição e os movimentos negros, José Rivair Macedo (2017) afirma que a própria ampliação das noções de cidadania, da dignidade da pessoa humana e da igualdade perante a lei acabou beneficiando os diversos grupos sociais que compõem a sociedade brasileira, inclusive os negros. Mas, em termos organizacionais, desde 1978 houve forte atuação nacional do Movimento Negro Unificado contra a Discriminação Racial, que buscava denunciar a ideologia da "democracia racial" brasileira.

Com o tempo, o movimento foi se direcionando também para a promoção de práticas efetivas de combate ao racismo por meio da atuação do Estado, como no caso da criação da Fundação Cultural Palmares, secretaria vinculada ao governo federal "que viria a ter papel positivo de primeiro plano na preservação, valorização e promoção cultural da memória e patrimônio dos afro-brasileiros" (Macedo, 2017, p. 126). As conquistas efetivas ocorreram, porém, aos poucos, principalmente ao longo da década de 1990, com o reconhecimento da demarcação de terras quilombolas, a criminalização efetiva da prática do racismo, o estímulo ao ensino da história das populações negras e as discussões sobre as ações afirmativas com vistas a corrigir distorções raciais (Macedo, 2017).

Estas e outras questões que fazem parte do contexto brasileiro mais atual, principalmente em termos legislativos, remontam a tempos bem mais distantes. Tanto os movimentos feministas quanto os movimentos negros organizados podem ser localizados desde pelo menos o século XIX, com a luta pela abolição e o sufrágio feminino, mas ganharam um significativo espaço legal na década de 1980. De modo geral, a Constituição de 1988 contempla medidas progressistas e conservadoras e é resultado de inúmeras disputas entre as tradições brasileiras e seus grupos sociais heterogêneos; ao tentar abarcar a todos e abrir caminhos para satisfazer os diferentes interesses, por vezes é ambígua e imprecisa.

(5.4)
Década perdida?

Uma consequência importante da Constituinte e que inaugurou uma tradição política que nos afeta ainda hoje foi o desmembramento do PMDB/MDB, dividido entre os chamados *progressistas* e o Centro Democrático (Centrão). O bloco mais conservador

> *Era o início de um processo de remodelação conservadora no PMDB, que o levaria a enrolar suas bandeiras históricas e faria do fenômeno do "peemedebismo" sua principal característica até hoje: a formação de um enorme bloco de apoio parlamentar ao governo – seja ele qual for e seja qual for o partido a que esse governo pertença.* (Schwarcz; Starling, 2015, p. 489)

Foi nesse contexto que, em 1988, dissidentes da ala esquerda do PMDB fundaram o Partido da Social Democracia Brasileira (PSDB), que abrigava tanto socialistas como liberais, mas com pouco (ou nenhum) laço com o movimento sindical e popular, apesar de ter sua base política principal em São Paulo, centro industrial do país. Como mencionado anteriormente, após inúmeras manobras econômicas infrutíferas e denúncias de corrupção, o governo de José Sarney terminou totalmente em descrédito, até por conta de certa postura autoritária da parte do presidente. Assim, apesar das conquistas no campo da transição democrática, com a promulgação da Constituição de 1988, a economia ia de mal a pior.

O resultado das eleições de 1989 revelou a ansiedade da população por qualquer coisa que se parecesse com renovação, salvação ou mesmo milagre. Fernando Collor de Mello, com apenas 40 anos quando se apresentou como candidato à presidência pelo Partido da Reconstrução Nacional (PRN), parecia encarnar essa vontade. O jovem político vinha de uma família de longa tradição no Estado de Alagoas e tinha iniciado sua carreira muito jovem, em 1979, quando foi nomeado prefeito de Maceió pela Arena.

Collor parecia até uma versão melhorada de Jânio Quadros, prometendo o que todos queriam ouvir: combate à corrupção, correções salariais, melhora da economia, modernização. O candidato do PRN foi apoiado diretamente pela maior rede midiática do país, a Globo, e disputou o segundo turno com Luiz Inácio Lula da Silva: "A classe média, que se sentia expropriada diariamente pela inflação, entrou em pânico quando Collor soprou as brasas do anticomunismo visceral de largos setores da sociedade brasileira e associou Lula à desapropriação de imóveis e ao confisco das cadernetas de poupança" (Schwarcz; Starling, 2015, p. 492).

Após a vitória com 50% dos votos do segundo turno, em uma campanha que foi considerada uma das mais acirradas e vis da política brasileira, Fernando Collor assumiu a presidência da República em março de 1990, lançando imediatamente o Plano Collor para a economia.

> **O leitor e o Plano Collor**
>
> O Plano Brasil Novo do presidente Collor de Mello dividiu a opinião dos leitores de VEJA. Num total de 56 cartas a favor e 53 contra o plano, o que se destaca são os elogios às medidas macroeconômicas e as críticas às injustiças cometidas no varejo da vida do cidadão. "As pessoas que se sentem lesadas por esse plano não possuem conhecimento suficiente para criticá-lo", escrevem as engenheiras florestais Rosecler Chiquetti e Cibele Moro, de Curitiba, Paraná. "Durante toda a nossa vida economizamos para a realização do nosso sonho da casa própria. Hoje vejo esse sonho caído por terra", lamenta Elizabeth Pereira, que está grávida e mora com o marido e um filho de 3 anos na cidade de Anápolis, Goiás.

Fonte: O leitor..., 1990, p. 10.

O plano vinha na esteira heterodoxa do Plano Cruzado e também teve duas edições: uma em 1990 e outra em 1991. Consistia em nova mudança de moeda, congelamento de preços e salários, eliminação de subsídios e vantagens fiscais a empresas, tentativas de reduzir a sonegação fiscal e, para espanto de todos, bloqueio de parte do dinheiro das contas-correntes nos bancos, além de aplicações financeiras e cadernetas de poupança, quantia que seria teoricamente devolvida em um ano e meio e em 12 prestações.

O intuito do governo era estimular a economia brasileira por meio do alívio das contas estatais, no embalo do discurso neoliberal em voga internacionalmente, fortalecendo, assim, as soluções privadas

(Braga; Silva, 2016). A medida teve consequências sérias – diminuiu o consumo e provocou a falência de empresas e o desemprego de milhares de funcionários –, mas prometeu o fim da inflação, que, no entanto, voltou a crescer apenas meses depois. Além disso, o bloqueio das contas-correntes provocou uma desconfiança constante no Sistema Financeiro Nacional.

O fim do Governo Collor se deu com a vitória do processo de *impeachment* levado em frente pelo Legislativo. A acusação de corrupção ganhou força com a denúncia do próprio irmão do presidente, Pedro Collor, que o acusava de utilizar o tesoureiro de sua campanha, Paulo César Farias, como testa de ferro de ações de corrupção. Em consequência, e mais uma vez no fatídico mês de agosto, quando presidentes costumam perecer na história do Brasil, tiveram início manifestações do movimento de rua conhecido como *Caras-Pintadas*, que exigia a saída de Collor da presidência da República.

O processo de *impeachment* teve início em seguida, liderado a princípio por Ulysses Guimarães. Para além da denuncia de corrupção, outros fatores contribuíram para que Collor se tornasse uma pessoa *non grata* no Executivo. Um deles foi o fato de encarnar uma personalidade política ambígua, parte de um tradicional clã político nordestino, mas querendo estampar a melhor face do Brasil moderno: "projetou-se como líder messiânico e paladino da moralidade; como religioso e associado a Frei Damião [...]; como a voz dos que não tinham voz e a força dos que não tinham força para lutar contra a corrupção, os marajás e as elites que exploravam o povo" (Sallum Jr.; Casarões, 2011, p. 167).

Ao mesmo tempo que aparecia repetidamente na mídia praticando esportes e revelando outros aspectos de sua vida privada, parecia agir politicamente com arrogância e longe de um tom conciliador. Entretanto, somente a personalidade de Collor não servia para explicar a desestabilização de seu governo entre 1990 e 1992. O próprio sistema presidencialista brasileiro à época via-se marcado pelas tensões entre um poder presidencial imperial e plebiscitário, que perdia apoio do eleitorado à medida que não conseguia resolver os problemas econômicos e não se esforçava em constituir uma maioria estável no Congresso, e o conjunto de instituições mais orientadas para a dispersão do poder, a fragmentação da maioria e a limitação do exercício do Poder Executivo (Sallum Jr.; Casarões, 2011). Mesmo as trocas ministeriais e as tentativas de negociação já em fins de 1991 não serviram para que Collor alcançasse apoio parlamentar satisfatório.

Além disso, Sallum Jr. e Casarões (2011, p. 186, grifo do original) destacam a formação de uma coalizão informal de oposição no Congresso (PMDB, PSDB, PDT e PT): "foi tal coalizão de partidos de centro e de esquerda, **auxiliada** pela imprensa e organizações extraparlamentares, que **conduziu** as investigações e todas as iniciativas e negociações que produziram o impeachment". Por fim, as próprias tensões sociais da época e a dificuldade de responder às inúmeras demandas acumuladas pelos anos de ditadura colaboraram para a desestabilização do Governo Collor antes mesmo das denúncias de corrupção.

Collor renunciou em dezembro de 1992 e o *impeachment* foi aprovado, impedindo-o de exercer função pública por oito anos. Ao fim do processo, em 2014, contudo, Collor foi inocentado das acusações pelo Superior Tribunal Federal (STF). Antes, porém, voltou à política nacional em 2007, quando tomou posse depois de ter sido eleito senador pelo Estado de Alagoas.

Em 1992, restava ao vice-presidente, Itamar Franco, assumir os riscos da complicada situação brasileira. Nascido em Juiz de Fora,

Minas Gerais, em 1931, Itamar já havia tentado carreira política nos anos 1950 pela sigla do PTB. Durante a ditadura, nos anos 1970, foi prefeito de Juiz de Fora e, em seguida, assumiu o Senado pela legenda do MDB. Com o fim dos governos militares, participou da Assembleia Constituinte de 1987 pelo Partido Libertador (PL) e transitou para o PRN, sendo eleito vice-presidente por esse partido. Seu rompimento com o PRN ocorreu em 1992 após a reforma ministerial de Collor.

Quando assumiu a presidência da República, a inflação chegava à casa dos 20% ao mês e o desemprego atingia 15% dos brasileiros. Itamar, apesar de ser comumente identificado à corrente nacional-estatista, vinha construindo uma imagem mais liberal desde que sua posse começou a ser aventada. De fato, uma das primeiras medidas de seu governo, ainda provisório, foi a privatização da Companhia Aços Especiais de Itabira (Acesita). No entanto, medidas mais nacionalistas logo começaram a ser empregadas e Itamar continuou a alternar as posições ao longo do mandato[2].

Além da questão econômica, que será retomada mais adiante, um evento macabro marcou a história brasileira da época. Foi a chamada *Chacina da Candelária*, ocorrida no Rio de Janeiro no dia 23 de julho de 1993, quando seis policiais dispararam contra cerca de 40 moradores de rua em frente a uma das mais tradicionais igrejas do país. O crime dialogava com o contexto de crise política e econômica do período e revelava à opinião pública comportamentos ligados à tradicional desigualdade social, ao autoritarismo e à violência.

---

2 Para saber mais sobre a trajetória política de Itamar Franco, consulte o verbete escrito por Renato Lemos e Alan Carneiro para o Dicionário histórico-biográfico brasileiro. Disponível em: <http://fgv.br/cpdoc/acervo/dicionarios/verbete-biografico/itamar-augusto-cautiero-franco>. Acesso em: 16 jan. 2019.

Figura 5.1 – Manchete sobre a Chacina da Candelária estampada na primeira página do *Jornal do Brasil* de 24 de julho de 1993

Economicamente, Itamar Franco foi quem conseguiu dar a melhor resposta presidencial a pelo menos uma das muitas crises vividas pelo país. A solução veio do Ministério da Fazenda, representado por Fernando Henrique Cardoso e sua equipe econômica, com a elaboração do Plano Real. Todavia, "entre 1980 e 1993, o Brasil teve quatro tipos de moeda, cinco congelamentos de preços, nove planos de estabilização econômica e onze índices diferentes para medir a inflação" (Schwarcz; Starling, 2015, p. 496).

Nada garantia, portanto, que o novo plano daria certo, mas em 1º de março de 1994 a unidade real de valor (URV) entrou em vigor, com oposição acirrada do PT e da CUT. Em 15 dias, já era notada a queda da inflação. O Plano Real saiu vitorioso e não só consagrou o governo de Itamar Franco como também garantiu a vitória eleitoral de seu ministro, Fernando Henrique, assunto que abordaremos no próximo capítulo.

(5.5)
HISTÓRIAS DA HISTÓRIA

A historiografia relativa à ditadura civil-militar é uma das mais extensas no Brasil. A possibilidade de trabalharmos com um assunto relativamente recente só foi possível quando, concomitantemente, a própria história, na condição de disciplina, concordou em ter como objeto fontes recentes sem estabelecer um prazo mínimo para o que consideraria "passado". Reflexões teóricas voltadas para a História do Tempo Presente e a Nova História Política, que ganharam força a partir dos anos 1980 no país, auxiliaram os historiadores a legitimar pesquisas até então consideradas "suspeitas" justamente pela proximidade temporal com o presente.

Todavia, a história que contamos e reproduzimos na mídia, nas discussões familiares, na escola não é somente aquela compreendida no interior da história; comporta as memórias escritas, além da literatura, do jornalismo e de análises gerais sobre o tempo em que se viveu. No capítulo anterior, procuramos fazer uma reflexão sobre as diferentes historiografias que tratavam especificamente do golpe de 1964. Em vez de se anularem entre si, elas servem, ao contrário, como complemento para elaborar uma opinião crítica. Da mesma maneira, expusemos anteriormente a memória militar, que insistiu desde os anos 1960 na construção de sua atuação na condição de "revolução brasileira".

Para começarmos nossa discussão a partir da questão das nominações, devemos ressaltar que, se do lado dos apoiadores o regime era usualmente chamado de *revolução*, do lado da oposição ele ganhava ainda nos anos 1960 e 1970 inúmeros adjetivos, como *ditadura de Castelo Branco, ditadura de fato, ditadura de classe, ditadura contrarrevolucionária, ditadura neocolonialista, regime forte, aparelho burocrático-militar, ditadura reacionária, ditadura militar, expressão do poder burguês-latinfundiário, ditadura das classes exploradoras, ditadura reacionária e entreguista,* entre tantos outros (Fico, 2017).

A partir do fim dos anos 1970, aparecem na historiografia definições como *movimento militar, golpe civil-militar, regime civil-militar, golpe político-militar, ditadura empresarial-militar* ou simplesmente *ditadura militar*. Logicamente, cada uma das denominações traz em seu bojo o ponto de vista interpretativo ao qual se vincula e também uma maneira de caracterizar a essência da interpretação por meio do vocábulo.

Como mencionado, em 2012 o historiador Daniel Aarão Reis Filho inseriu na discussão a possibilidade de chamar não só o golpe de 1964 de *civil-militar* (termo já amplamente utilizado pela historiografia contemporânea por reconhecer o papel dos civis na articulação do golpe de Estado), mas o período que iria de 1964 a 1979 de *ditadura civil-militar*. O argumento de Reis Filho é a necessidade de destacar, com esse nome, a condescendência de grande parte da população que, se não participou das Marchas da Família com Deus pela Liberdade, apoiou ou fechou os olhos para as ações de repressão do regime. Além desse aspecto, Reis Filho chama atenção para a atuação benévola do Congresso, quando não estava fechado ou suspenso, ainda que ameaçado.

Essa posição de Reis Filho foi criticada por historiadores da esquerda marxista como Melo (2014) e Fico (2017), que classifica a nova definição como supérflua e imprecisa. Ambos argumentam que o novo nome poderia implicar uma redução da responsabilidade dos militares na instauração e no prolongamento da ditadura. Apresentado o debate e considerando-se o fato de essa designação ainda ser recente em nossa historiografia, a opção utilizada neste livro parte do pressuposto defendido por Reis Filho, mas não ignora que, de fato, é uma denominação em discussão, passível de crítica e que talvez caia em desuso. O tempo o dirá.

Além da questão do nome, cabe ainda discutir as interpretações que se fizeram em relação ao período abordado. Uma das formas clássicas de interpretação da ditadura civil-militar foi a tentativa de explicá-la por meio da chave teórica da "modernização conservadora". O termo teve origem nos estudos do norte-americano Barrington Moore Jr. (*As origens sociais da ditadura e da democracia*, de 1967), que explica com um modelo amplo e geral as diversas configurações e os arranjos políticos que poderiam gerar os dois sistemas, ditadura e democracia.

Ainda que sua especialidade não fosse a América Latina, muitos autores de nosso continente tiveram como base seus argumentos para tentar compreender as ditaduras vividas entre os anos 1960 e 1980 (Fico, 2017). Isso porque, para explicar as longas ditaduras latino-americanas e suas contradições internas, parecia cair como uma luva a ideia de Moore de que, em determinados países em que o impulso burguês ainda era frágil, se criou a possibilidade de associação desses setores com outros setores reacionários e autoritários, garantindo a industrialização e o desenvolvimento "forçados"[3].

Com frequência, a teoria da "modernização conservadora" volta a ser argumento na historiografia brasileira atual, principalmente quando se tenta explicar os avanços industriais, culturais e econômicos vividos durante o tempo da ditadura civil-militar. Torna-se uma chave de compreensão de um regime do qual se poderia esperar somente repressão, censura, perseguição e medidas conservadoras – características que, sem dúvida, fizeram parte dos governos militares. À medida em que o regime foi flexibilizando a censura, no entanto,

---

3 Para Moore, os exemplos seriam o Japão e a Alemanha.

inúmeros relatos críticos começaram a aparecer, como testemunhos orais e escritos, romances, artigos de jornal, peças de teatro, músicas, poesia, em sua maior parte ressentidos dos anos de repressão e de perseguição. Esses testemunhos são chamados por muitos saudosistas civis e militares de hoje de "a memória dos vencidos".

O fato é que se torna muito difícil estabelecer uma polaridade entre vencedores e vencidos quando se trata da realidade. Nenhum "vencedor" vence em todas as suas tentativas de dominação e nenhum "vencido" fracassa completamente sem deixar marcas. Talvez os verdadeiros "vencidos" por um sistema de exceção tenham sido aqueles que morreram sob esse regime e, portanto, não podem mais nos contar sua sina.

A ditadura civil-militar

São interessados na memória atual as lideranças e entidades civil que apoiaram a ditadura. Se ela foi "apenas" militar, todas elas passam para o campo das oposições. Desde sempre. Desaparecem os civis que se beneficiaram do regime ditatorial. Os que financiaram a máquina repressiva. Os que celebraram os atos de exceção. [...]
   Por essas razões é injusto dizer – outro lugar comum – que o povo não tem memória. Ao contrário, a história atual está saturada de memória. Seletiva e conveniente, como toda memória. [...]

Fonte: Reis, 2012.

Em meio à grande produção de discursos que vêm se configurando até hoje relativos à ditadura civil-militar, destacaremos aqueles que têm relação direta com a historiografia atual, que se beneficiará, primeiramente, das memórias produzidas nos anos 1970 e 1980. De um lado, encontram-se aquelas mais voltadas para a exaltação do regime, como as publicadas pelos políticos Luís Vianna Filho e Daniel Krieger, e aquelas dos generais Jayme Portella de

Mello, Hugo Abreu, aos quais se junta o testemunho mais recente do General Sylvio Frota.

De outro lado, testemunhos de sobreviventes da esquerda armada se tornaram sucesso de vendas nos anos 1980, como os livros de Fernando Gabeira e Alfredo Sirkis, reafirmando o caráter rebelde e de resistência de certa parte da juventude dos anos 1960 à repressão e à censura. É interessante perceber, como o faz o historiador Carlos Fico, que grande parte dessa memória coopera com a configuração da luta armada como heroica e vítima da ditadura. Nesse sentido, o testemunho e os trabalhos acadêmicos de Reis Filho, publicados ao longo dos anos 1990 e 2000, colaboram para a desmistificação dessa juventude e a adoção de uma posição mais equilibrada de análise acerca da esquerda revolucionária no Brasil (Fico, 2004). Isso porque o historiador e ex-militante da luta armada procurou abordar também o aspecto autoritário e revolucionário da esquerda da época sem, com isso, justificar ou minimizar a repressão desproporcional realizada pelos governos militares.

No âmbito da produção universitária, podemos afirmar que os primeiros estudos sobre o período se localizaram no interior da ciência política, uma vez que, no fim dos anos 1970 e nos anos 1980, a historiografia se debatia com a História do Tempo Presente, resistindo a aceitá-la como método válido de análise, em que um dos principais problemas se relacionava às fontes documentais.

Ao mesmo tempo, ainda que fosse difícil trabalhar com o tempo recente no interior das pós-graduações dos anos 1970 e 1980, historiadores procuraram se voltar para outros períodos de repressão no intuito de tentar responder a suas inquietações. Foi nesse sentido que grande parte dos historiadores marxistas se voltou para o movimento operário no começo do século no Brasil (Fico, 2004). Cabe observar também que o predomínio do marxismo nas ciências humanas da época, identificado com a resistência ao regime, poderia inibir outros interesses de pesquisa, como a história militar ou a história das direitas, da Igreja etc.

Assim, o diagnóstico historiográfico do começo dos anos 2000 era de vitória do discurso crítico e progressista em relação à ditadura civil-militar. A palavra *revolução* praticamente não apareceu em livros e artigos científicos, na imprensa ou em exposições e outros lugares de memória. Em termos editoriais, obras apologéticas ou comemorativas não atraíram público nem foram consideradas pela crítica. Já aquelas publicadas por editoras militares não alcançaram o grande público nem o público universitário (Toledo, 2004).

Parecia que o período entre 1960 e 1980 estaria sendo julgado por uma visão predominantemente de esquerda, mas não só por análises em prol da democracia e do olhar crítico. O principal livro no espectro da esquerda seria *O combate nas trevas*, de Jacob Gorender, completado pela tese de René Dreifuss, *1964: a conquista do Estado*. Gorender procura estudar a esquerda e a revolta armada a partir de um olhar marxista. Já Dreifuss coopera com os estudos sobre o tema ao estudar o capital multinacional e seu papel no apoio ao golpe de 1964, elemento que em seguida atuará no regime, ainda que dirigido pelos militares. O historiador Caio Navarro de Toledo (2004) ainda cita os quatro volumes publicados pelo jornalista Elio Gaspari, em 2002, cujos títulos assumem sempre a palavra *ditadura*. Outra importante publicação que serviu de referência para grande parte da historiografia sobre a ditadura civil-militar foi o trabalho da Arquidiocese de São Paulo por meio do projeto Brasil: Nunca Mais!

Já entre os legitimadores do regime estariam os relatos dos generais Carlos de Meira Mattos e Mário Poppe de Figueiredo, além dos livros de Jayme Portella de Mello, *A revolução e o Governo Costa e Silva*, e do ex-ministro Armando Falcão, *Tudo a declarar* (Toledo, 2004). Toledo cita também a Rede Globo, que, se durante o regime foi um dos principais veículos de propaganda ideológica do governo, a partir dos anos 1990 começou a exibir novelas e minisséries destacando a repressão durante o regime, o movimento estudantil, a luta armada, a tortura etc. Era inevitável, nesse sentido, que as Forças Armadas se sentissem traídas pela população que, em seus argumentos de legitimação do regime, tinha conclamado a ajuda dos militares e anos depois os tratou como golpistas. Esses militares nunca deixaram de se manifestar, denunciando a predominância de uma visão de esquerda "perdedora" nas narrativas sobre o regime militar e acreditando que seriam um dia redimidos por uma geração posterior, que leria o momento com novas perspectivas (Toledo, 2004). Um livro sobre esse assunto foi publicado pelo Coronel Carlos Alberto Brilhante Ustra, *Rompendo o silêncio*, de 1987 (Cardoso, 2011), em que o autor aborda as medidas que o governo foi obrigado a tomar contra a guerrilha urbana em São Paulo[4]. Nas comemorações do 31 de Março nos quartéis, os militares sempre fizeram questão de retomar o nome das "vítimas do terrorismo" de esquerda no Brasil, além de relembrar o contexto de caos do país à época e negar o caráter ditatorial do regime, justificando terem preservado o aparato constitucional enquanto estavam no poder.

Cardoso (2011, p. 134) observa que "O saudosismo e o ressentimento pela memória histórica distorcida, que se impôs à sociedade através da mídia, marcam profundamente o discurso político dos membros do Clube Militar". O autor destaca ainda: "A partir da década de 1980, as manifestações do Clube Militar em disputa no campo da memória começaram a ser enfrentadas pelos familiares de mortos e desaparecidos, ex-militantes da esquerda armada

---

4   Em 2012, o Coronel Ustra foi condenado na Justiça Estadual pela morte de um jornalista no DOI-Codi de São Paulo no ano de 1971.

e estudantes, entre outros" (Cardoso, 2011, p. 134). Foi somente Fernando Henrique Cardoso quem suspendeu a comemoração do 31 de Março já no fim de seu governo, em 2003.

Com a renovação da historiografia no sentido da ampliação da qualidade das fontes, mediante a incorporação da História do Tempo Presente e da História Oral, além da micro-história e a volta da biografia, torna-se possível uma memória mais complexa do período, para além da oposição clássica que se criou entre militares e luta armada. Também é possível, hoje, pesquisar a atuação de intelectuais específicos envolvidos com o regime, além de estudar a classe média que, se não apoiou, consentiu com o desenrolar do processo, mesmo em suas fases mais repressivas.

Além disso, a disponibilidade de fontes e de testemunhos de militares e de civis, militantes políticos ou não, disponíveis *on-line* por instituições e programas como o arquivo do Centro de Pesquisa e Documentação de História Contemporânea/Fundação Getulio Vargas (CPDOC/FGV), o Brasil Nunca Mais (BNM) e a Comissão Nacional da Verdade (CNM), já utilizados nesta obra, auxilia na riqueza do trabalho historiográfico crítico. Ao mesmo tempo, um olhar pluridisciplinar que possa agregar ao estudo das fontes históricas análises de política internacional, circulação de ideias, análises estatísticas, econômicas e sociológicas contribui com uma melhor matização e equilíbrio na compreensão do regime militar brasileiro.

Por fim, a historiografia latino-americana também teve um grande papel na complexificação do discurso sobre os regimes militares em geral, ao perceber a presença de alto grau de mobilização política em países como Argentina, Brasil, Bolívia, Chile, Equador, Peru e Uruguai nas imediações dos respectivos golpes militares. Essa mobilização envolveu principalmente sindicatos e partidos de esquerda, ligas camponesas, guerrilhas indígenas e movimentos estudantis.

O importante dessa historiografia comparada é responder ao nosso presente latino-americano, além de identificar o traço comum das legitimações institucionais dos militares e das repressões que deram início à desmobilização violenta desses setores, combinada com políticas socialmente exclusivas em seus respectivos países, com raras exceções (Prado; Pellegrino, 2014).

Síntese

No presente capítulo, procuramos apresentar o contexto de abertura política que começou a se instalar ainda de forma autoritária sob o governo de Ernesto Geisel, passando pela Campanha pela Anistia, pela promulgação da Constituição de 1988 e pelos primeiros governos civis em sequência. Para isso, buscamos examinar a complexa crise política e econômica que marcou os dois últimos governos militares e as reticências com que estes conduziram o processo de abertura.

Além disso, destacamos a importância do movimento pelas eleições diretas no Brasil, além da elaboração da Constituição e os enfrentamentos levados a cabo pelos governos de José Sarney, Fernando Collor de Mello e Itamar Franco, principalmente no que tange à situação econômica.

Na análise historiográfica, analisamos as diferentes memórias que repensam e nomeiam o regime instaurado em 1964, mas que não se limitam à historiografia acadêmica, aparecendo no senso comum, nos jornais, na televisão. O debate universitário, por sua vez, beneficiou-se da Nova História Política e da História do Tempo Presente para se debruçar sobre o contexto da ditadura civil-militar, ainda que este continue a ser um passado recente e em disputa constante, múltiplo em suas narrativas e ainda pronto para ser enriquecido com novas abordagens e fontes.

Por fim, cabe a você, leitor, refletir sobre esse complexo período da história nacional e suas marcas no presente, de modo a construir visões cada vez mais refinadas, críticas e responsáveis sobre esse contexto.

Atividades de autoavaliação

1. Acerca da Lei da Anistia, de 1979, indique se as afirmações a seguir são verdadeiras (**V**) ou falsas (**F**)
   ( ) Previa anistia para todos os presos e exilados políticos.
   ( ) Excluía de seus benefícios os crimes acusados de terrorismo.
   ( ) Perdoava os crimes políticos cometidos pelos agentes de repressão durante o regime militar.
   ( ) Beneficiava apenas os exilados políticos.

   Agora, assinale a alternativa que indica a sequência correta:

   a) F, V, V, F.
   b) F, F, V, F.
   c) F, F, F, V.
   d) V, F, V, F.

2. Com relação à historiografia sobre o regime militar, assinale a alternativa **incorreta**:
   a) Memórias de ex-militantes da luta armada começaram a ser publicadas ainda sob o Governo Geisel, ajudando a consagrar a imagem de seus integrantes como heróis na luta pela democracia.
   b) A memória militar sobre o regime insiste na formulação da ideia de revolução, justificando assim a longa permanência dos militares no poder.

c) A historiografia referente ao regime militar utiliza atualmente uma série de fontes orais, documentos midiáticos e arquivos pessoais, além de iconografia, músicas, literatura ficcional e filmes para elaborar suas diferentes narrativas.

d) Memórias a favor do regime militar só foram publicadas muito recentemente, em virtude da censura e das pressões que sofreram dos setores de esquerda.

3. Com relação ao governo de Ernesto Geisel, assinale a alternativa correta:

a) Durante o Governo Geisel foi promulgada a Lei da Anistia, que marcou o fim do regime militar no Brasil.

b) Geisel procurou desmontar o aparelho repressivo instalado ao longo do regime militar, sendo apoiado por todos os setores da população brasileira.

c) O Governo Geisel sofreu críticas e protestos por parte da ala mais conservadora dos militares, que chegou a encampar atentados terroristas contra instituições que lutavam pela redemocratização do país.

d) Geisel conseguiu neutralizar a chamada *linha dura* com a demissão dos generais Sylvio Frota e D'Avila de Mello.

4. Sobre o governo de João Baptista Figueiredo, marque a alternativa correta:

a) Foi promulgada a Constituição Cidadã, que hoje governa o país.

b) Foi consolidada a transição democrática com o estabelcimento de eleições diretas para presidente ao fim do governo.

c) Foi marcado pelo atentado terrorista do Riocentro.
d) Foi responsável pela superação da crise econômica iniciada em 1967.

5. Quais partidos fundados nos anos 1980 continuam a existir sob a mesma sigla?
a) PTB, PDT, PMDB e PPS.
b) DEM, PTB, PSDB e PMDB.
c) PSDB, PDT e PT.
d) DEM, PMDB e PT.

Atividades de aprendizagem

Questões para reflexão

1. Em 2010, a Fundação Perseu Abramo inaugurou uma exposição para comemorar os 30 anos da fundação do Partido dos Trabalhadores (PT). Os cartazes expostos encontram-se disponíveis em: <http://csbh.fpabramo.org.br/uploads/Exposicao_PT_30_anos_Final_site.pdf>. Com base nessas fontes, como podemos perceber a construção da trajetória deste que é um dos três maiores partidos da redemocratização brasileira?

2. A música *Que país é este?* foi escrita pelo cantor e compositor Renato Russo em 1978 e lançada em álbum do grupo Legião Urbana em 1987. A canção foi uma das mais importantes na trajetória da banda e até hoje faz sucesso. Com base em seus conhecimentos, em leituras e no que foi estudado neste capítulo, reflita sobre como é possível relacionar a letra dessa música, considerando sua data de composição e de lançamento, com a história recente do Brasil.

Atividades aplicadas: prática

1. Acesse o *site* da Hemeroteca Digital da Fundação Biblioteca Nacional (http://bndigital.bn.gov.br/hemeroteca-digital) e pesquise notícias e imagens sobre a campanha das Diretas Já! em seu estado. Em seguida, verifique:
   - Os jornais noticiaram o movimento?
   - Se sim, a partir de qual data?
   - Dedicaram muito ou pouco espaço à notícia?
   - É possível notar se os jornais eram a favor ou contra a campanha?
   - O jornal pareceu mudar de opinião entre o começo e o fim da campanha?
   - Que imagens ilustravam as reportagens?
   - De que modo foi noticiado o fim da campanha e a decisão do Congresso Nacional?

2. Procure entrevistar membros de sua família ou amigos e parentes que tenham vivido o contexto da crise econômica dos anos 1980 e 1990. Pergunte sobre as consequências da crise na vida cotidiana dos entrevistados e use os resultados para compor um debate em sala de aula.

Capítulo 6
1995-2010: neoliberalismo
ou social-democracia?

O presente capítulo tem como propósito apresentar, em linhas gerais, o processo histórico dos governos de Fernando Henrique Cardoso (FHC) e de Luiz Inácio Lula da Silva, bem como os pontos nos quais eles se aproximam ou se distanciam. Veremos como o Brasil de FHC tinha a ambição de encerrar a chamada *Era Vargas*. Na sequência, para analisarmos os dois mandatos de Lula, utilizaremos o conceito de lulismo, problematizando suas especificidades. Além disso, destacaremos a discussão historiográfica sobre a História do Tempo Presente, visto que nossos objetos fazem parte de uma história recente do Brasil.

(6.1)
Histórias da história:
Brasil e o tempo presente

"Fora, Temer!"; "Diretas Já!"; "Abaixo a reforma trabalhista!"; "Não vai ter Copa!"; "Não são só R$ 0,20"; "Reage, Brasil"; "Contra a ideologia de gênero!"; "Fora, Dilma, e leve o PT o junto!"; "Petralhas corruptos"... Você já ouviu alguma dessas frases? Provavelmente ao menos uma delas, porque povoam a sociedade brasileira atual e tocam em pautas que mobilizam a população, variando no espectro político-ideológico. Decidimos recuperar tais expressões para introduzir a temática da História do Tempo Presente.

A historiadora Martha Hameister afirma que hoje, no Brasil, "vivemos tempos estranhos" (Hameister; Costa; Marques, 2017, p. 18). Acrescentaríamos, ainda, que é uma época turbulenta e marcada por uma ampla polarização política. Fazendo um recorte mais recente – e aqui lembramos que o historiador não está livre de subjetividade quando realiza tais cortes –, poderíamos pensar que essa polarização foi catapultada a partir de junho de 2013, quando protestos tomaram as ruas do país no que foi chamado de *Jornadas de Junho* por determinados setores.

Para Ortellado (2017), "Junho selou um grande pacto da sociedade civil brasileira em torno da defesa dos direitos sociais e do combate à corrupção". Milhões de pessoas protestaram reivindicando suas pautas, o que implicou ações dos políticos e do próprio Estado. A mídia também não deixou de se manifestar, primeiramente se posicionando contra as manifestações e, em um segundo momento, buscando arregimentar os protestos em prol de seus interesses.

Figura 6.1 – Protesto em frente ao Congresso Nacional, em Brasília, em 17 de junho de 2013

Não cabe aqui fazermos uma profunda análise sobre as causas, o legado e o desenrolar de junho de 2013. Apenas levantamos esse ponto para destacar que a partir daí até 2017 – momento de concepção deste livro – o Brasil viveu anos intensos. Sediamos os dois principais megaeventos esportivos do mundo – a Copa do Mundo de Futebol Masculino (2014) e as Olímpiadas (2016). Além disso, milhares de pessoas saíram às ruas de verde e amarelo em 2015 com o famoso pato da Federação das Indústrias do Estado de São Paulo (Fiesp) pedindo o *impeachment* de Dilma Rousseff, a primeira presidenta do país, que foi impedida de governar, deposta pelo Congresso e pelo Senado, no que amplos setores denominaram de *golpe*, enquanto outros defenderam sua legalidade.

Todos esses eventos construíram a conjuntura turbulenta que o Brasil vive hoje, o que afeta a todos os sujeitos históricos do presente. E aí surge nosso questionamento: Como atores e observadores desse momento, somos capazes de empreender uma análise histórica do presente? Isso nos leva a outra questão: Como definir ou recortar o que seria o "presente"? Abrimos esta seção mencionando o ano de 2013, mas este Brasil não surgiu ali. Há laços estreitos e firmes com as conjunturas predecessoras e com uma estrutura de longa duração – cabe ao historiador também elucidar e compreender de que maneira esses laços se estabeleceram.

Neste capítulo, puxamos a discussão historiográfica para a primeira seção, em uma estrutura distinta da observada nos capítulos anteriores, exatamente pelas especificidades de seu conteúdo. Discutiremos os governos de FHC e Lula, enquadrando-os nessa seara da História do Tempo Presente, com consequências, legados e experiências que nos acompanham nos dias atuais. Mas o que seria exatamente a História do Tempo Presente? Quais são suas especificidades?

A partir da Segunda Guerra Mundial, com a percepção de que a história do século XX era repleta de turbulências e com uma aceleração do ritmo de vida, historiadores passaram a estimular o desenvolvimento do estudo do tempo presente. Algumas questões se colocaram: a definição clara do objeto; o marco inicial dessa história; a denominação a ser utilizada. No fim da década de 1990, consolidou-se a ideia de que o marco seria 1989, com a queda do comunismo soviético

(Ferreira, 2000). Independentemente dessas discussões, o estudo do tempo presente acabou se consolidando e demonstrou ser importante. O historiador Eric Hobsbawm, ao escrever a obra *Era dos extremos: o breve século XX – 1914-1991*, também nos brindou com algumas reflexões sobre essa temática. No prefácio da obra, ele lança o questionamento: Como falar de algo que se vive? E logo depois afirma, ao tratar do século XX, que "se o historiador tem condições de entender alguma coisa deste século é em grande parte porque viu e ouviu" (Hobsbawm, 1995, p. 8). Mesmo que sejamos atores dos eventos que buscamos historicizar, nossa vivência pode auxiliar em tal processo. Ou, como expressa Rioux (1999), o historiador do presente não deve tropeçar no obstáculo da proximidade, mas utilizá-lo para "melhor saltar".

Assim, relativizou-se a perspectiva que defendia a necessidade de um distanciamento para a realização de uma análise histórica, até porque, como sabemos, o historiador nunca é neutro e, mesmo quando o objeto pertence a um tempo muito pretérito, as preocupações e questões dele surgem do presente. Além disso, é o próprio profissional da história que cria, independentemente do local e do tempo, seu "recuo" (Rioux, 1999). Ainda nesse sentido, Chartier (citado por Ferreira, 2000, p. 10), ao defender a História do Tempo Presente, aponta que

> *O pesquisador é contemporâneo de seu objeto e divide com os que fazem a história, seus atores, as mesmas categorias e referências. Assim, a falta de distância, ao invés de um inconveniente, pode ser um instrumento de auxílio importante para um maior entendimento da realidade estudada, de maneira a superar a descontinuidade fundamental, que ordinariamente separa o instrumental intelectual, afetivo e psíquico do historiador e aqueles que fazem a história.*

A História do Tempo Presente pode ser considerada também como um depoimento de qualidade científica acerca de seu próprio tempo; sua originalidade é ser uma história escrita (e lida) por seus próprios autores (Rioux, 1999). Outro elemento importante de uma reflexão histórica sobre o presente é o combate à atemporalidade contemporânea e ao imediatismo das gerações mais recentes. Hobsbawm (1995, p. 13) observa que os jovens atualmente vivem em uma "espécie de presente contínuo, sem qualquer relação orgânica com o passado público da época em que vivem". O papel do historiador é ainda mais relevante nesse contexto, pois procura interpretar e compreender esses processos à luz da história.

Outra especificidade dessa maneira de fazer história é a abundância de documentos disponíveis; diferentemente de períodos mais pretéritos, o historiador do presente dificilmente correrá o risco de ficar sem fontes. Por conseguinte, o trabalho de escolha, classificação e análise exige ainda mais rigor para que não se perca no meio de tudo isso. Novas fontes também exigem novas metodologias – há mais um desafio. Um exemplo possível disso são os chamados *memes*, linguagem típica das mídias sociais e da internet em um período mais recente.

Por fim, recuperamos também a colocação de Bernstein e Milza (1999, p. 127) de que "a história do presente é primeiramente e antes de tudo história". Guardadas suas especificidades, a História do Tempo Presente tem seus objetivos, suas fontes e suas metodologias, assim como a história de qualquer outro período. Cabe ao historiador compreender por qual processo se chegou ao presente e preocupar-se com as estruturas e as transformações dessa emergência (Bernstein; Milza, 1999).

Assim, os objetos de nossa atenção neste capítulo podem ser incluídos na História do Tempo Presente, o que implica aceitar o desafio de contemplarmos interpretações dos acontecimentos que ainda estão em disputa e também de tratarmos de memórias compartilhadas.

(6.2)
O Brasil de Fernando Henrique Cardoso: fim da Era Vargas?

Antes de abordarmos diretamente o governo de Fernando Henrique Cardoso, vamos nos ater brevemente à conjuntura mundial nas últimas décadas do século XX, focando dois grandes processos imbricados: a globalização e a hegemonia neoliberal. Tal escolha se justifica para localizarmos a posição do Brasil nesse enquadramento global, principalmente porque os dois mandatos de Cardoso foram importantes na reorientação nacional no contexto do cenário mundial.

A globalização pode ser encarada como um fenômeno conectado às mudanças do capitalismo no fim do século XX, quando houve uma mudança no regime de acumulação do capital, passando-se do modelo fordista-keynesiano para o flexível (Harvey, 2007). A acumulação flexível modificou hábitos de consumo, práticas e poderes do Estado e, em especial, processos de trabalho, caracterizando-se pelas modificações nas formas de trabalho e no controle da força de trabalho, pelo surgimento de novos setores da produção, de novos mercados, de novos serviços financeiros e pelo desenvolvimento acelerado do setor de serviços (Harvey, 2007).

No âmbito dessa conjuntura de mudanças do capitalismo mundial, a globalização foi se desenvolvendo, conectada a processos culturais e socioeconômicos. Paul Singer (1997) a define como consta no excerto a seguir.

> **O que é a globalização?**
>
> A globalização, como a conhecemos nas últimas décadas do século XX, resulta da superação de barreiras à circulação internacional de mercadorias e de capitais. Trata-se de uma expansão dos mercados, antes contidos em fronteiras

> nacionais ou dentro de blocos regionais de comércio. O efeito principal da globalização é que numerosos mercados tornam-se mais concorrenciais, o que para os neoclássicos significa que eles se tornam "perfeitos". Quanto mais concorrenciais os mercados, tanto melhor – supõem os neoclássicos – eles cumprem as funções de alocar recursos e uniformizar preços em patamar mínimo, sempre em proveito dos consumidores "soberanos". Mas a globalização não tem só virtudes. Ela também acarreta a destruição de um número significativo de empresas e de um número ainda maior de empregos.

Fonte: Singer, 1997.

Quanto ao neoliberalismo, podemos encará-lo como uma política econômica que foi se desenvolvendo a partir da crise mundial do petróleo, em 1973, consolidando-se globalmente com a chegada de Margaret Thatcher e de Ronald Reagan ao poder na Inglaterra e nos Estados Unidos, respectivamente. De acordo com Anderson (1995), os neoliberais tinham uma receita para vencer a crise: um Estado forte na manutenção dos interesses econômicos dominantes e fraco nas intervenções econômicas e nos gastos sociais. Nesse sentido, o objetivo mais claro do Estado era a estabilidade monetária; para alcançá-la, deveria apostar na redução de impostos sobre os rendimentos e as rendas mais altas, na elevação da taxa de juros, no amplo programa de privatização, no aumento das taxas de desemprego e nos cortes nos gastos de bem-estar (Anderson, 1995).

Esses dois processos foram aqui abordados de maneira sucinta, mas são importantes, pois obviamente trouxeram consequências para a realidade latino-americana e, mais especificamente, para a brasileira. Desde os anos 1980, os países da América Latina vinham passando por transformações, com mudanças nos regimes políticos e também na relação entre o Estado, o mercado e a sociedade (Sallum Jr., 2000). Cada país guardou suas especificidades e seus ritmos distintos nesse processo. No caso brasileiro, a mudança na forma de inserção internacional de nossa economia e as medidas de liberalização econômica foram observadas desde o governo de Fernando Collor. Também o processo de redemocratização política, como vimos, foi iniciado em meados da década de 1980.

É interessante considerar a visão do próprio Fernando Henrique Cardoso sobre sua gestão, pois, antes de sua primeira posse, situou seu governo entre duas dimensões ligadas a tais processos: a transição política para a democracia, pois teria se encerrado com sua eleição, ou seja, a redemocratização fora completada; e a transição para além da Era Vargas (Sallum Jr., 2000), denominação dada pelo próprio presidente, que envolvia a passagem de um Estado nacional-desenvolvimentista, com forte intervenção estatal na economia, para um Estado neoliberal, alinhando-se com a conjuntura internacional. Analisaremos melhor esse processo partindo de sua própria eleição como presidente.

Fernando Henrique Cardoso, ou FHC, é um sociólogo brasileiro com uma produção acadêmica de respeito, na qual aborda temas como escravidão, desenvolvimento econômico e teses sobre a denominada *teoria da dependência*. Desde cedo envolveu-se com política e chegou a ser expulso da Universidade de São Paulo (USP) pela ditadura civil-militar, em 1969, por conta do AI-5. Posteriormente, atuou no Partido do Movimento Democrático Brasileiro (PMDB) e auxiliou na fundação do Partido da Social Democracia Brasileira (PSDB), ao qual é filiado até hoje (Fico, 2015).

Antes de abordarmos seus mandatos presidenciais, precisamos tratar de sua atuação como ministro da Fazenda no governo de Itamar Franco. De acordo com Sallum Jr. (2000), em uma perspectiva econômica e sociopolítica, a gestão de Cardoso forma uma unidade que cobre um período maior que seus mandatos, começando com o lançamento do Plano Real. Itamar Franco assumiu interinamente a presidência logo depois do afastamento de Fernando Collor pelo *impeachment*, e seu objetivo era cuidar da inflação, fantasma que assolava o país desde a ditadura civil-militar. Itamar tinha convicções nacionalistas, porém pouco domínio de assuntos econômicos. Por falta de orientação, trocou de ministro da Fazenda quatro vezes; sua quarta e última escolha foi FHC, que estava na pasta das Relações Exteriores (Fico, 2015).

FHC reuniu uma equipe de economistas com experiência na elaboração dos planos econômicos anteriores. No princípio, anunciou cortes e medidas para a abertura comercial e a privatização de empresas estatais. O grupo de economistas propôs algo inovador: trocou o novo cruzado pela unidade real de valor (URV), que inicialmente não era uma moeda propriamente dita, mas uma cotação diária que indicava uma equivalência entre uma URV e os cruzeiros reais. A nova moeda veio depois, em 1º de julho de 1994 – o real (Fico, 2015).

Após inúmeras tentativas de estabilização econômica, o Plano Real funcionou e, por conseguinte, Fernando Henrique Cardoso se tornou o candidato natural do PSDB para concorrer às eleições presidenciais de 1994. Sua campanha aproveitou o sucesso do Plano Real e enfatizou as qualidades do ajuste econômico, ao mesmo tempo que acalmou neoliberais e conservadores com medo de uma possível vitória de Luiz Inácio Lula da Silva, candidato do Partido dos Trabalhadores (PT) e que tivera bons resultados nas eleições de 1989.

Fernando Henrique ganhou com ampla vantagem ainda no primeiro turno, com 55% dos votos contra 39% de Lula. Já durante a campanha surgiram diferentes análises sobre o processo eleitoral e sobre o candidato do PSDB. A primeira, de tom voluntarista, afirmava que FHC teria usado o Plano Real para se eleger, o que trazia a ideia implícita de que a vontade de um indivíduo seria capaz de dominar e reerguer uma economia em crise, ganhando popularidade. A segunda, com viés hiperestruturalista, defendia que a candidatura de FHC fora gestada pelas novas elites para garantir seus projetos econômicos e uma redefinição do papel do Estado; FHC seria apenas uma peça em prol dos novos interesses capitalistas (Sallum Jr., 2000).

Ambas as explicações podem ser consideradas simplistas, e uma alternativa melhor é considerar a candidatura de FHC como um processo de construção de um novo grupo hegemônico política e economicamente, o qual ansiava pelo já comentado fim da Era Vargas, que pode ser encarada como um sistema de dominação iniciado nos anos 1930, no qual o Estado era o organizador da sociedade e a ferramenta de construção do capitalismo industrial, isto é, um Estado nacional-desenvolvimentista. Com as mudanças no capitalismo a partir dos anos 1970, como vimos, e com a maior democratização das sociedades, o comando do Estado sofreu baixas e possibilitou a superação do Estado desenvolvimentista (Sallum Jr., 2000).

Visando atingir tal superação, o governo de FHC foi marcado por uma ampla reorganização administrativa do Estado. O outro objetivo era a manutenção da estabilidade monetária atingida após o Plano Real. Nesse sentido, foi realizado um pacote de reformas: os ministérios passaram por uma reformulação com vistas ao aprimoramento dos serviços; criaram-se agências reguladoras, como a Agência Nacional de Telecomunicações (Anatel) e a Agência Nacional de Energia Elétrica (Aneel); na área da educação, estabeleceram-se metas de ensino e foram criadas estratégias para medir o aprendizado dos estudantes nas escolas públicas e privadas; criaram-se as organizações sociais (OSs) para prestar serviços que não eram exclusivos do Estado (Stancki, 2016).

Ainda sobre as privatizações e a diminuição intervencionista do Estado, o governo de FHC continuou o Programa Nacional de Desestatização (PND), iniciado ainda na gestão de Itamar Franco e elaborado por sua equipe de economistas. O PND estimulou as privatizações das empresas estatais, até mesmo regionais ou estaduais, pois o dinheiro dos leilões poderia amortizar a dívida dos estados com a União. As primeiras empresas privatizadas foram as de malhas ferroviárias, os bancos públicos regionais, a Vale do Rio Doce (criada, ironicamente, durante a Era Vargas), as ações da Light e depois foi a vez do setor de telefonia (Stancki, 2016). Houve ampla aceitação das medidas neoliberais e até das privatizações por parte da população. Contudo, uma minoria de esquerda fez oposição levantando as bandeiras da defesa do patrimônio público e da economia nacional (Sallum Jr., 2000). As privatizações deixaram como um de seus legados a entrada de investimentos e de capitais estrangeiros no país.

Outro elemento importante do primeiro mandato de FHC foi a reeleição. Aproveitando o cenário de relativa estabilidade e o fato de sua base política compor a maioria do Congresso, FHC aprovou uma emenda constitucional que permitia a reeleição. Houve algumas denúncias de compra de votos, mas que não chegaram a ser efetivamente investigadas. De todo modo, essa medida abriu caminho para que ele tentasse se reeleger em 1998. Seu maior adversário político foi novamente Luiz Inácio Lula da Silva. FHC ganhou novamente, com 53% dos votos contra 31% de Lula.

O segundo mandato teve continuidades e rupturas com o primeiro. De maneira geral, o ponto central dos dois governos foi ter estruturado uma nova forma de Estado no Brasil, democrático em termos políticos – lembrando que, antes de sua primeira posse, FHC afirmou que seu governo fecharia o processo de transição democrática – e liberal em termos econômicos. Essa combinação marcou a transição do Estado nacional-desenvolvimentista para o neoliberal.

Em termos de mudanças, podemos pensar na própria política econômica, ainda que não tenham sido transformações estruturais que afetaram a lógica liberalizante. No primeiro mandato, o foco central foi a consolidação do ambiente de estabilidade dos preços. As mudanças na política econômica iniciaram no fim de 1998 e início de 1999 e ocorreram nos regimes cambial, monetário e fiscal. Em termos cambiais, foi o fim do regime de câmbio fixo, da valorização artificial do real perante o dólar; adotou-se o câmbio flutuante, o que gerou a desvalorização do real. No regime monetário, em vez da defesa das bandas cambiais, estabeleceu-se o sistema de metas inflacionárias. Quanto ao regime fiscal, o objetivo foi garantir a manutenção de um superávit primário alto o suficiente para estabilizar a diferença entre a dívida pública e o Produto Interno Bruto (PIB). Essas alterações, chamadas de *tríplice mudança*, foram consolidadas com a assinatura do acordo com o Fundo Monetário Internacional (FMI) (Oliveira; Turolla, 2003).

O segundo mandato também foi marcado pelo aumento dos impostos, pela redução dos gastos públicos e pela criação da Lei de Responsabilidade Fiscal, no ano 2000. Além dos impostos e da alta taxa de desemprego, um fator de instabilidade ao fim do governo foi a crise elétrica, também chamada de *crise do apagão*. Os investimentos no setor elétrico estavam baixos, e a falta de planejamento e a escassez de chuvas fizeram o nível dos reservatórios das hidrelétricas cair, o que afetou o fornecimento de energia elétrica e gerou a necessidade de um racionamento de energia que causou descontentamento na população.

(6.3)
O Brasil de Fernando Henrique Cardoso: a sociedade e o Estado

Na seção anterior, concentramos a atenção nas mudanças na política econômica brasileira a partir do governo de Fernando Henrique Cardoso, principalmente com a internalização da lógica neoliberal.

Contudo, devemos nos questionar: De que maneira isso afetou a população em geral? Como os trabalhadores agiram e reagiram em face dessas mudanças? São aspectos que buscaremos esboçar, analisando os efeitos das relações entre capital e trabalho nos mandatos de FHC e a atuação sindical diante disso.

A ênfase econômica do primeiro governo foi a estabilização da moeda e o controle da inflação, objetivo alcançado principalmente com o Plano Real. Tais elementos garantiram popularidade ao presidente, sobretudo durante o primeiro mandato. Entretanto, se examinarmos esse contexto por outra perspectiva, veremos que houve uma grande elevação das taxas de desemprego, cujas principais causas foram a política econômica dos juros elevados – um dos pilares das medidas neoliberais –, o processo de reestruturação industrial e a adoção de um modelo recessivo, com a queda do PIB (Martins; Rodrigues, 2000). Dessa forma, a questão do desemprego se tornou elemento-chave da estratégia sindical ao longo dos governos de FHC.

Harvey (2007) apontou a mudança no regime de acumulação do capitalismo e o modo como isso afetou as formas de trabalho, especialmente por meio da flexibilização, em um fenômeno que atingiu a classe trabalhadora. As inovações tecnológicas e as novas formas flexíveis de organização do trabalho agravaram a crise do mercado de trabalho brasileiro, elevando ainda mais as taxas de desemprego. Aliados a isso, houve a diminuição drástica do emprego formal e o aumento do trabalho informal ou flexível (Martins; Rodrigues, 2000).

A flexibilização do trabalho trouxe outras consequências, como a precarização e a insegurança, pois a permanência e a própria entrada no mercado de trabalho formal ficaram mais ameaçadas. Com o medo de perder o emprego, os trabalhadores se sujeitaram às novas condições de trabalho e às exigências dos empresários, o que passou pela flexibilização dos direitos trabalhistas. Graças a essa conjuntura, o movimento sindical adotou e manteve uma postura muito mais defensiva, pois se encontrava acuado, em uma situação de desregulamentação das relações de trabalho, resistindo à flexibilização. Como afirmou o presidente da Central Única dos Trabalhadores (CUT) à época, Vicente Paulo da Silva, "passamos o ano nos defendendo, lutando apenas para garantir direitos e não para conquistar novos" (O Estado de S. Paulo, 1995, citado por Martins; Rodrigues, 2000, p. 159).

Além dessas mudanças conjunturais, havia alguns elementos mais pontuais que dificultavam a atuação sindical. O primeiro era o dinamismo do governo, que desenvolvia pautas e muitas propostas de mudança em um fluxo acelerado, o que dificultava o acompanhamento. O segundo era a própria dificuldade de mobilização dos trabalhadores, sobretudo os urbanos. Nesse contexto, reapareceram o medo da perda do emprego e a carga de algumas greves fracassadas.

Aqui é importante abordar alguns momentos-chave da relação entre o governo e os trabalhadores e sindicatos nesse período. O primeiro e talvez mais famoso foi a greve dos petroleiros, em 1995, início dos mandatos de FHC. De acordo com Rizek (1998), a greve foi o primeiro grande embate e possibilidade de negociação com o novo governo. O movimento teve início em maio de 1995 e foi unificado, contando com diferentes categorias: petroleiros, docentes e funcionários de universidades federais, trabalhadores dos Correios e eletricitários.

As principais pautas de reivindicações dos trabalhadores eram os reajustes mensais, a reposição das perdas salariais e a retirada das emendas da reforma constitucional do Congresso. A última era a mais "ousada", pois a reforma era fundamental para o governo e seu planejamento de ajuste econômico – no âmbito da reforma constitucional estavam incluídas as reformas fiscal, política e tributária. A hipótese é que esse seria o motivo de tamanha resistência do governo à greve (Martins; Rodrigues, 2000). Algumas categorias recuaram e deixaram de aderir, mas os petroleiros mantiveram o enfrentamento. Houve uma mudança no percurso após a decisão do Tribunal Superior do Trabalho (TST) que declarou a greve abusiva. Com o amparo judiciário, o governo ordenou a ocupação de quatro refinarias pelo Exército, e as empresas suspenderam o pagamento dos grevistas. Para completar, o TST decretou o pagamento de uma multa de R$ 100 mil diários para os sindicatos caso a greve não fosse encerrada, o que efetivamente acabou acontecendo. O desfecho deixou os trabalhadores sem conquista alguma e sem garantia de que não haveria punições. A atitude dura e de enfrentamento forte contra os petroleiros, aliada ao processo de desregulamentação da economia, demonstrou a posição governamental de não negociar e atacar diretamente o movimento sindical (Martins; Rodrigues, 2000).

Outro momento importante do sindicalismo brasileiro no fim do século XX foi a greve geral de 1996, convocada pelas três principais centrais sindicais: CUT, Força Sindical e Comando Geral dos Trabalhadores (CGT). Essa união foi uma característica daquele ano de mobilizações e marcou uma tentativa de superação das divergências perante os problemas enfrentados. A greve começou a ser articulada a partir de 1º de maio, Dia do Trabalhador, e foi marcada para 21 de junho (Martins; Rodrigues, 2000).

Entretanto, a greve não teve o sucesso esperado, o que foi reconhecido pelos próprios sindicalistas; não foi possível mobilizar a base o suficiente, o que demonstra uma resistência dos trabalhadores à greve na época, um ato compreensível em um momento com altas taxas de desemprego e flexibilização das relações de trabalho.

O Programa Fome Zero era um dos programas sociais do governo de FHC. Para pensar as relações entre Estado e sociedade no período, é importante considerar também as políticas sociais. O conjunto das medidas estatais na área social a partir do primeiro mandato de Cardoso foi marcado, por um lado, pela diversidade em termos de áreas de ação e, por outro, pela pouca ousadia e pelo caráter convencional.

Houve avanços no sentido do número e do leque de atuação dos programas, porém a falta de inovação foi resultado de uma permanência (irônica) do Estado nacional-desenvolvimentista: contrapor a política econômica à política social – colocá-las em espaços opostos, com a proeminência da primeira sobre a segunda. Havia uma contradição entre a política de estabilização econômica do governo e a promoção de políticas sociais com impacto concreto no desenvolvimento social. Isso se deveu também à recessão econômica do país, a qual afetou diretamente a gestão da questão social com cortes que impactaram os programas de criação de renda em um momento de aumento do desemprego (Cohn, 2000).

Tal permanência foi exacerbada e alimentou a noção de que os "problemas sociais" deviam ser enfrentados de maneira isolada e desarticulada, sem vínculos com a política econômica. Era uma concepção segmentada da questão social. A principal consequência dessa visão foi que, em vez de se enfrentar a pobreza a partir de um viés estrutural, com vistas à sua superação, o objetivo do Estado era aliviar a pobreza dos grupos vulneráveis. Isso significa dizer que a pobreza era naturalizada, encarada como parte da realidade do país e que o

Estado tinha limites econômicos, impossibilitando essa superação. Havia um agravante: como o governo tinha recursos escassos nessa área, cabia a ele selecionar para quais grupos esses recursos seriam destinados; no caso, a política social se destinaria somente aos mais pobres (Cohn, 2000).

Para finalizar esta seção, convém abordar a política externa do governo de FHC. Para Florencio (2017), o presidente assegurou a credibilidade internacional do Brasil graças à estabilização da economia e adequou o país aos rumos da globalização. Diferentemente dos militares, que defendiam a noção do "Brasil, grande potência", o diagnóstico no fim dos anos 1990 era o do país como uma potência média. Dessa maneira, a preferência era pela diplomacia e por um distanciamento das políticas de poder (Florencio, 2017).

Em seu governo, FHC promoveu avanços na política externa na América Latina. A principal realização foram a organização e a promoção da I Reunião de Presidentes da América do Sul, em 2000, quando lançou as bases da Iniciativa para a Integração da Infraestrutura Regional Sul-Americana (Iirsa). Um elemento importante das relações exteriores também foi a assinatura pelo Brasil do Tratado de Não Proliferação Nuclear, em 1998, o que era coerente, pois o país havia assinado o Tratado de Tlatelolco, que proibia armas nucleares na América Latina (Florencio, 2017).

Com relação aos Estados Unidos, havia uma aproximação bilateral entre os governos brasileiro e norte-americano durante a gestão de Bill Clinton, que foi interrompida após a posse de George Bush e a Guerra ao Terror. Outro afastamento entre os dois países ocorreu graças aos blocos econômicos aos quais pertenciam, pois os EUA focaram o Tratado Norte-Americano de Livre Comércio (Nafta), enquanto o Brasil focou o Mercado Comum do Sul (Mercosul) (Florencio, 2017).

(6.4)
O LULISMO E O BRASIL

Se houve o momento do sociólogo e acadêmico, de 2003 até 2010 a presidência foi ocupada por um metalúrgico nordestino, sindicalista e importante articulador de greves em seu período de ascensão no fim da década de 1970. São trajetórias distintas, mas que se cruzaram em vários momentos; para além das disputas eleitorais, ambos militaram em conjunto durante a ditadura civil-militar, por exemplo. Além disso, Lula foi um dos fundadores do PT, surgido na década de 1980 e pertencente ao campo de esquerda.

Luiz Inácio Lula da Silva teve um sucesso avassalador como presidente. Para Fico (2015), isso se deveu principalmente à estabilidade alcançada com o Plano Real e a uma conjuntura internacional relativamente favorável, com a expansão da economia global graças ao crescimento do comércio com a atuação da China no mercado mundial. Aliado à fase de prosperidade do país – com crescimento do PIB e, principalmente, o crescimento significativo de postos de trabalho formais –, Lula teve um inegável carisma que o tornou um dos líderes mais populares da história republicana brasileira.

Para esboçarmos algumas linhas reflexivas acerca do processo histórico dos governos de Lula, utilizaremos o conceito cunhado por André Singer: lulismo. Na realidade, outros autores também utilizaram a categoria, mas em sentido distinto. É o caso da própria interpretação petista nos artigos "O PT e o lulismo", de Gilney Viana, e "Duas agendas: na crise, de duas, uma", de Renato Simões, publicados no *site* do próprio partido. Há uma vertente também expressa na obra *Lulismo: da era dos movimentos sociais à ascensão da nova classe média brasileira*, do cientista político Rudá Ricci. No outro lado do espectro político, há o livro de Merval Pereira intitulado *O lulismo no poder* (Singer, 2017).

Um ponto relevante é que o lulismo se refere a um período maior do que os dois mandatos de Lula; na realidade, refere-se ao ciclo petista no poder: de 2003, com a primeira eleição vencida por Lula, até o *impeachment* de Dilma Rousseff, em 2016. Foi o maior tempo que uma mesma organização partidária dirigiu o país nos períodos de democracia, o que já configura uma especificidade importante. Para Maringoni e Medeiros (2017, p. 10, grifo do original), "Os anos do que o cientista político André Singer definiu como *lulismo* exprimem uma inédita experiência reformista baseada numa complexa aliança que permitiu avanços, ao mesmo tempo em que preservou as bases materiais da hegemonia burguesa".

Singer (2017) entende o lulismo como um realinhamento de bases sociais. Houve uma mudança na composição da base eleitoral de Lula entre as eleições de 2002 e 2006; por mais que houvesse uma manutenção do número de votos, a origem deles era distinta. Nas eleições de 2002, havia um apoio mais massivo de setores de classe média, que já vinham votando no petista desde as eleições de 1989. Por outro lado, o subproletariado, marcado por um conservadorismo popular e pelo anseio de um Estado forte e capaz de diminuir a desigualdade sem ameaçar a ordem, teria deslocado suas intenções de voto.

A última eleição com diferenciação clara de votos por classes sociais foi a de Collor, em 1989, na qual famílias com rendas inferiores a dois salários mínimos preferiam o "caçador de marajás" ao sindicalista. Nessas eleições, Lula defendia a necessidade de alcançar esses "setores menos favorecidos". Na realidade, a diferença entre esquerda e direita para esses segmentos não passava por ser contra ou a favor da redução da desigualdade, mas pela maneira como isso seria feito. Nesse sentido, a esquerda era vista como a opção que colocaria tudo em risco, desagradando a esses eleitores e empurrando-os para a direita no espectro ideológico, pois aí não haveria ameaça de instabilidade.

A virada a favor de Lula se deu a partir de seu primeiro mandato; foi com medidas governamentais que as classes populares passaram a aderir ao programa petista. O fundamento desse aumento de eleitores de baixa renda foi o aumento do poder de consumo. Programas como o Bolsa Família, o aumento real do salário mínimo, o crédito consignado e o acesso facilitado ao Benefício de Prestação Continuada (BPC) atraíram eleitores e supriram a perda de segmentos da classe média que se afastavam cada vez mais do PT, motivados pelos escândalos de corrupção. Lembramos que o Mensalão eclodiu em 2005, ano anterior ao pleito.

Dessa forma, Singer (2017) conclui que houve uma permanência do conservadorismo popular na distribuição das preferências ideológicas do país. Após a redemocratização e duas décadas de democracia, a esquerda não avançou em um projeto de hegemonia político-cultural, fazendo com que a direita tivesse quase sempre cerca de 50% a mais de eleitores. Maringoni também caracteriza o lulismo partindo das reflexões de Singer sobre o conceito, que seria marcado pela contradição entre mudança e conservação. Nesse sentido, para Maringoni (2017, p. 35),

> *o lulismo desenvolveu uma sofisticada política que conquistou altos índices de aprovação popular, apoio majoritário entre setores empresariais, largas maiorias no Congresso e forte presença internacional. As conquistas obtidas nesse período, no entanto, foram obtidas em uma conjuntura mundial especialíssima. Quando essa mudou, o pacto de classes estabelecido em 2002 não subsistiu.*

Singer e Maringoni partem das categorias de mudança e de continuidade para pensar os anos do lulismo. O segundo vai além e defende que, em seus anos gloriosos (2006-2010), o lulismo conseguiu realizar uma utopia policlassista que beneficiava tanto os setores populares quanto os setores dominantes. Havia a promessa de mudança para os de baixo e continuidade para os de cima (Maringoni, 2017). Todos esses elementos podem ser percebidos na famosa *Carta ao povo brasileiro*, escrita em meados de 2002, quando Lula ainda era somente candidato à presidência.

Carta ao povo brasileiro

Lideranças populares, intelectuais, artistas e religiosos dos mais variados matizes ideológicos declaram espontaneamente seu apoio a um projeto de mudança do Brasil.

Prefeitos e parlamentares de partidos não coligados com o PT anunciam seu apoio. Parcelas significativas do empresariado vêm somar-se ao nosso projeto. Trata-se de uma vasta coalizão, em muitos aspectos suprapartidária, que busca abrir novos horizontes para o país.

O povo brasileiro quer mudar para valer. Recusa qualquer forma de continuísmo, seja ele assumido ou mascarado. Quer trilhar o caminho da redução de nossa vulnerabilidade externa pelo esforço conjugado de exportar mais e de criar um amplo mercado interno de consumo de massas.

Quer abrir o caminho de combinar o incremento da atividade econômica com políticas sociais consistentes e criativas. [...]

Fonte: Leia..., 2002.

A carta explicita o caráter policlassista e de conciliação de classes, pois o projeto seria composto por uma vasta coalizão. Nessa direção, a alusão aos setores empresariais também é significativa, pois demonstra que o PT estava disposto a garantir esse apoio e negociar com eles. Em outra parte da carta, Lula até promete o respeito a todos os contratos e às obrigações do país, visando tranquilizar o empresariado, que também ficaria satisfeito com a política de aumento das exportações e do aquecimento do mercado interno por meio do incentivo ao consumo.

Era uma utopia – a partir de então concreta – em que "os de cima ganharam muito e os de baixo melhoraram de vida, num improvável jogo de ganha-ganha" (Maringoni, 2017, p. 36). Agora vem a questão: Como a utopia se concretizou? Há vários elementos que podem ser considerados, porém o mais significativo talvez tenha vindo de fora, especificamente da China. A potência asiática chegou ao mercado internacional com a necessidade de importação de produtos primários e o Brasil conseguiu lucrar imensamente com a exportação de *commodities*, possibilitando a expansão massiva do agronegócio e gerando excedentes que possibilitaram investimentos públicos e privados e políticas de distribuição de renda, bem como viabilizaram o pacto de classes. Quando a crise econômica de 2008 assolou o mundo e fez os preços das *commodities* caírem, o modelo mostrou sua fragilidade.

Não obstante seus problemas, o lulismo potencializou uma prosperidade real por alguns anos: políticas internas de distribuição de renda, com o aumento real do salário mínimo, a expansão do crédito e os programas sociais como o Bolsa Família e o Luz para Todos; iniciativas de impulso à indústria; aumento da renda média da população brasileira, levando o país ao pleno emprego; alargamento do mercado interno; programas como o Programa Universidade para Todos (ProUni) e o Fundo de Financiamento Estudantil (Fies) para financiamento de educação superior a jovens carentes; lucros exorbitantes das empresas e do mercado financeiro (Maringoni, 2017).

A inclusão das camadas mais pobres pelo consumo, assim como os programas ou as ações afirmativas, não passaram incólumes a críticas oriundas de polos distintos do espectro ideológico. O Bolsa Família e as cotas, por exemplo, foram recorrentemente criticados por alas mais à direita por serem considerados populistas. Já o ProUni e o Fies, apesar de incluírem milhares de pessoas no ensino superior, foram criticados por setores à esquerda, pois injetavam muito dinheiro de subsídios governamentais em instituições privadas de ensino, quando o foco poderia ser a expansão qualitativa de vagas nas instituições superiores públicas.

Por fim, o lulismo não conseguiu manter sua legitimidade quando a conjuntura do crescimento se modificou e, assim, perdeu sua base de apoio popular – aqui já estamos nos referindo ao governo de Dilma Rousseff (consideramos para esse material que esse período pode ser incluído nos anos do lulismo, pois faz parte do mesmo projeto). Com o fim do crescimento proporcionado pelo fator externo, a utopia do "todos ganham" não tinha como se manter. Perante a fragilidade do governo petista, a oposição ganhou mais espaço e vimos o fim do ciclo de 13 anos da experiência do PT à frente do Executivo federal.

(6.5)
O LULISMO E O MUNDO

Em termos macroeconômicos, houve uma continuidade entre os governos de FHC e de Lula. O tripé formado por câmbio flutuante, juros altos e metas de inflação foi mantido e até aprofundado. Em seu primeiro governo, iniciado em 2003, Lula garantiu um ajuste fiscal duro, após o empréstimo com o FMI, a fuga de capitais e uma economia em recuperação. Houve um aumento da taxa básica de juros e o Ministério da Fazenda aumentou a meta de superávit primário em comparação com a taxa do último ano do governo de FHC (Maringoni, 2017).

Em um país em que o poder político financeiro era forte, tal lógica era esperada. Contudo, imaginava-se que seria provisória, o que não ocorreu e ela se tornou permanente. Para completar, as primeiras reformas propostas pelo governo tinham um tom claramente pró-mercado: a reforma da Previdência e a Lei de Falências. É possível perceber o caráter reformista do governo, pois buscava ampliar as políticas sociais, mas sem ameaçar em nenhum momento o *status quo* ou a política econômica hegemônica globalmente. A recuperação e o crescimento da economia realmente ocorreram e o Brasil passou por um período de forte desenvolvimento. Em uma economia de baixa expansão ou até de recessão desde os anos 1980, viveu-se então o que Lula chamou de "espetáculo do crescimento": o PIB passou de 1,1% em 2003 para 4% em 2006 (Maringoni, 2017). Como vimos, tal processo se relacionou diretamente com o aumento da demanda de importações de *commodities* pela China. Aliados a isso, houve o dinamismo e o crescimento do mercado interno, impulsionados pelo consumo, pela distribuição de renda e pela liberação de crédito.

No âmbito internacional e, mais especificamente, na política externa, o lulismo investiu na chamada *Cooperação Sul-Sul*:

> *A atuação diplomática brasileira por meio da diversificação de parcerias, do aprofundamento da cooperação "Sul-Sul" e da liderança em diversas organizações internacionais foi acompanhada por um processo de expansão da internacionalização de grandes empresas nacionais que passaram a fazer parte de megaprojetos na América Latina e na África. Além disso, a participação na Operação de Paz no Haiti e o fortalecimento dos laços econômicos com Israel vêm sendo acompanhados pela execução de grandes acordos de negócios na área do comércio internacional de armamentos e de equipamentos de repressão, ao mesmo tempo em que a chancelaria tem se posicionado recorrentemente nas diversas instâncias multilaterais pela garantia à autonomia do povo palestino.*
> (Lamas; Finazzi; Nasser, 2017, p. 133)

A diplomacia brasileira durante a experiência petista na presidência teve como orientação o discurso da autonomia. Lembramos que, nos primeiros anos do século XXI, países como China, Índia, Brasil, Rússia e África do Sul passaram a ter cada vez mais peso no cenário internacional, o que levou, até mesmo, a formações de blocos como o BRICS (Brasil, Rússia, Índia, China e África do Sul – grupo político de cooperação) e o Fórum de Diálogo Índia-Brasil-África do Sul (Ibas). A essas formações denominou-se *Sul emergente*, e a Cooperação Sul-Sul visava contrapor-se aos parâmetros hegemônicos das relações no eixo Norte-Sul; buscava horizontalidade na relação entre os países, preservando suas autonomias e estreitando essas relações (Lamas; Finazzi; Nasser, 2017).

Para Lula, em 2003, primeiro ano de seu mandato, o Brasil ficou mais de 500 anos olhando para a Europa, então era o momento de olhar para a América do Sul e para a África, fortalecendo novos laços e objetivando garantir maior independência e força política nas negociações do cenário internacional. Como afirmam Lamas, Finazzi e Nasser (2017, p. 134), "esses anos foram marcados pelo fomento às relações diplomáticas com países do Sul, participação ativa na área de ajuda humanitária e uma atuação sem precedentes na área de cooperação internacional, sinalizada pela emergência do país como doador para governos e agências multilaterais".

Um último aspecto da política externa lulista diz respeito ao processo de internacionalização das empresas brasileiras. Os projetos de cooperação citados vinham acompanhados da internacionalização das empresas nacionais; havia um incentivo claro do governo para que os empresários brasileiros tornassem seus empreendimentos multinacionais. Tais incentivos não se restringiam a discursos; o governo tomou medidas práticas com vistas à promoção do investimento estrangeiro direto: a aprovação das normas de financiamento internacional, em 2005, que permitiram ao Banco Nacional de Desenvolvimento Econômico e Social (BNDES) fomentar a exportação; e a mudança no estatuto social do BNDES que possibilitou a abertura de linhas de crédito às empresas brasileiras com projetos no exterior. Dessa maneira, houve nesse modelo de política externa a conciliação da inclusão social e da adoção de políticas neoliberais de internacionalização do capital brasileiro, atraindo-se parcerias de investimentos para o Brasil (Lamas; Finazzi; Nasser, 2017).

Síntese

Neste capítulo, discutimos breve e pontualmente alguns elementos dos mandatos de Fernando Henrique Cardoso e de Luiz Inácio Lula da Silva. Examinamos a transição do Estado nacional-desenvolvimentista para o Estado neoliberal durante os governos de FHC, sobretudo com a desregulamentação da economia, as privatizações e as medidas de ajuste econômico na tentativa de encerrar a Era Vargas. Também abordamos o fenômeno do lulismo, analisando suas bases sociais e o modo como conseguiu concretizar, ainda que por alguns anos, uma utopia que favorecia "os de baixo e os de cima", considerando que o conceito se estende para além dos dois mandatos de Lula.

Atividades de autoavaliação

1. Sobre a História do Tempo Presente, é correto afirmar:
   a) É uma área das ciências humanas que busca entender a organização e o funcionamento das sociedades humanas sem levar em conta os processos históricos.
   b) O historiador pode utilizar a proximidade com o período a ser analisado para melhor compreendê-lo, lembrando-se de estar atento às especificidades da história presente.

c) Pela abundância de fontes do presente, como jornais, revistas, televisão e cinema, a análise histórica não é possível, pois o historiador não consegue construir critérios suficientes para escolher suas fontes.

d) No Brasil, graças ao período de turbulência política e social atual, o historiador está impossibilitado de realizar uma reflexão histórica, então é necessário aguardar um maior distanciamento, já que este se dá naturalmente sem a interferência do pesquisador.

2. Com relação ao Brasil no período dos governos de Fernando Henrique Cardoso (1994-2002), indique se as afirmações a seguir são verdadeiras (**V**) ou falsas (**F**):

( ) Apesar das inúmeras medidas, o Plano Real não foi suficiente para estabilizar a economia e reduzir a inflação.

( ) Foram criadas agências reguladoras para supervisionar empresas de serviços, paralelamente ao processo de privatização das estatais prestadoras de serviços, por exemplo, a Agência Nacional de Telecomunicação (Anatel).

( ) No governo FHC, houve uma reorganização do Estado, rompendo-se com a lógica nacional-desenvolvimentista segundo a qual o Estado era o organizador da sociedade e o impulsionador do capitalismo industrial.

( ) O governo de FHC foi marcado por uma diminuição das taxas de juros, pautada por uma lógica de maior intervenção do Estado na economia.

Agora, assinale a alternativa que indica a sequência correta:

a) F, F, V, F.
b) V, F, F, V.

c) V, V, V, F.
d) F, V, V, F.

3. Sobre a política externa do governo de Fernando Henrique Cardoso, é correto afirmar:
   a) Priorizou acordos comerciais com os Estados Unidos e recuou na política externa na América Latina, participando de maneira discreta das tentativas latino-americanas de integração econômica.
   b) Como no regime militar, havia a noção do "Brasil, grande potência", evidenciado pela capacidade de captação de recursos do capital internacional.
   c) A estabilidade da economia alcançada durante o primeiro governo de FHC garantiu a credibilidade internacional.
   d) O Brasil e os Estados Unidos mantinham acordos bilaterais durante o período do governo de FHC e de Bill Clinton, o que propiciou a entrada do país no Nafta, bloco econômico liderado pelos norte-americanos.

4. O sucesso da "utopia lulista" é decorrente de uma série de fatores. Assinale a alternativa que melhor representa algum deles:
   a) Conjuntura internacional favorável, com ampliação das exportações de *commodities* principalmente para a China.
   b) Recessão da economia internacional a partir da crise de 2008, que favoreceu o desenvolvimento dos países emergentes.

c) Persistente desestabilização da economia e elevadas taxas de inflação, pois Lula resolveu tais problemas com a criação do Plano Real.

d) No âmbito da política externa, a prioridade dada aos acordos bilaterais com os Estados Unidos e a União Europeia, investindo-se nos laços Norte-Sul.

5. Acerca do lulismo e de suas características, indique se as afirmações a seguir são verdadeiras (**V**) ou falsas (**F**):

( ) Na política externa, optou-se pelas relações de Cooperação Sul-Sul, aproveitando o crescimento de economias como China, Índia e África do Sul.

( ) Logo que assumiu seu mandato, Lula rompeu com a política macroeconômica do governo de Fernando Henrique Cardoso e cumpriu com o prometido na *Carta ao povo brasileiro*.

( ) Os projetos de cooperação internacional da política externa brasileira eram articulados aos planos de internacionalização das empresas brasileiras.

( ) Lula defendeu que era preciso estreitar os laços de cooperação e de diplomacia com a Europa, pois historicamente o Brasil havia atuado de outra maneira.

Agora, assinale a alternativa que indica a sequência correta:

a) V, F, V, F.
b) V, V, F, F.
c) F, F, V, F.
d) V, F, V, V.

Atividades de aprendizagem

Questões para reflexão

1. Antes de sua posse, o ex-presidente Fernando Henrique Cardoso afirmou que um dos objetivos de seu governo seria encerrar a Era Vargas. Explique o que essa frase significava e identifique as alterações na política econômica estatal implicadas nesse processo.

2. Sobre o conceito de lulismo, há diferentes interpretações e perspectivas; aqui, debatemos a categoria cunhada por André Singer. Sintetize as principais características apontadas por Singer que compõem o lulismo e apresente algumas mudanças concretas que esse processo trouxe ao país. Para isso, você pode utilizar notícias de jornais do período.

Atividade aplicada: prática

1. Pesquise o *Manifesto de fundação do Partido dos Trabalhadores*, de 1980, e a *Carta ao povo brasileiro*, de 2002. Compare o programa e o objetivo dos dois documentos, aponte proximidades e distanciamentos e elabore um quadro comparativo entre as diretrizes principais de cada um, indicando as mudanças e as permanências.

Considerações finais

O livro que agora se encerra teve como objetivo repensar a trajetória brasileira no século XX, desde a Proclamação da República até o segundo governo de Luiz Inácio Lula da Silva, não só em seus aspectos sociais, culturais, políticos e econômicos, mas também no que se refere às principais discussões historiográficas relativas a cada período. Desse modo, procuramos salientar características de longa duração na história brasileira em diálogo com os aspectos conjunturais. Conhecer a história serve tanto para compreender o passado e o presente como para elaborar projetos de futuro.

Ao pensarmos a historiografia do período republicano, refletimos sobre a construção do passado a partir de diferentes perspectivas. Em vez de colocá-las em conflito, é importante compreendê-las como respostas a seus respectivos presentes e como busca pela verdade, ainda que esta seja inalcançável em sua totalidade.

Além disso, em cada capítulo apresentamos exercícios, questões reflexivas e propostas de trabalho que possibilitam o aprofundamento do estudo dos temas abordados e podem servir como exercício em sala de aula. Foram, pois, desenvolvidos como material, para você, leitor, utilizar para sua própria reflexão e estudo ou, se for o caso, em seu trabalho prático em sala de aula com as adaptações necessárias.

Esperamos que este livro possa ajudá-lo a trabalhar de forma crítica e responsável no sentido de sempre aperfeiçoar a história como disciplina e como saber.

Referências

A ANISTIA em julgamento. **Veja**, n. 495, 1° mar. 1978. p. 34.

AGGIO, A. et al. **Política e sociedade no Brasil (1930-1964)**. São Paulo: Annablume, 2002.

ALMEIDA, J. A. de. Entrevista concedida a Carlos Lacerda. **Correio da Manhã**, 22 fev. 1945.

ANDERSON, P. Balanço do neoliberalismo. In: SADER, E.; GENTILI, P. (Org.). **Pós-neoliberalismo**: as políticas sociais e o Estado democrático. Rio de Janeiro: Paz e Terra, 1995. p. 9-23.

ARAUJO, R. C. B. O voto de saias: a Constituinte de 1934 e a participação das mulheres na política. **Estudos Avançados**, São Paulo, v. 17, n. 49, p. 133-150, 2003.

ARIAS NETO, J. M. Primeira República: economia cafeeira, urbanização e industrialização. In: FERREIRA, J.; DELGADO, L. A. N. **O Brasil Republicano**: o tempo do liberalismo excludente. 8. ed. Rio de Janeiro: Civilização Brasileira, 2016. p. 191-229. v. 1.

ARNS, P. E. **Brasil**: nunca mais. 10. ed. Petrópolis: Vozes, 1985.

AZEVEDO, F. A. Revisitando as ligas camponesas. In: MARTINS FILHO, J. R. (Org.). **O golpe de 1964 e o regime militar**: novas perspectivas. São Carlos: Edufscar, 2006. p. 27-37.

BADARÓ, M. O governo João Goulart: novos rumos da produção historiográfica. **Revista Brasileira de História**, v. 28, n. 55, p. 245-263, 2008.

BARBOSA, M. **História cultural da imprensa**: Brasil, 1900-2000. Rio de Janeiro: Mauad X, 2007.

BARRETO, L. **Os bruzundangas**. São Paulo: Brasiliense, 1956.

_____. **Recordações do Escrivão Isaías Caminha**. Disponível em: <http://www.dominiopublico.gov.br/download/texto/bv000157.pdf>. Acesso em: 4 fev. 2019.

BENEVIDES, M. V. **A UDN e o udenismo**: ambiguidades do liberalismo brasileiro. Rio de Janeiro: Paz e Terra, 1981.

_____. O governo Kubitschek: a esperança como fator de desenvolvimento. In: GOMES, A. de C. **Os anos JK**. Rio de Janeiro: FGV/CPDOC, 1991. p. 9-22.

BERNSTEIN, S.; MILZA, P. Conclusão. In: CHAUVEAU, A. (Org.). **Questões para a história do presente**. Bauru: Edusc, 1999. p. 127-132.

BETTI, M. S. A politização do teatro: do Arena ao CPC/O Teatro de Resistência. In: FARIA, J. R. (Dir.). **História do teatro brasileiro**. São Paulo: Perspectiva/SESCSP, 2013. p. 175-215.

BOBBIO, N.; MATTEUCCI, N.; PASQUINO, G. **Dicionário de política**. Brasília: Ed. da UnB, 1998.

BOJUNGA, C. **JK**: o artista do impossível. Rio de Janeiro: Objetiva, 2010.

BOMENY, H. Utopias de cidade: as capitais do modernismo. In: GOMES, A. M. de. **O Brasil de JK**. Rio de Janeiro: FGV, 2002. p. 201-223.

BONATO, N. M. C. As concepções da Federação Brasileira pelo Progresso Feminino sobre educação da mulher (1922-1979). In: SIMPÓSIO NACIONAL DE HISTÓRIA, 23., 2005, Londrina.

BORGES, V. P. O populismo e sua história: debate e crítica. **Revista Brasileira de História**, São Paulo, v. 22, n. 43, p. 235-240, 2002.

_____. Anos trinta e política: história e historiografia. In: FREITAS, M. C. (Org.). **Historiografia brasileira em perspectiva**. São Paulo: Contexto, 1998. p. 159-182.

BRAGA, B. P.; SILVA, E. J. **Uma reflexão introdutória sobre o Brasil e sua formação econômica**. Curitiba: InterSaberes, 2016.

BRASIL. Constituição (1891). **Diário Oficial [da] República dos Estados Unidos do Brasil**, Rio de Janeiro, 24 fev. 1891.

_____. Constituição (1934). **Diário Oficial [da] República dos Estados Unidos do Brasil**, Rio de Janeiro, 16 jul. 1934.

_____. Constituição (1937). **Diário Oficial [da] República dos Estados Unidos do Brasil**, Rio de Janeiro, 10 nov. 1937.

_____. Lei n. 6.683, de 28 de agosto de 1979. **Diário Oficial da União**, Poder Executivo, Brasília, DF, 28 ago. 1979. Disponível em: <http://www.planalto.gov.br/ccivil_03/leis/L6683.htm>. Acesso em: 16 jan. 2019.

_____. Lei n. 12.528, de 18 de novembro de 2011. **Diário Oficial da União**, Poder Executivo, Brasília, DF, 18 nov. 2011. Disponível em: <http://www.planalto.gov.br/ccivil_03/_Ato2011-2014/2011/Lei/L12528.htm>. Acesso em: 16 jan. 2019.

BRAUDEL, F. História e Ciências Sociais: a longa duração. **Revista de História**, v. 30, n. 62, 1965.

BUENO, C. Da agroexportação ao desenvolvimentismo. In: CERVO, A. L.; BUENO, C. **História da política exterior do Brasil**. Brasília: Ed. da UnB, 2008. p. 149-363.

CÂMARA: UNE. **Correio da Manhã**, Rio de Janeiro, 20 maio 1964. 1º Caderno, p. 2.

CAPELATO, M. H. O Estado Novo: o que trouxe de novo? In: FERREIRA, J.; DELGADO, L. A. N. **O Brasil Republicano:** o tempo do nacional-estatismo. 7. ed. Rio de Janeiro: Civilização Brasileira, 2015. p. 107-143. v. 2.

_____. Propaganda política e controle dos meios de comunicação. In: PANDOLFI, D. (Org.). **Repensando o Estado Novo.** Rio de Janeiro: FGV, 1999. p. 167-178.

CARDOSO, L. C. Os discursos de celebração da "Revolução de 1964". **Revista Brasileira de História**, São Paulo, v. 31, n. 62, p. 117-140, 2011.

CARVALHO, J. M. **A formação das almas**: o imaginário da República no Brasil. São Paulo: Companhia das Letras, 1990.

_____. Coronelismo, clientelismo: uma discussão conceitual. **Dados**, Rio de Janeiro, v. 40, n. 2, p. 1-10, 1997.

_____. **Os bestializados**: o Rio de Janeiro e a República que não foi. São Paulo: Companhia das Letras, 1987.

CASALECCHI, J. E. **O Brasil de 1945 ao golpe militar.** São Paulo: Contexto, 2016.

CHALHOUB, S. Medo branco de almas negras: escravos, libertos e republicanos no Rio de Janeiro. **Discursos Sediciosos: Crime, Direito e Sociedade**, Rio de Janeiro, n. 1, ano 1, p. 169-189, 1996.

CHAVES, J. **Presidente Bossa Nova**. São Paulo: Chantecler, 1957. 1 disco.

COHN, A. As políticas sociais no governo FHC. **Tempo Social**, São Paulo, v. 11, n. 2, p. 183-197, out. 2000.

COSTA, E. V. **Da monarquia à república**: momentos decisivos. São Paulo: Ed. da Unesp, 2010.

D'ARAUJO, M. C. **O Segundo Governo Vargas 1951-1954**: democracia, partidos e crise política. São Paulo: Ática, 1992.

DELGADO, L. A. N. O governo João Goulart e o golpe de 1964: da construção do esquecimento às interpretações acadêmicas. **Grafía**, Bogotá, v. 9, p. 175-191, 2012.

_____. Partidos políticos e frentes parlamentares: projetos, desafios e conflitos na democracia. In: FERREIRA, J.; DELGADO, L. de A. N. **O Brasil Republicano**: o tempo da experiência democrática. Rio de Janeiro: Civilização Brasileira, 2013. p. 127-154. v. 3.

DEMIER, F. Populismo e historiografia na atualidade: lutas operárias, cidadania e nostalgia do varguismo. **Revista Mundos do Trabalho**, v. 4, n. 8, p. 204-229, 2012.

DICIONÁRIO HISTÓRICO-BIOGRÁFICO BRASILEIRO. **Geisel, Ernesto**. Rio de Janeiro: CPDOC/FGV, c2009a. Disponível em: <http://www.fgv.br/cpdoc/acervo/dicionarios/verbete-biografico/geisel-ernesto>. Acesso em: 16 jan. 2019.

_____. **Médici, Emílio Garrastazzu**. Rio de Janeiro: CPDOC/FGV, c2009b. Disponível em: <http://www.fgv.br/cpdoc/acervo/dicionarios/verbete-biografico/medici-emilio-garrastazzu>. Acesso em: 16 jan. 2019.

DREIFUSS, R. A. **1964**: a conquista do Estado. Petrópolis: Vozes, 1981.

DUBY, G. **O domingo de Bouvines**: 27 de julho de 1214. Rio de Janeiro: Paz e Terra, 1993.

EXÉRCITO prende jornalistas para fugir à denúncia. **Correio da Manhã**, Rio de Janeiro, 6 abr. 1968. 1º Caderno, p. 3.

FAUSTO, B. **Getúlio Vargas**. São Paulo: Companhia das Letras, 2006. (Coleção Perfis Brasileiros).

_____. **História do Brasil**. São Paulo: Edusp, 1995.

FENELON, D. R. **50 textos de história do Brasil**. São Paulo: Hucitec, 1974.

FERREIRA, J. (Org.). **O populismo e sua história**: debate e crítica. Rio de Janeiro: Civilização Brasileira, 2001.

FERREIRA, J. A democratização de 1945 e o movimento queremista. In: FERREIRA, J.; DELGADO, L. de A. N. **O Brasil Republicano**: o tempo da experiência democrática. Rio de Janeiro: Civilização Brasileira, 2013a. p. 13-46. v. 3.

_____. Crises da República: 1954, 1955 e 1961. In: FERREIRA, J.; DELGADO, L. de A. N. **O Brasil Republicano**: o tempo da experiência democrática. Rio de Janeiro: Civilização Brasileira, 2013b. p. 301-342. v. 3.

_____. **João Goulart**: uma biografia. Rio de Janeiro: Civilização Brasileira, 2011.

FERREIRA, J. O governo Goulart e o golpe civil-militar de 1964. In: FERREIRA, J.; DELGADO, L. de A. N. **O Brasil Republicano**: o tempo da experiência democrática. Rio de Janeiro: Civilização Brasileira, 2013c. p. 343-404. v. 3.

FERREIRA, J.; GOMES, A. C. **1964**: o golpe que derrubou um presidente. Rio de Janeiro: Civilização Brasileira, 2014.

FERREIRA, M. M. (Org.). **João Goulart**: entre a memória e a história. Rio de Janeiro: FGV, 2006.

FERREIRA, M. M. História do Tempo Presente: desafios. **Cultura Vozes**, Petrópolis, v. 94, n. 3, p. 111-124, maio/jun. 2000.

FERREIRA, M. M.; PINTO, S. C. S. A crise dos anos 1920 e a Revolução de 1930. In: FERREIRA, J.; DELGADO, L. A. N. **O Brasil Republicano**: o tempo do liberalismo excludente. 8. ed. Rio de Janeiro: Civilização Brasileira, 2016. p. 387-415.

FICO, C. **Além do golpe**: versões e controvérsias sobre 1964 e a ditadura militar. Rio de Janeiro: Record, 2004.

FICO, C. Ditadura militar brasileira: aproximações teóricas e historiográficas. **Tempo e Argumento**, Florianópolis, v. 9, n. 20, p. 5-74, jan./abr. 2017.

_____. **História do Brasil Contemporâneo**: da morte de Vargas aos dias atuais. São Paulo: Contexto, 2015.

_____. **O grande irmão**: da operação Brother Sam aos anos de chumbo – o governo dos Estados Unidos e a ditadura militar brasileira. Rio de Janeiro: Civilização Brasileira, 2008.

FIGUEIREDO, A. **Democracia ou reformas?** Alternativas democráticas à crise política: 1961-1964. Rio de Janeiro: Paz e Terra, 1993.

FLORENCIO, S. Política externa. In: PINSKY, J. (Org.). **O Brasil no contexto**: 1987-2017. São Paulo: Contexto, 2017. p. 175-189.

FRANCO JUNIOR, H. **A dança dos deuses**: futebol, sociedade, cultura. São Paulo: Companhia das Letras, 2007.

FRIEDEN, J. **Capitalismo global**: história econômica e política do século XX. Rio de Janeiro: J. Zahar, 2008.

GASPARI, E. **A ditadura envergonhada**. São Paulo: Companhia das Letras, 2002.

GOMES, A. C. **A invenção do trabalhismo**. São Paulo: Vértice; Rio de Janeiro: IUPERJ, 1987.

_____. **A invenção do trabalhismo**. 3. ed. Rio de Janeiro: Ed. da FGV, 2005.

GOMES, A. C.; ABREU, M. A nova "Velha" República: um pouco de história e historiografia. **Tempo**, Rio de Janeiro, v. 13, n. 26, p. 1-14, 2009.

GOMES, A. C.; FERREIRA, M. M. Primeira República: um balanço historiográfico. **Estudos Históricos**, Rio de Janeiro, v. 2, n. 4, p. 244-280, 1989.

GOMES, A. de C.; FERREIRA, J. **Jango**: múltiplas faces. Rio de Janeiro: Ed. da FGV, 2007.

GREEN, J. N. **Apesar de vocês**: oposição à ditadura brasileira nos Estados Unidos (1964-1985). São Paulo: Companhia das Letras, 2009.

GUZIK, A. A dramaturgia moderna. In: FARIA, J. R. (Dir.). **História do teatro brasileiro**. São Paulo: Perspectiva/SESCSP, 2013. p. 117-143.

HAMEISTER, M. D.; COSTA, H.; MARQUES, R. S. **Tecendo as suas vidas**: as mulheres na América portuguesa. São Leopoldo: Casa Leiria, 2017.

HARVEY, D. **A condição pós-moderna**: uma pesquisa sobre as origens da mudança cultural. 16. ed. São Paulo: Loyola, 2007.

HERMANN, J. Religião e política no alvorecer da República: os movimentos de Juazeiro, Canudos e Contestado. In: DELGADO, L. A. N.; FERREIRA, J. **O Brasil Republicano**: o tempo do liberalismo excludente. 8. ed. Rio de Janeiro: Civilização Brasileira, 2016. p. 121-160. v. 1.

HOBSBAWM, E. **Era dos extremos**: o breve século XX: 1914-1991. São Paulo: Companhia das Letras, 1995.

JANOTTI, M. L. M. **O coronelismo**: uma política de compromissos. São Paulo: Brasiliense, 1984.

JARDIM, L. Nota sobre a arte: o nobre sentido. **Correio da Manhã**, 27 fev. 1944. Segunda Seção, p. 6

KONDER, L. Vaca fardada. **Margem Esquerda**, n. 3, maio 2004.

LAMAS, I.; FINAZZI, J.; NASSER, R. Entre Porto Alegre e Davos. In: MARINGONI, G.; MEDEIROS, J. (Org.). **Cinco mil dias**: o Brasil na era do lulismo. São Paulo: Boitempo, 2017. p. 133-139.

LEAL, V. N. **Coronelismo, enxada e voto**. Rio de Janeiro: Forense, 1948.

____. N. O coronelismo e o coronelismo de cada um. **Dados**, Rio de Janeiro, v. 23, n. 1, p. 1114, 1980.

LEIA íntegra da carta de Lula para acalmar o mercado financeiro. **Folha de S. Paulo**, 24 jun. 2002. Disponível em: <https://www1.folha.uol.com.br/folha/brasil/ult96u33908.shtml>. Acesso em: 16 jan. 2019.

LESSA, R. Invenção Republicana. **Cadernos da Escola do Legislativo**, Belo Horizonte, v. 5, n. 10, p. 9-38, jan./jul. 2000.

MACARINI, J. P. **A política econômica do Governo Sarney**: os Planos Cruzado (1986) e Bresser (1987). Texto para Discussão n. 157. Campinas: IE/Unicamp, 2009.

MACEDO, J. R. Negros. In: PINSKY, J. (Org.). **O Brasil no contexto**: 1987-2017. São Paulo: Contexto, 2017. p. 122-137.

MACHADO DE ASSIS, J. M. **Crônicas Escolhidas**. Seleção, introdução e notas de John Gledson. São Paulo: Penguin Classics Companhia das Letras, 2013.

MAIO, M. C. Ação Integralista Brasileira: um movimento fascista no Brasil (1932-1938). In: DELGADO, L. A. N.; FERREIRA, J. **O Brasil Republicano**: o tempo do nacional-estatismo. 7. ed. Rio de Janeiro: Civilização Brasileira, 2015. p. 39-58. v. 2.

MARANHÃO, T. "Apolíneos e dionisíacos": o papel do futebol no pensamento de Gilberto Freyre a respeito do "povo brasileiro". **Análise Social**, Lisboa, v. 41, n. 179, p. 435-450, 2006.

MARCZAL, E. **Introdução à historiografia**: da abordagem tradicional às perspectivas pós-modernas. Curitiba: InterSaberes, 2016.

MARINGONI, G. Ascensão e queda de uma utopia tropical. In: MARINGONI, G.; MEDEIROS, J. (Org.). **Cinco mil dias:** o Brasil na era do lulismo. São Paulo: Boitempo; Fundação Lauro Campos, 2017. p. 35-49.

MARINGONI, G.; MEDEIROS, J. Prefácio em seis tempos. In: MARINGONI, G.; MEDEIROS, J. (Org.). **Cinco mil dias:** o Brasil na era do lulismo. São Paulo: Boitempo, 2017. p. 9-11.

MARTINS FILHO, J. R. Forças Armadas e política, 1945-1964: a antessala do golpe. In: FERREIRA, J.; DELGADO, L. de A. N. **O Brasil Republicano:** o tempo da experiência democrática. Rio de Janeiro: Civilização Brasileira, 2013. p. 99-126. v. 3.

MARTINS, H. de S.; RODRIGUES, I. J. O sindicalismo brasileiro na segunda metade dos anos 90. **Tempo Social**, São Paulo, v. 11, n. 2, p. 155-182, out. 2000.

MARTINS, L. C. P. **A grande imprensa "liberal" carioca e a política econômica do segundo governo Vargas (1951-1954):** conflito entre projetos de desenvolvimento. Porto Alegre: EDIPUCRS, 2016. (Série História).

MATTOS, M. B. **Trabalhadores e sindicatos no Brasil**. São Paulo: Expressão Popular, 2009.

MELO, D. B. de. Ditadura "civil-militar"? Controvérsias historiográficas sobre o processo político brasileiro no pós-1964 e os desafios do tempo presente. **Espaço Plural**, n. 27, ano 13, p. 39-53, 2012.

MENDES JR., A. et al. **Brasil história:** texto e consulta. São Paulo: Brasiliense, 1981. v. 3: República.

MENDONÇA, S. R. de; FONTES, V. M. **História do Brasil recente (1964-1992)**. São Paulo: Ática, 2006.

MONTEIRO, H. M. **Brasil Império**. São Paulo: Brasiliense, 1986.

MUNTEAL, O.; VENTAPANE, J.; FREIXO, A. de (Org.). **O Brasil de João Goulart:** um projeto de nação. Rio de Janeiro: Contraponto/Ed. da PUC-Rio, 2006.

NAPOLITANO, M. **1964:** história do regime militar brasileiro. São Paulo: Contexto, 2014a.

_____. **Cultura brasileira:** utopia e massificação (1950-1980). São Paulo: Contexto, 2014b.

_____. **História do Brasil República:** da queda da Monarquia ao fim do Estado Novo. São Paulo: Contexto, 2016.

NEVES, M. S. Os cenários da República. O Brasil na virada do século XIX para o século XX. In: FERREIRA, J.; DELGADO, L. A. N. **O Brasil Republicano:** o tempo do liberalismo excludente. 8. ed. Rio de Janeiro: Civilização Brasileira, 2016. p. 13-44. v. 1.

NORRA, P. O acontecimento e o historiador do presente. In: LE GOFF, J. et al. **A Nova História.** Lisboa: Edições 70, 1978.

O LEITOR e o Plano Collor. **Veja,** n. 1126, 18 abr. 1990. p. 10.

OLIVEIRA, D. **História do Brasil:** política e economia. Curitiba: InterSaberes, 2012.

OLIVEIRA, G.; TUROLLA, F. Política econômica do segundo governo FHC: mudança em condições adversas. **Tempo Social,** São Paulo, v. 15, n. 2, p. 195-217, nov. 2003.

OLIVEIRA, L. L. Sinais da modernidade na Era Vargas: vida literária, cinema e rádio. In: FERREIRA, J., DELGADO, L. A. N. **O Brasil Republicano:** o tempo do nacional-estatismo. 7. ed. Rio de Janeiro: Civilização Brasileira, 2015. p. 324-349. v. 2.

ORTELLADO, P. A negação de Junho, quatro anos depois. **Folha de S. Paulo,** 13 jun. 2017.

OSTOS, N. S. C. de. A questão feminina: importância estratégica das mulheres para a regulação da população brasileira (1930-1945). **Cadernos Pagu**, Campinas, n. 39, p. 313-343, 2012.

PACTO Jânio-Jango com "slogan" peronista. **Tribuna da Imprensa**, 5 fev. 1954. p. 3.

PASQUINO, G. Revolução. In: BOBBIO, N.; MATTEUCCI, N.; PASQUINO, G. **Dicionário de política**. Brasília: Ed. da UnB, 1998. p. 1121-1131.

PEDRO, J. M. Mulheres. In: PINSKY, J. (Org.). **O Brasil no contexto**: 1987-2007. São Paulo: Contexto, 2007. p. 169-181.

PRADO, L. C. D.; EARP, F. S. O "milagre" brasileiro: crescimento acelerado, integração nacional e concentração de renda. In: FERREIRA, J.; DELGADO, L. de A. N. (Org.). **O Brasil Republicano**: o tempo da ditadura – regime militar e movimentos sociais em fins do século XX. Rio de Janeiro: Civilização Brasileira: 2007. p. 207-242. v. 4.

PRADO, M. L.; PELLEGRINO, G. **História da América Latina**. São Paulo: Contexto, 2014.

QUEIROZ, R. de. A nova revolução. **O Cruzeiro**, 23 maio 1964a.

_____. Revolução pelo rádio. **O Cruzeiro**, 9 maio 1964b.

REIS, D. A. A ditadura civil-militar. **Prosa**, Rio de Janeiro, 31 mar. 2012. *Blog* literário de *O Globo*.

REIS FILHO, D. A. **Ditadura e democracia no Brasil**: do golpe de 1964 à Constituição de 1988. Rio de Janeiro: Zahar, 2014.

RÉMOND, R. (Org.). **Por uma história política**. Rio de Janeiro: Ed. da FGV, 2003.

RIOUX, J. Pode-se fazer uma história do presente? In: CHAUVEAU, A. (Org.). **Questões para a história do presente**. Bauru: Edusc, 1999. p. 39-49.

RIZEK, C. S. A greve dos petroleiros. **Praga**, São Paulo, n. 6, p. 97-105, set. 1998.

ROLLEMBERG, D. Esquerdas revolucionárias e luta armada. In: FERREIRA, J.; DELGADO, L. A. N. **O Brasil Republicano**: o tempo da ditadura – regime militar e movimentos sociais em fins do século XX. Rio de Janeiro: Civilização Brasileira, 2007. p. 43-92. v. 4.

SALES, C. **Da propaganda à presidência**. São Paulo: A Editora, 1908.

SALLUM JR., B. O Brasil sob Cardoso: neoliberalismo e desenvolvimentismo. **Tempo Social**, São Paulo, v. 11, n. 2, p. 23-47, out. 2000.

SALLUM JR., B.; CASARÕES, G. O. P. e. O impeachment do presidente Collor: a literatura e o processo. **Lua Nova**, São Paulo, n. 82, p. 163-200, 2011.

SCHWARCZ, L. M.; STARLING, H. M. **Brasil**: uma biografia. São Paulo: Companhia das Letras, 2015.

SEVCENKO, N. Introdução: o prelúdio republicano, astúcias da ordem e ilusões do progresso. In: SEVCENKO, N. (Org.). **República**: da Belle Époque à Era do Rádio. São Paulo: Companhia das Letras, 1998. p. 7-48. (História da Vida Privada no Brasil, v. 3).

_____. **Literatura como missão**: tensões sociais e criação cultural na Primeira República. São Paulo: Brasiliense, 1999.

SILVA, A. L. R. da; RIEDIGER, B. F. **Política externa brasileira**: uma introdução. Curitiba: InterSaberes, 2016.

SILVA, L. D. **PSB**: o socialismo pragmático – uma análise política e histórica. Recife: Ecco, 1992.

SIMAS, L. A. Dos arredores da Praça Onze aos terreiros de Oswaldo Cruz. **Z Cultural**, Rio de Janeiro, ano 11, v. 1, 2016.

SINGER, A. A ideia de lulismo. In: MARINGONI, G.; MEDEIROS, J. (Org.). **Cinco mil dias**: o Brasil na era do lulismo. São Paulo: Boitempo, 2017. p. 15-26.

SINGER, P. O Brasil no contexto do capitalismo internacional: 1889-1930. In: FAUSTO, B. (Dir.). **O Brasil Republicano**: estrutura de poder e economia (1889-1930). São Paulo: Bertrand Brasil, 1989. v. 1.

_____. Um histórico da globalização. **Revista da Sociedade Brasileira da Economia Política**, Rio de Janeiro, ano 1, n. 1, 1997. Paginação irregular.

SKIDMORE, T. **Brasil**: de Getúlio a Castello (1930-1964). São Paulo: Companhia das Letras, 2010.

SOARES, G. A.; D'ARAUJO, M. C. (Org.). **21 anos de regime militar**: balanços e perspectivas. Rio de Janeiro: Ed. da FGV, 1994.

STANCKI, R. **Sociedade brasileira contemporânea**. Curitiba: InterSaberes, 2016.

TOLEDO, C. N. de. 1964: Golpismo e democracia: as falácias do revisionismo. **Crítica Marxista**, Campinas, n. 19, p. 27-49, 2004.

TORRES, P. H. C. Populismos: relações de poder e cultura política na história do tempo presente – América Latina dos anos 30 aos dias de hoje. **Veredas da História**, n. 2, ano 4, p. 204-215, 2011.

VALE, O. T. do. **O General Dutra e a redemocratização de 45**. Rio de Janeiro: Civilização Brasileira, 1978.

VARGAS, G. D. **O Estado Novo e as classes trabalhadoras**. Discurso pronunciado por ocasião da assinatura de Decretos-Leis referentes às classes trabalhadoras do país, no Palácio Guanabara, a 1º de maio de 1938. Biblioteca da

Presidência da República. Disponível em: <http://www.
biblioteca.presidencia.gov.br/presidencia/ex-presidentes/
getulio-vargas/discursos/1938/07.pdf/@@download/file/07.
pdf>. Acesso em: 7 fev. 2019.

VELLOSO, M. P. O modernismo e a questão nacional: In:
FERREIRA, J.; DELGADO, L. A. N. **O Brasil Republicano**:
o tempo do liberalismo excludente. 8. ed. Rio de Janeiro:
Civilização Brasileira, 2016. p. 351-386. v. 1.

VELLOSO, M. P. Os intelectuais e a política cultural do Estado
Novo. **Revista de Sociologia e Política**, n. 9, p. 57-74, 1997.

VELOSO, M.; MADEIRA, A. (Org.). **Leituras brasileiras**:
itinerários no pensamento social e na literatura. São Paulo:
Paz e Terra, 1999.

VIRGÍLIO NETO, A. Entre o populismo e a liberdade. **O Globo**,
18 abr. 2015. Disponível em: <https://oglobo.
globo.com/opiniao/entre-populismo-a-liberdade-
15914895#ixzz4xGlTFUO9>. Acesso em: 16 jan. 2019.

VISCARDI, C. M. R. Federalismo e cidadania na imprensa
republicana (1870-1889). **Tempo**, n. 32, p. 137-161, 2011.

VIZENTINI, P. Do nacional-desenvolvimentismo à política externa
independente. In: FERREIRA, J.; DELGADO, L. de A. N.
O Brasil Republicano: o tempo da experiência democrática.
Rio de Janeiro: Civilização Brasileira, 2013. p. 195-216. v. 3.

WEFFORT, F. **O populismo na política brasileira**. 4. ed.
São Paulo: Paz e Terra, 1980.

ZAHLUTH, P. P. A construção do nacional-desenvolvimentismo
de Getúlio Vargas e a dinâmica de interação entre Estado e
mercado nos setores de base. **Revista Economia**, Brasília, v. 7,
n. 4, p. 239-275, dez. 2006.

Bibliografia comentada

FAUSTO, B. **A Revolução de 1930**: história e historiografia. São Paulo: Companhia das Letras, 1997.

Esse livro apresenta uma interpretação alternativa para a Revolução de 1930 e é referência fundamental para a compreensão desse processo histórico.

FERREIRA, J.; DELGADO, L. de A. N. **O Brasil Republicano**. Rio de Janeiro: Civilização Brasileira, 2003.

A coleção *O Brasil Republicano*, organizada pelos professores Jorge Ferreira e Lucilia de Almeida Neves Delgado, apresenta panoramas interessantes da história brasileira por meio de artigos de alguns dos pesquisadores contemporâneos mais eminentes no assunto, discutindo, de forma didática e objetiva, os temas relativos a cada momento da história. Apesar de os volumes seguirem uma ordem cronológica, os artigos são em sua maior parte temáticos, contribuindo para uma visão sintética do período abordado em cada livro.

FICO, C. **História do Brasil Contemporâneo**: da morte de Vargas aos dias atuais. São Paulo: Contexto, 2015.

O importante historiador Carlos Fico proporciona um amplo panorama da contemporaneidade brasileira desde a morte de Getúlio Vargas até o governo Lula, propondo importantes reflexões sobre momentos-chaves de nossa história.

FICO, C. **Além do golpe**: versões e controvérsias sobre 1964 e a Ditadura Militar. Rio de Janeiro: Record, 2004.

Uma das principais referências no tema, o livro apresenta os debates mais polêmicos em relação à memória sobre o golpe de 1964 e o regime militar, como a questão da censura e da tortura, a memória da esquerda armada e a dos militares, além de uma série de documentos raros relativos ao assunto.

GOMES, A. C. **A invenção do trabalhismo**. 3. ed. Rio de Janeiro: Ed. da FGV, 2005.

Trata-se de uma das obras de referência para a compreensão da ideologia trabalhista construída durante o Estado Novo, mas que encontrou permanência na vida social e política brasileira. A autora realizou um intenso trabalho de pesquisa e apresenta uma densa reflexão teórica sobre a temática.

MARINGONI, G.; MEDEIROS, J. (Org.). **Cinco mil dias**: o Brasil na era do lulismo. São Paulo: Boitempo; Fundação Lauro Campos, 2017.

Na obra lançada pela Editora Boitempo e pela Fundação Lauro Campos, um amplo e heterogêneo elenco de pesquisadores, intelectuais e militantes se propõe a pensar os mais distintos aspectos da experiência petista à frente do Executivo Nacional.

NAPOLITANO, M. **História do Brasil República**: da queda da Monarquia ao fim do Estado Novo. São Paulo: Contexto, 2016.

Nesse livro, o historiador Marcos Napolitano procura traçar um panorama histórico desde os primeiros momentos republicanos, desde a Proclamação até o fim do Estado Novo.

REIS FILHO, D. A. **Ditadura e democracia no Brasil**: do golpe de 1964 à Constituição de 1988. Rio de Janeiro: Zahar, 2014.

O consagrado historiador da ditadura militar e da esquerda no Brasil, Daniel Aarão Reis Filho, apresenta uma obra analítica capaz de cruzar os dados mais importantes da história do Brasil no período citado com os diversos contextos da história mundial. O livro acaba se tornando uma ótima discussão sobre nossa História do Tempo Presente.

SEVCENKO, N. (Org.). **República**: da Belle Époque à Era do Rádio. São Paulo: Companhia das Letras, 1998. (História da Vida Privada no Brasil, v. 3).

A coleção *História da Vida Privada no Brasil* busca analisar aspectos do cotidiano e das experiências dos indivíduos comuns. O terceiro volume cobre o período do fim do século XIX até as primeiras décadas do século XX, apresentando uma reflexão sobre os efeitos das mudanças sociais, políticas, econômicas e tecnológicas nas práticas cotidianas da sociedade brasileira.

SKIDMORE, T. **Brasil**: de Getúlio a Castello (1930-1964). São Paulo: Companhia das Letras, 2010.

Publicado pela primeira vez pela Oxford University Press, em 1967, esse livro é um dos primeiros a abordar o período da experiência democrática com o objetivo de interpretá-lo a partir de uma visão geral, marcada pelo interesse em compreender o processo que levou à ocorrência do golpe de 1964. Material fundamental para uma introdução ao período estudado, foi criticado por ser um relato um tanto factual e pela ausência de análises relativas à atuação civil e de massas na constituição da democracia brasileira. Ainda assim, é, sem dúvida, um clássico sobre o assunto.

Respostas

Capítulo 1

Atividades de autoavaliação
1. c
2. a
3. a
4. c
5. e

Capítulo 2

Atividades de autoavaliação
1. b
2. c
3. a
4. d
5. a

Capítulo 3

Atividades de autoavaliação
1. c
2. a
3. a, b
4. b
5. c

Capítulo 4

Atividades de autoavaliação
1. d
2. a
3. c
4. b
5. d

Capítulo 5

Atividades de autoavaliação
1. a
2. d
3. c
4. c
5. c

Capítulo 6

Atividades de autoavaliação
1. b
2. d
3. c
4. a
5. a

Sobre as autoras

Natália de Santanna Guerellus é graduada em História pela Universidade Federal do Paraná (UFPR), mestre em História pela Universidade Federal Fluminense (UFF), mestre em Estudos Lusófonos pela Université Paris Nanterre (França) e doutora em História pela UFF. Leciona atualmente no Departamento de Estudos Brasileiros e Portugueses da Universidade Jean Moulin Lyon 3, em Lyon, na França. Participou de diversas coletâneas, escreveu artigos científicos e livros; em 2018, publicou *A velha devorou a moça? Rachel de Queiroz e a política no Brasil*, pela Editora Prismas/Appris.

Fernanda Ribeiro Haag é graduada em História pela Universidade Federal do Paraná (UFPR) e mestre em História pela Universidade Federal Fluminense (UFF). Atualmente cursa doutorado em História Social na Universidade de São Paulo (USP) e leciona no Centro Universitário Internacional Uninter. Escreveu diversos artigos científicos e suas áreas principais de pesquisa são história do esporte e história do Brasil Contemporâneo.

Impressão:
Fevereiro/2019